付名淺唱

柳永的風月與情愁

吳俁陽 著

在仕途浮沉中醉歌淺唱，以詞為引

講述一代才子柳永與紅顏知己的纏綿愛恨

且恁偎紅翠，歌盡風流——柳永詞中的紅顏往事！

柳七筆下的愛恨嗔痴

描繪南宋才子在愛情與命運間的交織與悲歡！

目錄

情調1：乘醉聽簫鼓

情調2：唯有兩心同

目錄

情調3：長似初相識

情調4：且恁偎紅翠

情調5：更與何人說

目錄

情調1：乘醉聽簫鼓

1. 何處按雲軒・雲衣・巫山一段雲

六六真遊洞，三三物外天。九班麟隱破非煙，何處按雲軒？
昨夜麻姑陪宴，又話蓬萊清淺。幾回山腳弄雲濤，彷彿見金鰲。

——柳永〈巫山一段雲〉

無數次徘徊在月夜之下，追憶那座青翠欲滴的蔥蘢之山。因著名揚海內外的大紅袍，因著秀麗的湖光山色，她一次一次滑入夢裡，搖曳著我青澀易感的心懷，驚豔了那些個星光黯淡的歲月，一年，又一年。今夜，輕推西窗，眸光溼潤處，朦朧裡，我又看到了她，那座在瑰色芬夢裡與我糾纏了幾個世紀的武夷山，還有他，那個叫做柳三變的翩翩少年。

那一年，那一月，那一天，他一襲白色長袍，一柄羽扇，一頂綸巾，浸染著十七歲的寂寞，驀然遊蕩在草色青青的山間小徑，亦如今夜的我，抹著一身的憂鬱，悵望明月，輕快的風兒拂不去內心凝結的憂傷。是的，他一直都是寂寞的，紫薇花叢簇擁的流香窗櫺下，月光的陰影裡烙著他不變的思慮，彷彿是與生俱來的，讓人捉摸不透。

午夜的秋風，透窗而入，吹在身上，微微的涼。想著那座南國的山，念著那個憂鬱寂寞的少年郎，寂靜中的我披著單薄的外衣，安靜端坐於螢幕前，點開音樂，輕輕敲下：霜花，終於哭出了聲音，秋水懸崖邊上的風箏，從此，斷了線……而後，酸澀的眼眸泛起臃腫，無眠的夜，浸溼一身冰冷，只是，流年情懷，已成舊事。

窗外的雨，不知從什麼時候開始「噼啪」而落，繁亂的節奏直刺心房，季節的風鈴，兜轉了幾個輪迴，才換來秋雨陣陣。還記得，每個雨天，淡淡的想念總能輕易把思念中的那個人從記憶深處拉回，但記憶終歸記憶，更多的時候，心裡泛起的只能是那叫做懷念的情思。

雨中情思，又有幾人能懂？那麼，千年之前的他，十七歲的憂鬱少年，又在為什麼寂寞？為什麼哀愁？為什麼嘆息？他有著世家的出身，父親是大宋朝廷命官，更是父母的掌上明珠，要風得風，要雨得雨，為什麼他俊朗的眉宇間總是清晰地鎖著一抹哀而不怨的憂愁？

耳機裡漫溢著緩慢的旋律，和那熟悉的樂符，銘記了一場又一場過往的約定，每每這樣的時刻，我總在期許一場繽紛的邂逅，為那心上的人兒結束那些流放的歲月，當時的我，多想，把整個秋天點成紅葉裝進她的心裡，填滿所有的疼痛。只可惜，後來，變遷的時光終是帶走了最後僅剩的眷戀，一切都已來不及改變，莫非，那個少年也在為著那樣一個妙人兒傷心難過？

秋雨飄泊，不疼不癢地敲打在左心房，倏忽間，眼裡早已凝結成一滴落不下的結晶，它承載著所有傷春悲秋裡的故事碎片，倘若滴落著地，便意味著一切都有了結局。當雨夜敲響心中某種情愫時，突然失去了自制的能力，那就是關於她的喜怒哀樂，甚至是一顰一笑。

縱然知道，那些山盟海誓的承諾置身在天涯之外，是唯一攜手共進的動力，只是，蒼白的歲月，糊抹著灰色臨現，再深的情，也不過是曇花綻放，錯及一時。驀然裡，時常感嘆流年太過匆忙，未曾停留片刻，心卻總是隨著時光飛向彼岸，追尋那份永存的希望。

花在流年開，情在流年生，唯祈盼這場秋雨能帶回她的匿音，為我，接落這滴晶瑩的淚珠，拂散這一季流連的悲傷。亦祈盼那年那月的他，能在寂寞中找到永恆的歸宿，讓上天還他一個驚若天人的她，從此，花前月下，生死相依。

寂寂裡，我想，他大概總是喜歡著寂寞的，因我也是那樣心甘情願地追逐著寂寞的腳步，痛並快樂著。於我而言，寂寞才是人生的美麗境界，它使人遠離嘈雜和喧囂，更滋生出一種叫做純淨的境界，能讓人心如止水卻又不覺得孤單。或許，正緣於此，整天與詩書做伴的他才傾心要與寂寞做一次伴吧！

於他而言，寂寞是透明的，透明得彷佛一掬清澈的溪水，沒有一絲塵埃，透過它可以看到心底的顏色，折射出人生的斑斕。

於他而言，寂寞是清脆的，清脆得彷佛溪水流淌的聲音，叮叮咚咚的和弦，奏響來自靈魂深處的歌，跳動的音符是他的思念，他的惆悵，他的憂傷。

於他而言，寂寞是香醇的，香醇得讓他分不清苦澀的味道，即使他在寂寞中加了咖啡，放滿苦丁，飄出的仍是淡淡的清香，留下的卻是濃濃的醇美。

於他而言，寂寞是溫柔的，點點滴滴的細膩滋潤絲絲縷縷的柔情，似涓涓細流在竊竊私語，似微微漣漪在輕聲呢喃，傾訴他的牽掛，他的相思，他的纏綿。

於他而言，寂寞是純淨的，而純淨則是一種美麗的心境，讓他的憂傷真真切切，讓他的愁悶痛快淋漓，不必做作，無須掩飾，是一種赤裸裸的情感宣洩。

浸在憂傷的樂調裡，我輕輕起身，在窗下默默徘徊，試圖從那場淅瀝的雨中找出他與世隔絕了千年的音容，然而，費盡心機，卻仍然找不見，亦聽不見，唯一能感受到的就是那無邊的孤寂與落寞，彷彿千年之前的他，伴他而眠的總是那份無法排遣的哀愁。再回首，寂寞如水，水中有他青春的容顏，有他不老的童話，有他深情不忘的眷戀，寂寞的水邊，倒影出亭亭玉立的少女、風度翩翩的少年；再回首，寂寞如水，水中的月亮牽著星星的手，在清洗歲月的故事，在撈取丟失的情話，故事裡有他情意綿綿的詞，情話中有她天荒地老的誓言；再回首，寂寞如水，沒有煙花般的璀燦爛漫，卻總有清風徐徐彎彎新月相伴左右，讓無邊的風月在他呢喃的豔詞中永恆。

窗外，凋零的落花，依著季節的交替，飄散在風中，眼前不再是姹紫嫣紅的一片，就如他和她們當初的相遇一樣，從歡喜漸變成生疏。只因，煙帶來的是痛，火引起的卻是殤。

站在秋天的路口，輕輕踮起腳尖，呼吸著轉換的空氣，我想，他一直是知道的，像他那樣如煙的男子並沒有太多的溫暖可以給予別人，所以，在流年的記憶裡，他無法溫暖那些女子內心的寒涼，唯有用自己的身體緊貼著大地，吸取博愛精華，給予她們最暖的關懷。然而，寂寞終在他心裡化作點點清淚，彙整成一條瘦瘦的長河，在那蒼茫世間靜靜流淌著，那時，寂寞帶給他的已然不只是心靈的平靜，那些飄蕩的思緒，彷若隨風而起的波瀾，一點一點地刺痛他的心、剜痛他的眼。原來，生命裡曾經有過的所有燦爛，終究，都需要用寂寞來償還，而那寂寞並不是一如既往的只能讓人感到空靈的喜悅。

他開始為她們寫詞，寫她們的喜怒哀樂，寫他自己的寂寞哀愁。然，白色的紙張終是太過單薄，筆尖稍重一點便能洞穿暗藏的隱忍，當所有的文字凌亂成斷章時，焚燒便成了最直接的毀滅。

他是煙，夜幕浮現的裊裊煙霧，只有冷漠，只有薄涼，沒有溫度，與火的相遇，恰逢撞擊心靈柔軟處，便有一絲憐惜之情。他努力著放飛在漆黑的夜晚，自由尋找想要的溫暖，追隨風的方向，以為離開便可以還她們安然醉笑，卻不知，煙散後便是火熄。他裝束起來的堅強都在轉身之後，突然變得那樣狼狽不堪，瘋狂舞動身姿，肆意宣洩心中不忍，怎料，誤入迷離深處，卻不留一點痕跡的消失蹤影。

動情一時，只為離開做準備。風逝的光陰裡，我握緊昔日的餘溫，在夢裡掠過他殘留千年淚痕的臉頰，默默祈禱。柳三變啊柳三變，如若不棄，就請允許，千年之後的我為你唱起一支不捨的離歌，任你離煙、離火、離塵世……

六六真遊洞，三三物外天。九班麟隱破非煙，何處按雲軒？
昨夜麻姑陪宴，又話蓬萊清淺。幾回山腳弄雲濤，彷彿見金鰲。

——柳永〈巫山一段雲〉

恍惚中，我彷彿聽到天之遙遙處有人唱起了這闋〈巫山一段雲〉。我知道，那是千年之前的天籟之音，來自我心儀已久的南國之山武夷。我聽到他在說，他說，她是武夷山的蝶，翩躚在花間飛舞，歲歲年年；我聽到她在唱，她唱，她是武夷山的蝶，沒有輕盈曼妙的舞姿，卻有於他柔情萬種的詞賦裡，在等待中度過的愛情。

山上的茶葉綠了一年又一年，她美妙的歌喉亦唱了一年又一年。〈巫山一段雲〉，多好的名字，香豔迤邐、芬芳迷人，每一個字眼都隱含著他不羈的風情，處處是誘惑。那一年，那一月，那一日，她像往常一樣，夾雜在一群江南的採茶女子中，麻利而又嫻熟地採摘著那一季的新茶。在閨閣中蟄伏了一冬的姑娘們笑意盎然，聚在一起，有著說不盡的悄悄話，然而她卻始終沉默著，十指纖纖，只把那新茶摘，只因她知道，她是那武夷山中的一隻蝶，她的笑，她的痴，她的美，亦只從屬於她心底久久渴望的那個從未謀面的他。

她叫雲衣。沒有絲毫的張揚，一身素衣，一枚簡樸的玉簪插在髮際，含蓄、靜謐在江南的煙雨中，散發著亙古的茶香和淡淡的幽美。隔著遙遠的時空，我彷彿看得見她，在株株茶樹下翹首而望，盼望著她心中期許的情郎於不羈間突然闖入她的眼簾。此時此刻，我浸在她和他落了灰塵卻仍然耀目的陳年舊事裡，只願化身成蝶，停歇在她瘦削的肩頭，感受她千年之前的那場喜悅與淡淡的哀愁。是的，我是千年之前伴她左右的一隻彩蝶，翩躚在她青春的記憶裡，聽他為她譜寫的那闋唇齒生香的新詞。

〈巫山一段雲〉，據傳是柳三變有史可查的第一首詞作。有人說，這是一闋仙遊詞，而我更熱衷於將它看成一首情詞。雖是有些一廂情願，卻又不是無例可循，常年穿梭於花街柳巷，有著情聖之稱的柳三變，第一闋詞，又怎能不是為那樣一個清新可人的女子所感所作？

「六六真遊洞，三三物外天。」那一天，正是春日靜好時，十七歲的他揹著家教極嚴的母親，丟開已然熟讀於胸的四書五經，愣是偷偷跑了出去。父親柳宜長年在外地為官，管束三個子女的事便落在了慈母頭上。三個兒子當中，最小的柳三變自幼便顯示出超凡脫俗的氣質和不可一世的才華，所以母親更是把光宗耀祖的希望寄託在他身上，對他的管教相對於兩個哥哥而言自是更加嚴格，然，這一切對年紀尚幼的柳三變來說卻是不能接受的。為了完成母親的心願，他日日夜夜被禁錮在死氣沉沉的大院內，除了讀書便是賦文做詩，可這並不是他想要的，他只想像兩個哥哥一樣，能夠肆無忌憚地穿梭於武夷山的每個角落，看春花秋月，看日昇月落，聽溪水潺潺，聽鳥語呢喃，自由自在地做一個快樂少年。

武夷山的美，在深居簡出的少年柳三變眼裡是個不可捉摸的謎。陽春三月，處處聞啼鳥，頭頂的麗日恰到好處地詮釋著他對外面世界的神往，心花怒放的他陶醉在芳草萋萋的綠蔭叢中，恣意揮灑著少年無邪的心思，只想用一方青墨研磨出心底最真的渴望與期盼。是的，期盼，他在渴望些什麼，又在憧憬著什麼？他不知道，他只是按捺不住激盪的心懷，想要對天高歌一曲，而就在那個時候，他終於邂逅了她，那個叫做雲衣的採茶女。

只一眼，他便丟了魂。世間還有如此美貌的女子？不，她本不是人間有，而是天上的謫仙才對；不，她就是那隻翩躚飛舞的蝶，一隻飛舞了千年的蝶，在他前世今生裡徘徊了幾千年，從來未曾走出他世界的蝶。

像所有言情小說和唐人傳奇裡一見鍾情式的故事一樣，他和她，只因那一眼，便彼此心曠神怡。然而老天卻不做美，忽地飄起絲絲小雨，採茶的姑娘們紛紛拎著竹籃，伸手擋著額頭，落荒而去。群山開始在霧裡搖曳，朦朧的茶樹，還有她嬌媚的身影，都在他眼裡漸漸變成了一團團墨，濃濃淡淡，在煙嵐中飄逸。落進山裡的雨，彷若落進綠色的海綿裡，被柔柔地接著，悄無聲息，山間的翠色瞬間被濡染成了一灣碧溪，遠處，一條條白練瘦瘦地掛在「仙掌」上，濺落的絲絲輕紗，網在崖下的小草上……連綿不息的江水，由腳下滔滔而過，浸著冷冷的雨，仍有她裙袂飄飄，在波心裡款步，他的心亦隨著她的裙裾變得斑駁朦朧。

「姑娘……」他擋在她面前，滿懷羞澀地打聽她的芳名。

她低頭不語，稍做停留，然後，頭也不回地急趨蓮步而去。

「姑娘……」他望著她遠去的背影，大聲喊著：「我叫柳三變！我家就住在附近的五夫里！我……」

自此後，他把她刻在了腦海裡，烙在了心扉裡。唸書時，聽到的是她不息的吟唱聲；做詩時，看到的是她採茶時的嬌羞，日日夜夜，連綿起伏。她總是於不經意間闖入他的夢裡，帶給他無數個無眠的夜，只任他朝思暮想。憶著她的容，枕著她的顏，他輕輕鋪開紙箋，蘸著濃墨，輕輕鋪陳開「巫山一段雲」五個雋秀小字。她是他的巫山神女，朝為雲，暮為雨，可是，什麼時候她才能穿過那條被茶樹夾雜的小徑，來到他的身邊，也演繹一段襄王之夢？

抬頭，武夷山三十六峰隱在雲層之後，朦朧飄緲，宛若傳說中的仙家三十六洞天，只是不知那秀麗端莊的女子可否出沒其間？低頭，遠處的九曲溪蜿蜒流過，彷若九天之勝，亦不知他是否有幸在那裡等到心儀的她？

「九班麟隱破非煙，何處按雲軒？」那一日，她匆匆而過，滿含嬌羞，彷佛九天上等候朝拜的仙子，麟步穩稱，輕妙可破彩雲，俯首間便可按觸碰到那煙霧繚繞的雲臺之軒。那一瞬，他與她四目相對，情愫暗生，微風中的她，提著白色的衣裙，路過他的身畔，匆忙的步伐吸引視線的轉移，原來，她的美是那樣的不可方物，那樣的充滿詩情畫意。

初見她時的情景，宛如一齣皮影戲，一幕一幕，在他心頭上演、回放。她流動的波光、翩然的姿態，在在震撼了他的心靈，於是，在寂寥的午夜，他盛裝出場，在屬於文字的舞臺上，為她醉成一支獨舞的弦，用筆尖下撰寫下香豔的篇章，在夢幻裡與之為伍。

「昨夜麻姑陪宴，又話蓬萊清淺。」只是那深居雲峰煙壑間的巫山神女早就聽慣了月色無邊的流瀉，看慣了水聲汩汩的朦朧，久已不作朝雲暮雨，久已不再飛舞遨遊，儘管風華依舊，綽約如處子，儘管揮袖如風，美麗依然，卻終究只是一個傳說，一個無關他和她的傳說。他在等待，他在祈禱，期盼有朝一日能再與她邂逅，可是茫茫人海，要到哪裡將她找尋？

忽地想起麻姑的傳說，莫非那日遇見的她便是要前往東海陪宴的麻姑？恍惚間，聽到麻姑話說蓬萊清淺，只悵然世間滄海桑田，沒個著落。東海深了又淺，可誰解他與她的情深緣淺？昏黃的燭光下，徒留得他一身惆悵，一聲嘆息，滿腹相思，滿眼柔情。

「幾回山腳弄雲濤，彷彿見金鰲。」傳說中，東海中有三座仙山，分別叫做蓬萊、方丈、瀛洲，在上古時代，這三座仙山因底部無根，終日隨波逐流，飄泊無依，仙家們苦於流離之苦，便奏請上帝遣來神龜背負仙山，從此後，才算有了固定的處所。那本居於天宮之上的麻姑曾經無數次應召前往東海仙山陪宴，每一次都會弄其雲濤而見負山之金龜，雖年華不知幾何，卻始終保持著一顆少女的情懷，惹人憐愛。落筆，舉著遙望窗外，雲深處，他思慕的人兒可否還在原地等他，又可否也有著麻姑那樣嬌俏可愛的情懷？

他不知道。他只想化成一隻蝴蝶，輕輕飛到她身邊，「執子之手，與子偕老」；只願做她的蝶，翩翩飛舞在茶樹間，為她舞動人間所有的絢麗，享受她十指纖纖下的每一次撫慰，以一種平淡的心態，迎接轉身，笑或是不笑，心中都是那樣坦然。

她到底是誰？是襄王夢中的巫山神女？是赴宴東海的麻姑仙子？是翩躚飛舞的蝶兒？對，她是，可又不是，她只是他的她，他心心繫唸的她，一個穿越千年舊夢來到他身邊的紅塵女子。十七歲的他初嘗戀之味，每一日，每一夜，在做完功課後，總會迫不及待地開啟藏在枕頭下的那闋香詞，默默懷想起她。行雲流水的文字，細膩真摯的情感，卻夾雜著一絲淡淡的憂傷，到底，什麼時候，老天才能賜他一段良緣，讓他們攜手同歸？靜望紅塵，守著那場心底的約定，他為她許諾，生生世世不離不棄，天荒地老莫失莫忘，哪怕踏著流年碎影，哪怕時光拉開彼此的距離，哪怕兩岸遙遙相望，他也要為她許下一個陽光燦爛的明天。

一曲終了，窗外霏雨依舊，空靈的夜靜謐得只能讓我聽到他的心跳。那千年前的盛世之戀，終究還是攜著無法抹去的寂寞，美麗荒涼得令人心痛。神女已隨輕風去，雲衣依舊在微雨中香豔，唯餘他，帶著一顆溫柔的心、一份真摯的情，遊走在文字的江湖裡，以淡然的姿勢看那潮起潮落。我知道，無論是風雨傾城，抑或是歲月靜好，他依然感激著那場美麗的遇見，儘管背後有許多的隱忍，而他，從不開口，只任淚水淹沒筆端，搖曳出一闋闋絢美之花。

2. 今生斷不孤鴛被・雲衣・玉女搖仙佩

飛瓊伴侶，偶別珠宮，未返神仙行綴。取次梳妝，尋常言語，有得幾多姝麗。

擬把名花比，恐旁人笑我，談何容易？細思算、奇葩豔卉，唯是深紅淺白而已。

爭如這多情，占得人間，千嬌百媚。

須信畫堂繡閣，皓月清風，忍把光陰輕棄。自古及今，佳人才子，少得當年雙美。且恁相偎倚，未消得，憐我多才多藝。願取、蘭人蕙性，枕前言下，表余深意，為盟誓，今生斷不孤鴛被。

——柳永〈玉女搖仙佩〉

神魂顛倒皆因他，七情六慾皆因她。

穿梭在浮華的街道、寂寥的人群裡，抽出身子，靜觀眼前這座紙醉金迷的城池，我又想起了他，那個白衣飄飛的翩翩少年柳三變。歷經千年，若不是，舊日晴好，又怎會安心於一處沒有他的角落？

唏噓的嘆息聲，在漫長的午夜裡延長，愈來愈深沉，愈來愈哀怨，青春韶華，或許只為那場盛世的相遇，便落盡一身塵埃。試問，心與心，是否真的沒有距離？試問，光陰是否真的可以穿越？

越過山水相鄰的邊界，是他的無心還是我的有意，惹來前世今生的追憶？朦朧倘佯在天堂路口，繞道而行的平視，最終還是酸了鼻尖。停下輕盈的腳步，驀然回首，風聲漸起的剎那，他的身影依然那般決絕，歸去，仍無動於衷。

前塵湮滅，他的多情如流水落花般被時光沖走，那一世千迴百轉的離別與相聚，瞬間驚亂回眸，迎著舊景，踏破往事記憶，重重。再回首，浮誇的歲月，融合半顆心的來去，淹沒在指間流年，情隨事遷的無奈，原來，竟是如此毫無餘地。

帶著放逐的思念，安守在楓葉紅於二月花的季節裡，遙想水煮春秋的寂然，不過也只是讓心回歸原來的位置，不遠不近，與他僅有一尺之隔。然，亦終明白，即便有一天，再相遇，臉上的笑容依舊為他綻放靜好的姿勢，卻已然沒了那份陳舊的心情，只能卸下沉重的諾言，與他寂靜擦肩，亦如千年前，他與雲衣的擦肩，回眸。

愛上一座城，只因一個人；愛上一座山，只因一個人。一念，崇安城；再念，武夷山。那是他的故里，是他和雲衣初相識的地方。那裡有一隻翩躚飛舞的蝶，那是我，千年前的我。我停在他的肩頭，感受著他的憂鬱，我歇在她的腳畔，感受著她的痴心。我銜著他的芬夢，卻不知怎麼給他一份溫暖；我銜著她的哀愁，卻不知怎麼給她一份憐惜，最終，我只能銜著一枝血紅的玫瑰，夜夜冰冷地遊走在他心中，她眼前。

小橋，流水，粉牆，黛瓦，垂柳，清風……姑娘你在哪？日夜唸叨著那個令他魂牽夢繞的採茶女，不知猴年馬月才能共她花前月下，共敘長相思。惦起腳尖，只想與她在夢裡再靠近一點，更不知是否這樣就可以互相依偎著？是誰曾燦爛了誰的容顏，又是誰在思念誰的過往？難道，錯過便是永遠，偶然相遇，必然相離？戀了一天又一天，覓了一天又一天，偷偷跑出去無數次，走過的山路彎彎曲曲，腳底磨出了血泡，竟是再也無緣相見。

淚眼濟然後，只能在夢裡找她。夢裡，她是楓，她是顏，她是影，她是千年白狐，更是許他一世安然的女子。紅塵千萬丈，他們攜手輕踏浪花，在文字的江湖裡暢然行走，那時，她為他淺笑，他為她歡唱，為今生的相遇，為來世的相約，亦為相伴不離的諾言。

每個午夜，夢裡的他與她，總是不約而同地出現在同一個地方，說著一些不著邊際的話，然後，互相催著彼此早些休息，只是，時光一點一點地流逝，他們依舊在夜幕中談笑風生，絲毫不在意時間的早晚。當周圍都安靜下來時，才恍然發現，原來已是凌晨，他笑著說他是夢想精靈、如煙女子，她回他，素顏若水、望月伴影。

然，夢醒後她又在哪裡？悵望窗外，最美的風景，不是依山傍水，不是江山如畫，而是最愛的人終日相伴左右，即便是荒無人煙的草地，依然能聽到笑聲連連散開，依舊能看到幸福的笑靨在嘴角浮現。然而，於他而言，幸福就是守著空房，等她出現，陪她慢慢老去……

良辰美景可遇而不可求。但遇了，未必就識。當所有的努力都付諸流水時，他只能踩在憂傷的浪尖口，等待一場葬花淚的洗禮，任身後這座冰若寒川的深院，冰封所有前塵。人已去，何處尋？道是茫茫天地，奈何有情人？

陽光灑在臉上，還記得，她那日微笑時的模樣，醉心又迷人。或許，這一路覓來的辛酸，單單只是一紙的情懷，便能讓心毫無距離的貼著溫暖，傾訴滿腹柔情。濃墨蘸滿流年光影，夢中的點滴都彰顯在淚跡斑斑的字裡行間，也許，什麼話都不用說，遠方的她便能通曉他所想的一切，用美妙的歌喉為他定格詩情畫意的人生。他知道，那便是心有靈犀。

兒子的心思，很快就被細心的母親發現。且不提那女子究竟姓甚名誰，即是知道了她的來歷又能如何？想他柳家乃是名門世家，再不濟，也斷然不會讓子孫娶一個採茶女子為妻的。母親端著一碗冰糖蓮子羹送到書房中，不無心疼地望著日漸消瘦的他嘆口氣，勸他以功名為重，莫要再胡思亂想些沒用的東西。何為胡思亂想？「關關雎鳩，在河之洲；窈窕淑女，君子好逑。」這可是古聖賢說的，為什麼母親就不能體會他這一片相思之苦？

母親板著臉孔瞪他一眼，把當朝皇帝宋真宗勸勉世人讀書的句子唸了出來：「書中自有黃金屋，書中自有顏如玉。」

是嗎？書中有黃金屋，有顏如玉嗎？十餘年寒窗苦讀，他何曾見過黃金屋，又何曾邂逅顏如玉？若不是那日背著母親和兩個哥哥偷偷跑了出去，又何曾會遇見那宛若神女般的採茶姑娘？

他鐵了心要娶那不知來歷的女子為妻，從此茶飯不思，病體纏綿。母親不得已，只好叫來三復、三接兩個兒子，讓他們出去打聽採茶女的下落。沒想到，這一打聽，倒真把個麗質天生的絕世佳人給喚了出來。她叫雲衣，多麼動聽多麼富有詩意的名字！當兩個哥哥費盡周張，打聽出雲衣的下落後，他自是興奮得無以復加，飛快地跳下床，哪還有半點病人的模樣？

雲衣，雲衣，我來了！我要用生花的妙筆定格這美好的瞬間，我要用一生的喜怒哀樂，共妳品味如花似玉的漫漫人生路。我只想，與妳攜手，遠離喧囂，追尋寧靜的世外桃源；我只想，與妳攜手，退隱紅塵，不問是非紛擾，獨享那一份清雅的境界；我只想，終身為妳賦詩作詞，待暮年之時，依然能夠伴妳左右，聽著「巫山一段雲」的浪漫心曲，剪下一段溫存，送給妳，溫暖妳冰了的手心。

母親的阻撓並沒能拉回少年那顆驕傲的心。他發誓，今生今世，非雲衣不娶，無論結局如何，無論擺在他們面前的是多麼難以踰越的鴻溝，他都會緊緊拽著她的手，坦然迎接，哪怕是暴風驟雨，他也不會畏懼。雲衣，別怕，相信我，我一定會給妳相應的名分，他向她許下海誓山盟。

寂靜時光，他在她耳邊訴說著一場又一場美麗的相遇，傾心的相知在跳躍的指尖下翩然起舞，流瀉的情愫在眼底綻放出最燦爛的光芒。依然是醉月風樓、起舞翩躚，躍起的姿勢與時光一起跨過光年。那些個日子裡，她笑，因他的柔情撫平心中波瀾；他歡，因她的陽光沐浴季節的輪迴；她喜，因他的淡然恰似一縷清風，拂過臉頰，輕盈舒緩；他樂，因她相知如鏡的心裡，總有個白衣翩翩的他。於是，與世無染的有情人，在水天一色的武夷山中，旁若無人地感受著彼此的溫情，任相思的鐘聲蔓延心間，不來，不去。

愛上她，就是愛上一段心曠神怡的曲。回眸，不想憑著憂傷的旋律來感化風情的故事，亦不想憑著庸俗的眼光來對峙彼岸的情思，於是，心隨風起，亦隨雨落，只留憨笑在眉間。終於，幾經風雨後，母親再也拿他們沒有辦法，只能眼睜睜默許了這即定事實，於是，在一個陽光明媚、風清月朗的日子，他成了她的夫，她亦成了他的妻。

新婚之夜，他向她鄭重起誓，今生今世，定不負她雲衣女。即便日後他不在她身邊，即便隔著千山萬水，她身後，也總會有一雙眼睛默默注視著她。是風，是雨，他都能在第一時間提醒她，不讓她再受半點委屈。輕輕撫著她的秀髮，始終沒有忘記，那些沒有她的日子裡，那些幸福的微笑，那些傷感的淚滴，還有那一次次因思念她而在白色紙箋上輕輕掠過的墨痕，雖一切只是輕描淡寫的回憶，卻深深觸動了他那顆敏感的心弦。雲衣，我再為妳賦一闋新詞可好？吻著她的長髮，他呢喃細語，溫文爾雅。望著他，她清清淺淺地笑，把一雙纖若柔荑的小手放入他掌心，待感受到他身體的溫度之後，又迅速抽回，輕輕起身，走到書案邊，為他研開一方新墨，再看他落筆的姿勢，含笑不語。

飛瓊伴侶，偶別珠宮，未返神仙行綴。取次梳妝，尋常言語，有得幾多姝麗。擬把名花比，恐旁人笑我，談何容易？細思算、奇葩豔卉，唯是深紅淺白而已。爭如這多情，占得人間，千嬌百媚。

須信畫堂繡閣，皓月清風，忍把光陰輕棄。自古及今，佳人才子，少得當年雙美。且恁相偎倚，未消得，憐我多才多藝。願取、蘭人蕙性，枕前言下，表余深意，為盟誓，今生斷不孤鴛被。

——柳永〈玉女搖仙佩〉

「飛瓊伴侶，偶別珠宮，未返神仙行綴。」他擁著她嬌柔的身軀，緊握著湖筆，在她鋪展開的紙箋上輕輕落筆。在他眼裡，她就是那九天仙子許飛瓊身邊的女伴，偶爾離開珠宮，來到人間，只是還沒來得及返回神仙洞府，但終歸還是要歸去的。到那時，得她垂憐的他又將奈之若何？是苦苦求她為他稍做停留？還是與她結伴同去？怕只怕，這一身汙骨濁肉，未有仙分，徒留遺憾罷了。

「取次梳妝，尋常言語，有得幾多姝麗。」想她案邊梳妝時，嘴邊說的都是些尋常言語，卻因姝麗的姿態，愣是把那些個山野村姑比了下去。是啊，世俗中的女子又有哪一個能和他的雲衣相提並論？

「擬把名花比，恐旁人笑我，談何容易？」擬將她比作仙苑名花，又恐旁人笑話，如此骨格清奇的女子又怎好用名花相比？忐忑，茫然，要將她的清麗出塵描繪一二，談何容易？或許，再綺豔的字句，再浮華的文筆，也不能夠寫出她的美豔之態，那就暫且用他手中這支拙筆將就著為她寫下這毫無用處的讚美之句吧！

「細思算、奇葩豔卉，唯是深紅淺白而已。爭如這多情，占得人間，千嬌百媚。」細思量，奇葩與豔卉，唯是深紅淺白，怎如這眼前千嬌百媚的多情女子嬌俏可愛？對酒當歌邀明月，只想就這樣擁著她，共享芳華在世間，用那一行行蘸著濃情的墨跡，還她許他的安然，一日又一日，一夜又一夜。

「須信畫堂繡閣，皓月清風，忍把光陰輕棄。」須知，有她作伴，縱是畫堂繡閣、皓月清風，亦不忍把那留光輕棄，何況是他年華正好的少年郎？他緊握她的手，望窗外風月無邊，嘴角掛滿喜悅的欣慰。原來，他們的愛情，是那樣的暖，那樣的真，哪怕穿越千山萬水，她也是他追逐不歇的夢。

「自古及今，佳人才子，少得當年雙美。且恁相偎倚，未消得，憐我多才多藝。」從古至今，才子佳人，罕有二人均值青春年華之際，而今，他柳三變與她雲衣均是正當韶齡，這樣的結合自是美不勝收，羨煞旁人。還等什麼呢？且深情相擁，才不至虛度這大好年華、良辰美景。他望著她淺淺地笑，深深感謝曾經的相遇，只是，雲衣啊雲衣，如果有一天，時光變遷，走著走著的我們，突然分道揚鑣，你還會想起我這多才多藝的柳三變嗎？怎麼會？雲衣是她一生的摯愛，他怎捨得棄她而去？他亦是雲衣終身的眷戀，又怎會別他而去？是啊，這一生，願只願，日日夜夜見她歡顏，她又何嘗不是？

「願取、蘭人蕙性，枕前言下，表余深意。為盟誓，今生斷不孤鴛被。」這個溫暖的日子，因著半箋花香的出世，他的眸光變得愈來愈溫柔，愈來愈多情。終於給了她一個幸福美滿的婚姻，只願蕙質蘭心的她也若他般一生一世憐惜他，只願嫻惠淑德的她每一夜都能讓他於枕前表達心中對她深深的愛戀，讓這世間的每一天都變得陽光燦爛、星光耀眼。

那一夜，他為她許下了天荒地老的誓言：今生今世，斷不讓她獨守空房孤鴛被。這一生，這一世，為她，他願化身為蝶，在她窗前翩躚起舞，哪怕窗前爬滿藤蘿，哪怕輾轉千年，他也要飛進她心裡，看她笑靨如花，看她十指纖纖，看她冰清玉潔，看她搖曳多姿，永遠，永遠。

3.乘醉聽簫鼓·楚楚·望海潮

東南形勝，三吳都會，錢塘自古繁華。煙柳畫橋，風簾翠幕，參差十萬人家。雲樹繞堤沙，怒濤卷霜雪，天塹無涯。市列珠璣，戶盈羅綺，競豪奢。

重湖疊巘清嘉，有三秋桂子，十里荷花。羌管弄晴，菱歌泛夜，嬉嬉釣叟蓮娃。千騎擁高牙，乘醉聽簫鼓，吟賞煙霞。異日圖將好景，歸去鳳池誇。

——柳永〈望海潮〉

悠然空靈的塵世，隱隱有夢，朦朧裡，我彷若看到他，撐著一傘薄薄的詩意，從江南綿綿的煙雨裡走來，薄紗勝雪、素雅清顏，飄逸的髮絲撫過俊朗的臉龐，落至眉間，漫溢開無窮魅力。

望他，手執淡淡的流香，輕捲簾曼，和著潺潺的琴音，我將千年期待的夢輕輕揉碎，瞬間氤氳成青山綠水間古色古香的娉婷，灑進淋漓的煙雨中，靜靜守候一簾塵夢的心事。

青石板的足音，扣響靜謐的小巷，抖落一身的煙塵，我微笑著伸出手去，透過如詩如夢的煙雨，牽起他溫情的手，迎著他的若水明眸，看他的笑靨如花，然後，與他一同手執竹笛，步入這水鄉的夢囈，鋪一路盈滿清香的落紅，任那縷縷笛音，風飄萬點，輕揚在江南的山水間，醉了秦漢的風韻，醉了唐宋的淋漓。

回眸，暗揣。塵世的他，如何能有這般動人心弦的精緻典雅，如遠水近湄中不惹纖塵的蓮，在記憶裡輾轉芬芳，美得脫俗，美得雋永？

轉身，輕捧如水的緣分，開啟誠摯的心湄，那些在年輪裡沉澱的光陰，終是注定的如絲般輕軟纏綿，幾世輪迴的思念，在四季花開花落中流瀉，他的婉約，歷經千年，在我眼底，仍是渲染了一脈詩心畫冊的柔情蜜意。

走在寂寂的路上，懷想千年之前的絕世遺唱，黃昏時分，寂寞的我，只任心情游離在渺渺煙雨裡。漫步花間小徑，看花叢裡那一地猶帶水珠的落紅，撫摸花葉間那溼潤細膩的紋理，一種浸潤到心底的清涼頓時順著指尖向著全身蔓延。嘆息裡，那煙雨，突地變得有些放肆，恣意撲在臉頰上，甚至有些調皮地鑽進眼裡、脖頸裡，和凌亂的髮間，伸出手去，想接住這半點溫涼，卻又倏忽不見，只如煙如霧，纏繞你的指間，於是，許多前塵往事，都在指尖復甦，萌動，開花。

欲嗔怨，卻又捨不得它那輕盈的空靈，儘管溼了髮，卻也溫潤了心情，更淋出了杏花煙雨的感覺。再回首，那曲帶著濃濃江南氣息的流行歌曲〈青花瓷〉便在耳畔輕輕蕩漾開來。歌是周杰倫的歌，詞是方文山的詞，好久不聽，而今在這江南煙雨裡，竟又搖曳出一種出塵之感，只覺得整顆心都變得無比輕盈起來。

這樣的煙雨，溼潤、細膩，精緻裡透出幾分頑皮的韻味，讓人愛不釋手；這樣的煙雨，容易讓人想起那素胚描繪的青花瓷，清逸、淡煙。「天青色等煙雨，而我在等你，炊煙裊裊升起，隔江千萬里……」那古典的旋律不由得使我陷得更深，深深沉浸在這意境裡，任雜亂的心緒肆無忌憚地散落在這無邊的煙雨裡。抬眼處，冉冉檀香透過街窗，潑墨渲染的印象，於雨裡，裊裊散去，那傳世的美麗，依舊擱淺在素胚藍花瓷瓶底，是一世的眷念，卻嘆詠成千古的記憶。回眸，遠山如黛，心中不禁暗揣，那定然是某個才情風流的雅士精心渲染的佳作，宛若一張乾淨宣紙上安靜的素描，時時刻刻吸引著人片刻的懷舊，讓人佇立雨中終是捨不得離去。

天青色等煙雨，而我在等誰？我的煙雨江南又會是誰？莫非就是那，於弱冠之年來到杭州城，來到西子湖畔寫出流香四溢之〈望海潮〉詞的柳三變？是啊，就是他。柳三變，你可知，流光易散，前世今生，我願穿過浮華的粉塵，在隔世離空的夢境裡尋你，朝朝暮暮，不盡纏綿？柳三變，你可知，我願棄了那一路無端的繁華錦瑟，在蒼茫天地間與你縱酒歡歌？柳三變，你可知，我願漫步在煙雨中，與你一同感受明月樓唐風宋韻的相思，共緬斷橋邊被沉澱千年的舊夢傳說？因為，我是那隻蝶，儘管飛不過滄海，卻依然尾隨了你千年的蝶，縱然，世事的風雨飲盡所有離恨的悲歌，我只願，與你，我的煙雨藍顏，綰結那阡陌紅塵的一世情愫。

你是我眷念的詩行，而她卻是你筆下丁香般婉約凝愁的女子。那年歲，青天破色、芭蕉驟雨，江南小巷，青花入筆，有美臨水梳妝、低眉撫琴、巧笑倩兮、美目盼兮，卻換得你水墨丹青、詩情畫意，縱是回眸一笑、柔情百轉，便又為這世間添了一段纏綿悱惻。

她叫楚楚，是杭州城色藝雙絕的名妓。二十歲的你，經不住一幫文人才士的蠱惑，愣是沒能把持住自己，毅然決然地沉入了她的溫柔鄉中。為她，你把去揚州投奔父親柳宜的事拋諸腦後，更把進京趕考的事忘得一乾二淨。世間有美如斯，但臨湖聽青瓷悠悠，聽歌聲柔柔，聽她唱盡綿綿相思情，縱是終身未能金榜題名，又能如何？

一簾青花煙雨，卷相思；一幅輕筆柔腸，畫紅塵。抬頭，窗外一樹一樹梨花開，新燕在梁間呢喃；低頭，一抹淺笑漾在麗人唇間，她十指纖纖，奏響一曲〈長相思〉。空氣裡浸透著樹葉的清香，鳥兒在枝椏間自由飛翔，但見江中千帆側過，絲綢般緩緩的流水間，一葉葉扁舟遊過漢賦唐詩，他眼裡遠去的，只是點點水墨痕跡。道旁花木扶疏、樹影婆娑，百花的氣息幽遠清淡，恍若隔世。許誰？在春的懷抱裡輕唱流年？他終是醉在了她的溫柔繾綣裡，再也記不起自己是誰，再也想不起家中伴他三載的雲衣，那時那刻，他眼裡只有他的楚楚，心裡只有他的楚楚，他只想擁著她永遠守著眼前這份靜好，只願日日執筆，將她的美麗細細記下，記在他相思綿密的掌心，讓時間剎那間定格在那愛的一瞬。

時間，很快從春天變為夏天，又從夏天變作秋天。擁著楚楚柔弱無骨的身軀，遙望窗外八月的天空，只見深邃高遠的藍天水洗般明淨，清透澄澈，大朵大朵的流雲，透過雪色陽光，或聚或散，各種形狀互動揉捏、互動滲透，千變萬化，層層疊疊鋪染得宛如一個素色琉璃的輕夢，在天際靜靜舒捲。而那一抹湛藍，卻又是誰端硯潑墨時濺落的一筆淡彩，便這樣就將整個八月暈染得如此溫婉而浪漫？

那道沁藍的剪影，就著一溪山月，握一指從容，臨風而立。以一份如水的淡定和瀟灑，在纖塵紫陌投下頎長俊朗的風姿，投下溫潤如玉的平靜和微笑，而後用一抹藍色的筆調，劃過八月的天空，伴著他，伴著她，作伴今生，為秋日的繁茂和蔥蘢，勾勒出豐盈馨綠的風情，為躁動喧囂的念念風塵，帶來一份清幽微涼的心情。

不經意的一個回眸，那道藍色便如心靈深處某個深諳的情景，踩著裊裊的琴音，從曦月托起的輕濤中走來，從流星炫目的光影中走來，從煙花璀璨的彼岸走來。從此，將一份深深的露水情緣，以一指秋花的熱烈和流麗，在他和她的心頭開成微語心瀾。從此，一份相知相惜的情誼，穿越萬丈紅塵，在藍色的天幕下，流轉成指尖彼此傳遞的溫暖。

然，楚楚終不是那種沒有見識的女子。她深知，大丈夫當以功名為重，為此，她苦口婆心地勸他，及早前往京城，為來年的科試做準備。美人的話自然比不了母親的絮叨，只是輕輕一個回眸、短短一句暖語，他便放下兒女情長，開始為來年的科試做最後的衝刺。其時，與柳家素有交往的命官孫何正在杭州太守任上，柳三變聽從楚楚之言，有心與孫何接觸，卻又苦於白衣之身，無從接近門禁森嚴的孫府，落得終日愁眉苦臉、長吁短嘆。楚楚了解前因後果後，忍不住噗嗤笑出聲來說：「這有何難？過幾日就是中秋，孫大人已經拿了名帖來要請我到府上歌舞助興，到時奴家唱一曲官人做的新詞，待孫大人問起時，只說柳七所作不就完了？」

還是楚楚聰明伶俐，困惑了柳三變幾天的難題，一經楚楚排解，便馬上理出了頭緒，於是，一闋流芳千載、名揚海內外的〈望海潮〉詞便穿越紅塵，在他和她的心頭芳華流轉，帶著那份藍色的心情，從此嫣然於世。

東南形勝，三吳都會，錢塘自古繁華。煙柳畫橋，風簾翠幕，參差十萬人家。雲樹繞堤沙，怒濤卷霜雪，天塹無涯。市列珠璣，戶盈羅綺，競豪奢。

重湖疊巘清嘉，有三秋桂子，十里荷花。羌管弄晴，菱歌泛夜，嬉嬉釣叟蓮娃。千騎擁高牙，乘醉聽簫鼓，吟賞煙霞。異日圖將好景，歸去鳳池誇。

——柳永〈望海潮〉

〈望海潮〉詞調始見於《樂章集》，為柳永所創的新聲。這首詞一反柳永慣常的靡麗風格，以大開大闔、波瀾起伏的筆法，濃墨重彩地鋪敘展現了杭州繁榮壯麗的景象，可謂「承平氣象，形容曲盡」。

「東南形勝，三吳都會，錢塘自古繁華。」起首三句，入手擒題，以博大的氣勢籠罩全篇。首先點出杭州位置的重要、歷史的悠久，揭示出所詠主題。三吳，舊指吳興、吳郡、會稽；錢塘，即杭州。此處稱「三吳都會」，極言其為東南一帶、三吳地區的重要都市，字字鏗鏘有力。其中「形勝」、「繁華」四字，為點睛之筆。

「煙柳畫橋，風簾翠幕，參差十萬人家。」遠望去，垂柳含煙、虹橋似畫，風簾搖曳、翠幕如紗，真個是畫中才有的好景緻啊！這一處人煙阜盛，各式建築鱗次櫛比、簷牙錯落，微風過處，千門萬戶簾幕輕擺，顯得怡然安詳，好一個人間天堂！也只有這樣富有靈氣的都會才配得上楚楚那樣的蛾眉女子。

「雲樹繞堤沙，怒濤卷霜雪，天塹無涯。」錢塘江邊，高聳入雲的古樹圍繞著沙堤，洶湧的江濤彷彿發了怒般奔騰而來，激起如霜如雪的白色浪花，而那壯闊的錢塘江更像一道天然的壕溝阻擋著北方敵人的進犯。一個「繞」字，盡顯古樹成行、長堤迤邐之態；一個「卷」字，又狀狂濤洶湧、波浪滔滔之勢。

「市列珠璣，戶盈羅綺，競豪奢。」穿過錢塘江，他又擁著楚楚信步來到街市上。放眼望去，珠玉寶石遍陳於市，家家戶戶綾羅盈櫃，男男女女的衣飾更是鮮麗豪華、競相鬥豔。只「列」、「盈」、「競」三個字，便把杭州城的繁榮昌盛、富庶奢華落到了實處。

「重湖疊巘清嘉，有三秋桂子，十里荷花。」最是嫵媚楚楚女，最是風情還要數那碧波萬頃的西子湖。西湖，自古以來便是杭州城最為耀眼絢目的一張名片，來杭州不到西湖，等於沒來過一般。

重湖，是指西湖中的白堤將湖面分割成的裡湖和外湖；疊山，是指靈隱山、南屏山、慧日峰等重重疊疊的山嶺。在柳三變眼裡，西湖的湖山之美，只能用「清嘉」二字概括。而那三秋桂子、十里荷花，更是牽出了諸多意象，湖、山、秋月、桂花、荷花紛紛奔赴而來，令人心曠神怡、遐想萬千。

傳說中，西湖的靈隱寺和天竺寺，每到中秋，常常有帶露的桂子從天飄落，馨香異常，那是從月宮桂樹上飄落下來的，是寂寞的嫦娥贈與人間有心人的，因此唐朝詩人宋之問曾在〈靈隱寺〉詩中寫道：「桂子月中落，天香雲外飄」，而詩魔白居易〈憶江南〉中亦有「山寺月中尋桂子」的綺麗詞句。

「羌管弄晴，菱歌泛夜，嬉嬉釣叟蓮娃。」美麗的傳說給秀麗的西湖增添了神祕空靈的色彩，而那晝夜不停的笛聲歌韻，更是無時不刻不在晴空下飄揚，不在月夜下蕩漾。回首，湖邊釣魚的老翁怡然自得，湖中採蓮的孩童喧鬧嬉戲，身邊淺吟清唱的楚楚更是嬌俏嫵媚，「嬉嬉」二字，便將所有人歡樂的神態，作了栩栩如生的描繪，生動鋪敘出一幅國泰民安的遊樂圖卷。

「千騎擁高牙，乘醉聽簫鼓，吟賞煙霞。」成群的騎兵簇擁著高高的牙旗，抬著長官緩緩而來，一起乘醉聽吹簫、擊鼓，吟唱煙霞風光，一派暄赫聲勢。這自然是對杭州太守孫何出府遊樂時儀仗之盛的描繪。短短十四個字，筆致灑落、音調雄渾，千載之後，都能令人在歲月的光影裡窺視到一位威武而風流的地方長官飲酒賞樂、嘯傲於山水之間的怡然之情。

「異日圖將好景，歸去鳳池誇。」鳳池，即鳳凰池，本是皇帝禁苑中的池沼，魏晉時中書省地近宮禁，因以為名；「好景」二字，將如上所寫和不及寫的，盡數包攏，意謂當達官貴人們被召還之日，合將杭州好景畫成圖本，獻與朝廷，誇示於同僚，謂世間真存如此一人間仙境。

達官自然是指孫何，這二句不僅表達了孫何的不思離去，亦烘托出西湖之美。這闋新詞很快便在中秋月明之夜，透過楚楚流香四溢的歌聲傳遍太守府的每一個角落，當孫何問起此詞為何人所作之時，楚楚自是溫溫婉婉地對答為柳七所作。柳七？柳七者何人也？回大人，柳七名三變，字景莊，是國子博士柳宜之三子，因在族兄中排行第七，故又號為柳七。

柳七？柳三變？柳景莊？殿中省臣柳宜？他有個叔叔是叫柳宏的吧？真宗咸平元年，孫何之弟孫僅與柳宏同榜登進士第，從此，孫柳兩家遂有交往，他孫大人又怎能不知故交好友的這個才名著絕的幼子呢？原來是他！這闋〈望海潮〉真是寫得蕩氣迴腸、聲調激越！

「好！好！來人哪，快把柳三變柳大才子給我請進府來！」

就這樣，年屆弱冠的才子柳三變很快便成了杭州太守孫何的座上賓，可任誰也沒料到的是，此詞一出，不僅廣為時人傳誦，令其名噪一時，更引出一段百年後的公案。據南宋文人羅大經《鶴林玉露》載：「此詞流播，金主亮聞歌，欣然有慕於『三秋桂子，十里荷花』，遂起投鞭渡江之志。」隔年便以六十萬大軍南下攻打南宋皇朝。

無論傳說是真是假，柳三變的這闋〈望海潮〉都足以讓所有未曾到過杭州的人對江南繁華形勝豔羨不已。清風，攜著我踰越千年的軌跡回歸現實，耳畔，那曲〈青花瓷〉逐漸呢噥朦朧起來，一如江南三月的桃花煙雨，一如三秋桂子、十里荷花的西湖勝景。只是，千年前，那個叫楚楚的女子，她為他蝶翼般盈然而舞的情愫，自彼岸的浪尖上翩躚而來，是否飄然若語、繽落凡塵？還有，那一掬蕉葉淡然的月下琴音、如蘭秋韻，可曾輕曳素顏，將那一段朦朧的江南煙雨，永久勾勒在清幽素雅的陶瓷上，直至揮之不去？

再回首，如雪的陽光，穿透藍色天幕，淡失在水墨的丹青中，卻在千年後的今天，把那份愛還寄予青花瓷上。放眼遠望，有伊人如嫣，鳥語花香裡與他攜手一段薔薇之戀，回眸，卻又是一闋〈望海潮〉。

4. 忍把韶光輕棄．楚楚．長壽樂

繁紅嫩翠，豔陽景，妝點神州明媚。是處樓臺，朱門院落，絃管新聲騰沸。恣遊人、無限馳驟，嬌馬車如水。竟尋芳選勝，歸來向晚，起通衢近遠，香塵細細。

4. 忍把韶光輕棄・楚楚・長壽樂

太平世，少年時，忍把韶光輕棄。況有紅妝，楚腰越豔，一笑千金可啻。向尊前、舞袖飄雪，歌響行雲止。願長繩、且把飛烏繫。任好從容痛飲，誰能惜醉。

——柳永〈長壽樂〉

手執一支湖筆，舞動薰香的文字，感謝上天，讓他和她相識在那些個妙語盈情的日子裡。漫步在西子湖畔，牽著她的手，望寂寂山林，聽流水潺潺，靜靜感受著大自然的美好，寧靜而致遠，還心靈一份安然。

走在繁華路上，淺秋輕吟尚在耳邊，這一場傾心的遇見，一刹便風起雲劫。回眸，溫柔似水的她，水晶般透明地散發著淡淡的靜雅，清秀而又嫵媚，一顰一笑，足以醉他一生一世。他知道，這女子對他關懷得無微不至，而那些日子裡，他只是微微笑著接受，只因，沒有言語可以比沉默更有言語了，一切盡在不言中，想必便是如此。

她一直認為秋天是個牽手的季節，因為到處都是金黃的落葉。那一天，他走進她的世界，便注定，她和他，會成為彼此的幸福，注定她那顆冰封的心會因他溫暖。只因那痴情的一眼，只因那一牽手的溫度，她再也無法愛上別人，她就是那樣一個安然而平凡的女子，若遇到心愛的人，無論是誰，要愛，便深深愛。曾經所有的驕傲，所有的漠然，在遇到他時，都已經無關緊要了。

清冽的風，撫過所有的溫柔。她甜蜜的笑靨，在荒原的夢裡綻出絢美的花。究竟，從何時起，她的腳步竟變得匆促了？她總是急於逃開各種應酬，到後花園裡覓他蹤影，只因那裡有他。聽著他歡快的笑聲，看著他揚起的笑臉，心中便有種說不出的幸福隨風溢位。他說她，笑起來像個孩子，傻乎乎的，單純可愛；他問她，有沒有人告訴過她，她笑起來非常迷人，會讓人心醉，會讓人願意為她共赴黃泉？這是第一次有人用孩子這個詞來形容她，這是第一次有人說她笑起來很迷人，而面前這個風流少年，也是第一次讓她愛上的男人。

她笑著，沉默，因她只會在自己喜歡的人面前才會表現出真性情。歌樓舞榭裡的姐妹們都說她清高孤傲，那些來聽她唱曲的達官貴人、風流名士都說她冷若冰霜，是個不開竅的女子，然而，只有她心裡明白，她並非冷漠薄情的女子，只因她還沒遇上那個嚮往已久的，能與她傾城暖愛的男子。

春天來臨的時候，他們相愛了。秋天到了的時候，他們愛得如痴如醉。他們手牽著手、肩挨著肩，去遊西湖，去看錢塘江潮，去祭奠蘇小小，去放風箏，去喝花酒，去看晨光的朝氣蓬勃，去看夕陽橙暖的祥和……，那些走過的路，那些深情的擁抱，湖畔放逐的金桂花瓣，靈隱寺下的約會，都成為他們最浪漫的事。杭州城的每個角落都留下了他們的身影，在流香四溢的西子湖畔，他們更是成為了所有人眼裡的焦點。

她從沒覺得如此幸福快樂過，他亦從她愉悅的眸光裡體會到前所未有的人間極樂。如果愛情注定是一場豪賭，那麼她願意為他奮不顧身，傾盡所有。因他，她那顆塵封二十年的冰朵，在那次不經意的遇見後便開出了塵埃落定般的花，他不在的時候，她總是會在某一個纏綿的瞬間，那樣動情地想他，總是會在某個燈火闌珊的夜裡，在紙上靜靜的寫著他的名字，柳三變。因為有他，平常的日子不再寂寞，因為有他，生活中處處瀰漫著浪漫和幸福。

便這樣，他和她相依相伴，踩過青春，路過風景，終於踏入了她世界裡刻劃的地老天荒。只要有她出現的地方，他的眼神便會變得溫暖，變得神采飛揚，變得流光溢彩。行走在文字的江湖裡，他總是心甘情願，為她以半箋花香的筆墨薰染整個季節的色彩，讓她絢美在他的指尖、心間。

4. 忍把韶光輕棄・楚楚・長壽樂

他總是沉溺於她的寵溺，沉溺於她的好，有時候真怕會忽然失去，因為這一切來得太快，有些不真實的感覺。回眸，牆角隱現的清馨清蓮，在卓澄微湧的枝頭留下遠山的風情，再回首，輕舞飛揚的蝶，正泊在寧靜的指尖，從此，那抹八月天的藍色心情，便成為他和她心靈的後花園，如一隻纖纖素手，拂過生命中的微涼和迷茫的洪荒，在那一刻捧起一個共同的心語心願。

因為有她，一份美麗的心情，守在歲月清淺的韶華裡，靜玉無香、水湄盈盈；因為有他，千千萬萬顆星子匯聚的璀璨，瞬間漂染流年似水，越過千山萬水，最終，換回歡顏淺笑，醉染經年。願只願，歲月流芳，真情依舊；願只願，兩同心，白首不相離；願只願，共仰望天際間那道深邃的藍色剪影，將所有的快樂和溫暖，凝成心底那曲祝福深深、濃情滿溢的驪歌……

太幸福了。人生得一知己若楚楚也，何其有幸？杭州城內，西子湖畔，虎跑泉下，白堤柳下，處處留下她婉轉的歌喉、曼妙的舞姿，亦留下他處處見風情的詞章。那些個日日夜夜裡，他為她握筆從容，同享生命中的溫馨和感動，更為那份塵緣增添了幾許輕濃硯墨，於是，一闋〈長壽樂〉便在煙雲墨雨飛梧桐的季節，便在微雨落花的芳菲時，從他那支生花的湖筆下鋪敘而下：

繁紅嫩翠，豔陽景，妝點神州明媚。是處樓臺，朱門院落，絃管新聲騰沸。恣遊人、無限馳驟，嬌馬車如水。竟尋芳選勝，歸來向晚，起通衢近遠，香塵細細。

太平世，少年時，忍把韶光輕棄。況有紅妝，楚腰越豔，一笑千金可啻。向尊前、舞袖飄雪，歌響行雲止。願長繩、且把飛鳥繫。任好從容痛飲，誰能惜醉。

——柳永〈長壽樂〉

「繁紅嫩翠，豔陽景，妝點神州明媚。」有美作伴，繁花似錦的杭州城變得更加美不勝收、妙不可言。在他眼裡，江南宛若娉婷嫵媚的清雅女子，從六朝的繁華中款款走來，在玲瓏的湖畔臨水而居。放眼望去，芳草凝碧、柳陌含煙，恰似一闋曼妙婉約的詞，那鍾靈毓秀的風骨、風華絕代的韻味，卻被千載的風、萬年的雨，釀成一罈醉人的女兒紅，微醺了歲月，暈染了紅塵，迷濛了雙眸，更是明媚了神州大地。

「是處樓臺，朱門院落，絃管新聲騰沸。」自在飛花輕似夢，無邊絲雨細如愁。煙雨濛濛的江南，似煙似霧，似幻似夢，帶著淡淡的愁，含著微微的憂，輕輕盈盈地織就繞指的三分溫柔，纏纏綿綿地編成他心底的一簾幽夢。看那金碧輝煌的亭臺樓閣，看那高門深院的羅綺朱戶，聽那新聲絃管沸點騰，望楚楚伸出纖纖素手，漫撫心弦，衣衫翩躚處，正是柔情似水，眷戀如詩。

「恣遊人、無限馳驟，嬌馬車如水。」遊人如織，策馬馳驟，車如流水馬如龍，好一派繁華綺麗景象。風到這裡就變成纏綿的情愫，牢牢黏住過客的思念；雨到這裡就串連成銀線，依依牽絆著遊人流連於人世間。楚楚啊楚楚，此時此刻，何不飲酒縱歡，借十里清風，立荳蔻梢頭，漫卷珠簾，獨上蘭舟，秉筆為篙，撐紙作渡，踏訪舊時霓裳，尋覓江南舊夢，只任那濃濃的古意、淡淡的哀愁，在江南瀟瀟煙雨中，佇立成一種古典的憂鬱？

「竟尋芳選勝，歸來向晚，起通衢近遠，香塵細細。」每日醒來後的時光幾乎都消耗在了尋芳選勝上，那沾衣欲溼的杏花雨，那吹面不寒的楊柳風，都將杭州城的細膩委婉發揮到了極致。因了這份極致的美麗，他和她終日流連忘返，歸來時總是日落黃昏後，然而他們卻玩得不亦樂乎，早把世間一切瑣事撇諸腦後，忘得一乾二淨。

回眸，幽深的古巷，自《詩經》中生，逶迤輾轉，任他越過白堤，擁著她從秦時明月走到唐風宋雨，縱是落了千年的淚，她那曼妙的蓮步輕輕踩出的細細香塵亦能換回他一個溫柔繾綣的笑容。

「太平世，少年時，忍把韶光輕棄。況有紅妝，楚腰越豔，一笑千金可啻。」太平歲月，正是人生少年時，怎忍把韶光輕棄，何況身邊還有善解人意、溫柔可人的楚楚姑娘終日相伴？楚楚，妳可知，楚腰越容的妳，便是我心中那隻在武夷山中翩躚了幾千載的蝶？亦可知，我願為妳化身作蝶，只因妳那迷人的一笑千金不換？

「向尊前、舞袖飄雪，歌響行雲止。願長繩、且把飛鳥繫。任好從容痛飲，誰能惜醉。」她低眉弄琴，向樽前，為他舞袖飛雪，為他奏一曲纏綿悱惻的〈長相思〉，任歌聲響徹雲霄，任情思飛越滄海，不盡。

但願長繩，且將那飛鳥緊緊繫，更繫住楚楚那顆不變的痴心。從今後，縱是從容痛飲，又何惜醉？佳期如夢，歡悅依舊，他只想，這一生，永遠擁她入懷，在花開時節，兩雙凝眸，看盡千樹繁花。

可惜，這樣美好的時光終是無法雋永。次年春，西元一〇〇四年，宋真宗景德元年，對柳三變青睞有加的杭州太守孫何被召還京，同年冬卒於東京汴梁府第，他亦在悲傷難抑的情緒中，接到了已升任工部侍郎的父親柳宜從東京寫來的催他進京赴試的家信。是走，還是留？大丈夫當以功名為重，又豈能為我一個風塵女子虛耗青春？楚楚不無傷感地望著他勸說道：「人生沒有不散的筵席，公子正是韶華年歲，一旦高中進士，不又可以風風光光地回到杭州城來嗎？到時候，別說是公子的親眷故友，就連妾身也跟著風光不是？」

楚楚說得對，大丈夫當以功名為重，他當初辭別母親和新婚的妻子雲衣離開崇安五夫里故里，北上杭州，不就是為趕往京師參加科試的嗎？「那我走了？」他痴著望著掩面而泣的楚楚不捨地說。

「走吧，相聚總須一別，若是公子有心，高中之後，莫將妾身忘懷便好。」

「怎麼會？我柳三變忘了誰也不會忘了妳楚楚姑娘的！放心，我一定會回來，妳等著我！」

次年秋，宋真宗景德二年，楚楚將二十二歲的柳三變送上順流而下的船隻。那一日，輕舞飛揚的裊裊細雨，丁香般結著清愁，淅淅瀝瀝地在耳邊奏響一曲曲悱惻幽遠的古相思曲，那如泣如訴的旋律，將那些剪不斷、理還亂的茫茫思緒都從記憶的殘夢中喚醒。

淚眼迷離中，那絲絲縷縷的細雨，分明就是離人的眼淚；傷心斷腸裡，那雨中紛飛的嫣紅，分明就是打翻的胭脂。轉身，一川煙草，滿城飛絮，不經意間便擾亂了秋愁，搖落了心事，讓寂寥的行人不忍獨自倚欄，只在心裡輕輕念著：別了，楚楚；別了，西湖；別了，錢塘江；別了，杭州城。岸邊，琴曲終了，古巷在他眼底衍幻成雨巷，願只願，這一生，只枕著她的溫柔，在相念相望中守候，守候下一個重逢的佳期。

5.選得芳容端麗·謝玉英·玉蝴蝶

是處小街斜巷，爛遊花館，連醉瑤卮。選得芳容端麗，冠絕吳姬。絳唇輕、笑歌盡雅，蓮步穩、舉措皆奇。出屏幃，倚風情態，約素腰肢。

當時，綺羅叢裡，知名雖久，識面何遲。見了千花萬柳，比並不如伊。未同歡、寸心暗許，欲話別、纖手重攜。結前期，美人才子，合是相知。

——柳永〈玉蝴蝶〉

揚州。透過江南小家碧玉般的玲瓏精緻，隨遊人們歡快的足跡，正被踩出一縷縷風花雪月，搖曳出多姿多彩的浪漫風情，雖歷經千年繁華，歷經無數斑駁的記憶，依然浸在濃濃的月色中笑看春風。

漫步瘦西湖畔，轉圈，歷史的餘溫已不再燙手，二十四橋的夜晚可曾夢春來？這裡曾被無數支生花妙筆描驀過，曾被無數才子倚紅偎翠的身影填充，曾被無數佳人曼妙的笑聲淹沒，而今，我左顧右盼，在這月色正好的夜裡，仍能感受到來自千年前的綺麗奢靡與浮華，還有那因等待期盼而黯然神傷的眼神。

那時的他，青春年少、才華橫溢，渾然不覺光陰似水，總是凝視遠方，將時間甩在白色長袍之後，只把那沿途美景賞了又賞，看了又看。從杭州一路北上，途經蘇州，他留下一闋令人驚嘆的詞章〈雙聲子〉，更奠定了其日後在北宋詞壇的盟主地位。

晚天蕭索，斷蓬蹤跡，乘興蘭棹東遊。三吳風景，姑蘇臺榭，牢落暮靄初收。夫差舊國，香徑沒、徒有荒丘。繁華處，悄無睹，唯聞麋鹿呦呦。

想當年、空運籌決戰，圖王取霸無休。江山如畫，雲濤煙浪，翻輸范蠡扁舟。驗前經舊史，嗟漫載、當日風流。斜陽暮草茫茫，盡成萬古遺愁。

——柳永〈雙聲子〉

那是一闋詠史詞，可他的心卻留在了那些秦樓楚館之中，留在了那些著綺羅、舞紅塵的青樓女子身上。然，前方的路還很漫長，身在京師的父親柳宜不斷來信催促他趕緊赴京，不由得他不帶著滿心的遺憾再次啟程，去赴那一場山水迢迢的約。在柳宜眼裡，三個兒子雖「皆工文藝，號柳氏三絕」，但他還是覺得日後能夠光宗耀祖的必是幼子三變無疑，自是對他寄予更多期望。柳家可是名門望族，柳宜之父柳崇在五代十國時期便以才名聞於鄉閭故里，因其樂善好施、行俠仗義，鄉人偶有紛爭，皆不詣府官決其曲直，而是找柳崇解決，是非皆取其言，柳氏在鄉人之間的威望可見一斑。柳崇聲譽日隆，閩主王延政聞聽其賢，多次下詔請其出山輔佐，但均被其婉言謝絕，終身未仕，但他的幾個兒子卻個個都是科舉高中的進士出身，進入北宋後，更是官運亨通，蓬蓽生輝。出身在這樣的家庭裡，柳三變自然擺脫不了父母親族對他寄予的深切期望，高中進士更是這個家族對他唯一的期求，可他竟在離開家鄉進京趕考的途中蹭蹬了好幾年，遲遲未曾趕到東京，怎能不讓望子成龍的柳宜心生不滿？

聽說兒子延宕的原因居然是跟一幫青樓女子廝混在一起，柳宜更是感到顏面盡失。然，那些從杭州、蘇州傳到東京的傳聞到底是不是真的，他心裡並沒有底，三變自幼聰慧好學，且知書達理，平常見了生人都害羞得不敢說話，而今又怎會變成一個整日流連於花街柳巷的浪子呢？三變已經二十二歲了，雖然古語有云「三十老明經，五十少進士」，他這個年紀沒考中進士並不值得擔憂，可一年前發生的一樁事卻讓他不得不對兒子的期盼變得更加迫切。

一年前，柳三變還在杭州與楚楚結伴遊逸之時，年僅十四歲的晏殊以神童名參加科試，被賜進士出身，這多多少少令柳宜覺得憂心，自己的兒子亦曾以神童之名聞名鄉里，怎麼年逾弱冠後反倒不及一個十四歲的少年？

三變，你到底是怎麼回事？為什麼老父三番五次來信催你赴京參加禮部試，你總是故意拖延？是杭州秀麗的湖光山色，還是姑蘇曼妙的亭臺樓閣攫住了你的腳步，讓你止步不前？或許，這些冠冕堂皇的理由永遠只是三變拿來搪塞自己的藉口，令他流連忘返的真正原因恐怕還是傳聞中的那些倚樓賣笑的青樓女子！到底，要怎樣才能讓他收心，徹底靜下心來，把滿腔熱情都用在溫習功課，用在準備科試上呢？

身為朝官，柳宜不能隨便離開京師，只能一封接著一封的給三變寫信，曉以利害，催其入京。然而，已然混跡於青樓多年的柳三變卻沒有將父親的話當回事，依然我行我素，今朝有酒今朝醉，終日沉湎於溫柔鄉中，不能自拔。他不知道究竟是怎麼了，為什麼會變成如今這個模樣？離開家鄉五夫里時，他曾對雲衣發過誓，今生斷不孤鴛被，可剛剛來到杭州，他就經受不住誘惑，拜倒在那些歌舞伎的石榴裙下，甚至與一個叫楚楚的女子愛得神魂顛倒、欲仙欲死；離開杭州的時候，他亦曾對楚楚許過諾，今生今世，斷然不會將她忘卻，只待金榜題名時便會回來與她把盞共歡，可是，為什麼踏入姑蘇城後，他那顆風流多情的心又被那些個夜夜吹笙簫的女子搶走了呢？

他不是不愛雲衣，亦不曾將楚楚忘懷，難道，他本就是多情的郎，注定不只為一兩個女子而生？不知是被父親催促不過，還是只想讓自己靜一靜，宋真宗景德三年，二十三歲的他離開蘇州，一路旖旎，來到風月無邊的揚州，和今夜的我一樣，帶著一身的憂鬱，滿腹心思地悵立在碧水萋萋的瘦西湖畔。

嗚珂碎撼都門曉，旌幰擁下天人，馬搖金轡破香塵，壺漿盈路，歡動一城春。

揚州曾是追遊地，酒臺花徑仍存，鳳簫依舊月中聞，荊王魂夢，應認嶺頭雲。

——柳永〈臨江仙〉

在揚州，他用萬種柔情寫下〈臨江仙〉，寫下「揚州曾是追遊地，酒臺花徑仍存」這樣無限風情的句子。是的，揚州對他來說並不陌生，西元九九四年，即宋太宗淳化五年，柳宜除去全州通判的職位，以善贊大夫的身分調往揚州任職，年僅十一歲的柳三變亦隨之前往。從十一歲，到十四歲，柳三變在揚州一呆就是四年，直到十五歲，才跟隨叔父回到故鄉崇安，承歡於祖母膝下。

他記得，十三歲那年，他在揚州曾寫下令父親嘖嘖稱奇的〈勸學文〉，因此，柳宜才認定他才華膽識皆過於兄長三復、三接，於是決心悉力培養之，然而十年過去後，他還是從前那個令父親賞識讚嘆的小神童嗎？他不知道，歷經風月雪月，他忘記了太多太多，迴避了太多太多，但那首〈勸學文〉卻還時常在他耳畔響起。

> 父母養其子而不教，是不愛其子也。雖教而不嚴，是亦不愛其子也。父母教而不學，是子不愛其身也。雖學而不勤，是亦不愛其身也。是故養子必教，教則必嚴；嚴則必勤，勤則必成。學，則庶人之子為公卿；不學，則公卿之子為庶人。
>
> ——柳永〈勸學文〉

「學，則庶人之子為卿；不學，則公卿之子為庶人。」他變了嗎？如果沒變，為什麼長大後的他，見解反倒不如童年時？是那些青樓女子改變了他？他默然，搖首，那麼，到底，是什麼將他變成今日這副模樣了？

世間事，總是剪不斷、理還亂，他懶得去理會，更懶得去想。罷了，罷了，揚州自古繁華地，好不容易來此一趟，何不放懷暢飲，何不再薄倖一回？那些深巷勾欄裡的女子在他眼裡總是好的、美的，既如此，又有什麼能阻擋他繼續追逐在花叢中看她們恣意綻放？

是啊，要讓他不去追逐百花叢中的蜂蜂蝶蝶，他就不是那個以多情放達著名於世的柳三變了。然，當所有的風月散盡，千年之後，我依然看得見那個身著一襲藕荷色羅衣的女子掩藏在微笑之後的淡淡哀傷，究竟，她為了什麼憂愁，又為了什麼悲傷？難道，與他邂逅，不是她期待了三生三世的夙願嗎？難道，遇見他之後，他不曾成為她生命裡最明媚的那抹暖陽？

不，都不是。那一夜，她斜坐瘦西湖畔，靜靜臨水梳妝，一如往日，悠閒，散淡，漫不經心。他就那樣輕飄飄的，彷彿一縷浮雲，倏忽間飄至她身前，擋住了那一瞥水的溫柔笑靨。風吹著她的長髮，在雲水之間輕輕飛揚，耳畔有曲調輕緩流過，似水流淌，回眸，那絕妙的天籟之音卻緣自他唇邊那一支曼妙的笛。抬頭，月夜下朵朵流雲安然綻放著、流動著，眼前的他風流倜儻、溫文爾雅，望不盡的柔情萬種，猜不透的鍾情心事，只一頷首便醉了她如花心思，然，也就在那一剎間，她的心卻忽地生出一種荒漠般的蒼涼。

自古痴情皆成傷，她不想讓自己成為又一個良辰美景過後，只會倚門悲歌、珠淚暗垂的傷魂女。好男人，俊美的外表之下大多藏著一顆猜不透的心，他說愛妳時只是一時貪戀妳的美貌，一旦讓其得逞，便會毅然決然地離妳而去，哪怕妳哭得呼天搶天，喊得聲嘶立竭，他亦不會回頭再多看妳一眼。自小長於青樓的她自然明白男人都是依靠不得的道理，又怎會被他玉樹臨風的姿態欺騙？然，她還是被他那雙迷人的眼睛誘惑了，就在他從唇邊輕輕移開尋支竹笛，望著她燦然一笑的那一瞬間。

「我等了你很久很久，你知道嗎？」她無法抑制地滑入他風情旖旎的懷中，將一顆期待了多年的如水心懷，完完整整地交到了眼前這個迷人的男子手裡。

「我喜歡妳。」他輕輕吻著她柔潤的唇，「姑娘，你是我這輩子見過的最美的女子。真的，我從不說謊，尤其是在美貌的姑娘面前。」

「公子，你……」她滿面含羞地望著他，囁嚅著嘴唇：「我……」

他緊緊擁著她溫香軟玉的身子，伸出手指在她額上輕輕一點：「我也等了妳很久很久，妳知道嗎？」

「可公子還不知道妾身姓甚名誰呢。」

「我知道，姑娘的芳名早已傳遍揚州城大街小巷的各個角落，柳某又怎能有目無珠？」

「你知道？」她輕輕笑著：「那就不怕別人的閒言碎語？妾身只是，只是個無依無靠的風塵女子……」

「怕，我就不會來找妳了。」他伸手堵住她的櫻桃小口：「以後，妳就不會是無依無靠的女子了。」

是的，他並非輕易許諾的男子。從見到她的那一霎那開始，他就被她驚若天人的美貌攫住了整顆心，從那時起，他就立誓要成為她今生今世的依靠，哪怕粉身碎骨，哪怕受盡千人唾罵、萬人指斥。自古才子配佳人，既然她謝玉英是名動揚州城的第一流名伎，除了他才華卓絕的柳三變，世間又有哪個男子配得上這只應天上有的美嬌娘？

謝玉英，謝玉英。緊握住她膚若凝脂的纖手，他把她的芳名在口中唸了又念，竟不知該說些什麼話才能表達他心中對她的愛慕之意。這麼個天仙般的妙人兒自是琴棋書畫，樣樣精通，那就送她一闋香詞作為初見面的禮物吧！於是，在她流光溢彩的期盼眸光中，他笑坐窗下，為她，為他心愛的揚州名伎謝玉英寫下一闋令人唇齒生香的〈玉蝴蝶〉詞。

是處小街斜巷，爛遊花館，連醉瑤卮。選得芳容端麗，冠絕吳姬。絳唇輕、笑歌盡雅，蓮步穩、舉措皆奇，出屏幃，倚風情態，約素腰肢。

當時，綺羅叢裡，知名雖久，識面何遲。見了千花萬柳，比並不如伊。未同歡、寸心暗許，欲話別、纖手重攜，結前期，美人才子，合是相知。

——柳永〈玉蝴蝶〉

「是處小街斜巷，爛遊花館，連醉瑤卮。」在那碧水漣漣的瘦西湖畔，在那掩映於百花深處的秦樓楚館內，飲無數美酒，醉得神魂顛倒，卻於小街斜巷內，有幸遇見了她，從此，愛得死去活來，愛得忘乎所以。

「選得芳容端麗，冠絕吳姬。」她貌美如花、清雅高潔，一顰一笑，舉手投足間，無不透著高貴的氣質，卻又難以掩飾與生俱來的冶豔端麗，是當之無愧的花中之魁，冠絕吳地之芳。

抬頭，春日的天空，是一片純淨的琉璃藍。與她攜手，笑立簷下，仰面，貪婪沐浴著陽光的溫暖。然後，輕輕踱入室內，看她在雕花妝臺前坐下，微微一笑，更勝卻瑤池天仙。看一眼不夠，看兩眼不夠，定睛，望過去，望見的是無邊春色，望見的是情深意重，他卻覺著恍惚、飄然、眩暈，不知今夕是何年。這世間怎會有美得如此令人心曠神怡的女子？心「咯噔」了一下，跳個不停，而她的眼神依然深邃、笑容依然璀璨，桃木梳譁然落下，梳下三千青絲，卻梳不斷他與她初相見的依依情懷。

「絳唇輕、笑歌盡雅，蓮步穩、舉措皆奇。」回眸，她朱唇輕啟，為他唱響一曲歡歌，一字一句，盡著雅音，絕無戲謔之態，再回首，又見她蓮步輕移、水袖翻飛，為他跳起一支旖旎的舞蹈，雖風情萬種、舞姿奇詭，仍無一絲媚俗之態。

他眼裡，她便是這世間絕無僅有的美景。她的美，她的媚，她的雅，她的豔，無不令他心旌搖盪。或許，這便是緣分，是他和她的緣分。緣分來了，任誰擋也擋不住，任誰逃也逃不了，他徹底被她「俘虜」了。

「出屏幃，倚風情態，約素腰肢。」穿過身前精緻的屏幃，她裊裊娜娜地舞向他身畔，身輕彷彿雲中飛燕，纖細的腰肢宛若緊束的白絹，只一個輕倩的眼神，便勾得他神魂顛倒，無法自拔。

「當時，綺羅叢裡，知名雖久，識面何遲。」當是時，綺羅叢中遍尋芳澤，雖對她謝玉英的美名早就如雷貫耳，卻終因流連於花街柳巷，遲至今日才有幸識得其面。究竟，這是他之幸，還是他之不幸？

她含笑不語，舞動水袖，在他身邊不停地轉著圈，旋轉，旋轉，再旋轉，凌波微步，只想為他舞盡今生所有的美麗，將他長長久久地留住。到底，是留得住，還是留不住？閱人無數的她縱是慕其高才，心下依然一片忐忑，這麼好的男人，她真的能用出眾的姿色和不俗的才華把他留住嗎？

他沒出現在她的世界之前，歷經風月的她雖是識遍天下男子，卻不知真愛究為何物。是不想付出真愛，亦是不敢傾盡真情，只因鴇母早就囑咐過，天下男子皆是薄倖郎，貪戀的只是妳的美色、妳的身體，卻鮮少有男子會為一個青樓女子付出真心真情，於是，她時刻牢記鴇母的叮嚀，從不曾對任何一個男人付出真情，出賣的只是她的笑，她的歌，她的歡，卻從不曾是她的心。而今，他乘風而來。沐月而至，她真能做到不為他傾盡所有，只為博他一笑嗎？

難！難！難！她發現，這男人的確與眾不同，只為他一雙迷人的眼睛，她便逃不開命運即定的安排。

她俘虜了他，他亦擄獲了她。他陷入了她的溫柔鄉，她沉進了他的情意纏綿。他和她，終是鴛鴦好夢，蝴蝶雙飛，燈紅酒綠裡，再也分不出彼和此。

「見了千花萬柳，比並不如伊。」遊歷過春光爛漫的蘇杭二州，這一路，他見了千花萬柳，卻沒一個比得上她貌美嬋娟，比得過她滿腹錦繡，甚至是他的雲衣，他的楚楚，都不能與之相提並論。似乎，沉寂冰封了二十多年的心花，都是為了這一刻，為她悄然綻放。頷首間，才明白，原來，這場詩意的邂逅，似乎已經讓他等待了太久太久，她唱些什麼，倒是一些也沒聽得明白真切，此時此刻，他的眼裡只有那個輕舞飛揚、風流冶豔的她。

「未同歡、寸心暗許，欲話別、纖手重攜。」四目相對，兩心相知。他與她，雖未曾攜手同歡，卻早已芳心暗許、情意繾綣，奈何那一夜早已與友人相約在二十四橋下飲酒共歡，不能不暫時辜負這良辰好景，與她悵別。只是，欲話別，卻不知從何說起，是許下來日之約，還是……他輕輕搖頭，她卻伸過纖纖玉手，緊緊握住他冰了的雙手，含情脈脈地望向他，欲言又止。

「結前期，美人才子，合是相知。」默然，無語，她悵悵然轉身，在窗前為他撫一曲〈長相思〉，有淡淡的哀愁結於眉間。到底，他和別的男人究是沒有分別，在他眼裡，永遠是知交勝過她這樣的青樓女子，乍然相逢，又要分離，怎能不讓她愁腸百結？罷了，他要走，便走就是了，只是萍水相逢，她又有何放不下的？

「玉英。」他踱至她身後，將她緊緊擁入懷中：「我會回來的，相信我，我一定會回來看你，回來聽你彈琴，聽你唱曲，看你跳舞，看你做詩，與你把酒共歡，永結同心，只因你和我，是那合是相知相惜的才子佳人。」

永結同心？她瞪大一雙如水的眸子，不無驚異地望向他俊美如玉的面龐。這就是他對她的承諾嗎？結前期，美人才子，合是相知？是的，他是才子，她是美人，那麼，他們就應該是白首不離心的知心愛人嗎？

一個緣字，曾讓世間多少痴情男女或喜或悲；一個緣字，又讓多少紅塵情愛或離或聚？儘管無法洞悉天亮後會發生些什麼，但她依然願意相信，相信他的諾言是發自肺腑的真摯之語，只是，那一眼，那一眼極致的溫柔，便是教她為他去死，她亦心甘情願。於是，她放開了手，默默看他轉身離去，卻在心裡輕輕祈禱，祈禱她和他的這場遇見將催開一幕璀璨的煙火，溫暖這冰涼的瘦西湖水，化開她心中久積的冰霜。

6. 一場寂寞憑誰訴．謝玉英．晝夜樂

洞房記得初相遇，便只合、長相聚。何期小會幽歡，變作離情別緒，況值闌珊春色暮，對滿目、亂花狂絮。直恐好風光，盡隨伊歸去。

6. 一場寂寞憑誰訴・謝玉英・晝夜樂

一場寂寞憑誰訴，算前言，總輕負。早知恁地難拚，悔不當時留住。其奈風流端正外，更別有、繫人處，一日不思量，也攢眉千度。

——柳永〈晝夜樂〉

晴朗的下午，陽光下的夢如輕雲般清淡，若花兒般緩緩搖落，呼吸之間，春的氣息已然瀰漫過來。低頭，陽光揉皺一湖春水，有種沁心的暖在周身流溢。這時候，最適合漫步在二十四橋邊，聽流水潺潺，看風月無邊，懷想杜牧筆下的吹簫人是如何的冰清玉潔，如何的清芬雅緻。

走一步，就是一個美得無法想像的夢，到處都抹著流光溢彩。夢中，我擁有杏花煙雨的江南，擁有可以藏納月光的庭院深深，回首之間，便能嗅到過往的流香，只是，不知那斜倚碧闌干的女子究是唐朝的小家碧玉，還是柳三變筆下驚豔無度的伎人？

轉身，踏著春天的腳步，盈盈來到那個曾經有她的小巷，那片盎然的芳草地至今還留有深深淺淺的印痕。只是，他又可曾記得，在這片瓊花樹下，那年那月，深情對望著她的清眸，衣袂飄飛，隨之傾瀉而下的日光竟折射出那樣淨好的笑容，如繁花盛開，蛾眉一笑，便讓他喪了魂、失了魄？

起初的相遇，是那樣淡然而美好。風景如畫的夢裡水鄉，伴著小橋流水，靜靜徜徉，百花齊放的時刻，即時聽到花開的聲音，微妙，幽遠，彷彿她吹氣如蘭的清音。於此，僅僅是那一句：「哦，原來你也在這裡。」心便早已經穿過千山萬水，飛奔去她的方向，似乎那是一場期待許久的邂逅，終於在她出現的轉角，如期上演。

是啊，原來她也在這裡，不曾預言，不曾謀面。只是於千萬人之中偶然遇見；於姹紫嫣紅的春季留下一道美麗的弧線；於望穿秋水的彼岸，繁衍漫長的思念；於寒涼如水的冬日，遙寄一份溫暖，悄然入心。而今，我亦在這裡，眺望頭頂一片晴空，心卻怕了，怕陽光下飛舞的塵，落盡眼眸後會長出如他與她一般的愛情，無可救藥。

未識相思，便害相思。他離去的那個晚上，她躺在繡錦床上，輾轉反側。第一次為一個男人失眠，在寂靜夜裡，她控制不住地想他。或許，有些人，遇不上是寂寞，遇上了，便是劫數；又或許，與他相遇是此生注定在劫難逃。佛說「前世五百次的回眸，才換回今生的擦肩而過」，她不知道，和他的相遇，會不會只是一場璀璨的煙火？

因為一個緣字，身不由己；因為一個情字，情不自禁。身處勾欄、慣常風月的她亦不例外。沒有遇見他之前，她還不知道世界上有這樣一個人，可以讓她茶不思、飯不想；沒有遇見他之前，她還不知道什麼叫牽腸掛肚。然，當姐妹們對她投來欽羨一瞥的目光時，她終是明白，這次，她算是徹底落入了情網，是真的，為那個初遇見的男子勾了三魂七魄，不能自已。

瘦西湖畔，小街斜巷裡，沒有他的日子裡，她一直過著閒看庭前花開花落，漫隨天際雲捲雲舒的自在生活。身邊自是不乏粗俗的追求者，但她每每只是撫琴一曲，淺笑了之，即便無法推辭，將她身子陪了千百男子，亦不曾為其中任一人付出過真心真意。可是因為遇見了他，她才感知一切都有了改變，然，這究竟是緣還是劫？她不知道，她只知道，愛就像那豔麗耀目的罌粟，令人入骨成癮、欲罷不能。愛上了他，便成了戒不了的毒。

遇見很美，就像春風拂過臉頰，清逸飄然。回眸，柔軟的輕風、淡淡的微笑，似乎都只為等待他一次炫人眼目的出現，即便人去屋空，他已不在，晚妝後的她仍以素面朝天的姿勢，期待第二次春暖花開的遇見，只盼重逢的那日，任他風流笑靨顛覆她整個世界。

些許是太久沒人能夠觸及心弦，以至於他的出現會讓心的某個地方有種受寵若驚的錯覺。飛揚的青春，多以沉默為主，然而單薄的雙翼，卻深藏著對愛的執著和守候。淺酌一杯清茶，思緒緩緩，月如鉤，窗外落葉起起伏伏，在風中幽幽獨舞，若蝶翩然。翹首望去，天際間的清雲，似在低語輕訴，她的心卻在茫然，只因不知道他的喜好，不知道他的忌諱，不知道要如何投其所好。我不知道你的班級，不知道你的喜好，只知道我上的每一節選修課都會遇見你。起身，默然注視著天空，天空依舊湛藍，雲依舊瀰散在天地間飄來飄去。那麼，你想我嗎，柳郎？

他自是無法不想她，無法不念她。只是當時，她不知他心意若何，更不知能否與他共擁一片風情時，直到他再次踱進她如花般絢美的世界，才發現，這世界因了他，即使沒有百花綻放，沒有胭脂渲染，她亦能在如蓮心房裡搖曳生香，讓寂寞再也找不到她的眼眸。

低頭，她臉上的一抹淺笑蕩漾在他心間。原來，這便是他的煙雨紅顏，這便是他的煙雨江南。只因有她，暮色四起時，隔湖觀雨，無邊心緒散落在無邊煙雨裡；只因有她，抬眼處，杏花醉，醉了他的眼，醉了他的心，一些思念，更在水郭山村外。

撐一把精緻的淡紫絲竹傘，與三月的煙雨邂逅。他挽著她的手，穿過雨巷，笑靨綻放如花，明媚而溫暖的容顏彷彿洗盡鉛塵般透明、乾淨，那份發自肺腑的自信更是於無形之中散發著優雅的氣質。有美如斯，更復何求？今時今日，他要的便是這份攜手與共的純真心態，要的只是這份細水長流的情感，要的只是兩顆愛無止境的痴心。是的，只要這份痴心一直生長在心底，這份濃烈的情便能永遠。他不知道她信是不信，但他卻是真的信了，如果時光可以倒流，能夠讓他及早與她相識，或許他會娶了她，做他一生一世的妻，只是，以後的以後，老天可否垂憐？可否允許他用剩下的光陰還這細膩女子一份用真心釀製的情感？從此，溫暖她心，照亮她心。

他和她，到底會不會有情人終成眷屬？他默然，無語，只因他不知自己能否給她一個長長久久的明天。她是那人間四月天，她是他最珍貴的真愛，即便只是一杯清茶，由她手裡遞來，亦能讓他感受到一份非同一般的溫暖。在他眼裡，那一杯普通的清茶，由她手心醞釀而成，更是一份愛心，一份貼心的暖，吞嚥下肚，與他融成一體，彷彿穿過迢迢萬水，那一低首的溫柔，竟是無法言語的感動。

或許，笙簫過後，他和她終是要分別；或許，經年之後，他和她早已遠去，但他明白，從此後，他會日日將她當初的模樣清晰記起，永生，不忘。是的，如你所料，他終歸還是棄她而去，在與她徜徉瘦西湖畔共嘆二十四橋明月夜年餘之後的西元一一〇七年冬，二十四歲的他再次起身離去，就像當初離開雲衣、離開楚楚一樣，繼續踏上了北上東京的漫漫征途。

洞房記得初相遇，便只合、長相聚。何期小會幽歡，變作離情別緒，況值闌珊春色暮，對滿目、亂花狂絮。直恐好風光，盡隨伊歸去。

一場寂寞憑誰訴，算前言，總輕負。早知恁地難拚，悔不當時留住。其奈風流端正外，更別有、繫人處，一日不思量，也攢眉千度。

——柳永〈晝夜樂〉

臨別前，她哭得聲嘶力竭，哭得一枝梨花春帶雨。他說過，不會離開她；他說過，要娶她為妾，帶她去東京遊逛，帶她回福建崇安老家祭祖，可是，諾言仍在耳畔，尚未冷去，他怎能鐵了心要棄她而去？心中，有著太多的隱忍和不捨，輕風雖無言，而他，依舊是她紅塵深處的一份牽腸掛肚的眷戀，又怎能只以一個溫暖懷抱，便安置下她那顆疲憊的心靈？

柳郎啊柳郎，你怎能如此狠心如此薄情？難道，你也和那些只把依紅偎翠當作茶餘飯後樂事的登徒子一般，只把我謝玉英當成了一件玩物？曾經，你我相惜如歸，於一闋闋文字的盛宴裡，點綴那一段段風花雪月事，而今，轉過身，你便要將所有的悲傷與惆悵留給我嗎？

不，自然不是。只是，玉英，你要明白，赴京科考，是柳氏家族對我三變不變的期待。家中的母親在盼，盼我金榜題名時；京中的父親在等，等我早日進京赴考。還有，還有雲衣，還有楚楚，她們都在等待，都在期盼，我又怎能因了一己之私，便完全將眾人的期許拋許腦後？

走吧！走吧！既然誰都比我謝玉英重要，我還留你做什麼？只是，那場相遇，是如此如此的美麗，一個溫暖的笑靨，一個風情的眼神，你便俘獲了我之芳心，這以後要教我如何安享那一個人的孤寂之夜？罷了，罷了，感動的音符仍在我心間跳動，那麼，就讓妾身為我們的溫暖再相擁彈唱一回吧！從此後，你走你的陽關大道，我過我的獨木橋，就當從來沒有認識過好了！

「洞房記得初相遇。便只合、長相聚。」不是的，玉英。真不是你想像中的那樣。我是如此如此的愛你，怎捨得將你一夜拋棄？還記得初相遇的那些日子嗎？你我愛得天崩地裂，愛得海枯石爛，我對你的真心真意，你真的就從不曾明白過？只想與你長相聚，只願與你長相守，可是，男兒當以功名為重，等我高中進士的那一天，再騎著高頭大馬來揚州迎娶妳不好嗎？

「何期小會幽歡，變作離情別緒，況值闌珊春色暮。」不好，不好！妾身只要你留下，哪怕終身不著綾羅綢緞，終日食野菜，只要有你相伴左右，我才能安之若素，才能活得有滋有味，才能嫵媚依舊、風情依舊。這一去，山水迢迢，你教我如何能夠不思念、不意亂？

可是玉英，你要明白，誰也不想昨日的小會幽歡，又變作今朝的離情別緒。在這闌珊春色暮的季節裡，灑著一路的花香，我是多麼希望風能將記憶吹成花瓣，飛舞在漫天中，以明媚的微笑，送走你的憂傷，於我而言，只願你快樂，我才能安心。又可知，煙不散，夢不醒，我唯願守著文字，守著你，年年歲歲、歲歲年年？

「對滿目、亂花狂絮。直恐好風光，盡隨伊歸去。」空對滿目亂花飛絮，他心悽然。不是他心狠，一切皆因功名利祿四字，他還無法完全放下。望那日光傾城，感受窗外一湖落紅溫暖，怕只怕，人去後，這天地間的一幕好風光也會隨她日漸遠去的身影，片刻不留。

「一場寂寞憑誰訴。算前言，總輕負。」春歸去，終是一場寂寞，卻又憑誰訴？那麼，就讓我再為妳賦一闋新詞吧！玉英，再多的言語都不抵我心中千言萬語，可是，我仍要為妳寫，為妳唱，就請妳收下我臨別前最後一片相思吧！

憶前言，總是輕易便相負。然，這並非我心中所願，妳是知道的，我愛妳，勝過身體髮膚，離妳而去，我心亦亂，我心亦悲，我心亦傷，我心亦痛，現在，我只能把憂傷，把那千瘡百孔的悲慟安靜地隱藏於這闋文字的背後，只盼妳有朝一日，能夠看懂。

「早知恁地難拚，悔不當時留住。」我懂，我懂的。她泣下如雨，柳郎，我知道，我明白，可我就是無法忍受這份離別的苦。揚州城與那山水迢迢之外的汴梁城相隔千里，到底，什麼時候，你才能歸來，再將妾身如花美貌望了又望？

終是不捨，還是要放他離去。早知離別如此之苦，倒不如儘早拼了撒潑耍刁，非把他留下不可。然，縱是留下他又能如何？強扭的瓜自是不甜，即如此，就放他去吧，自此後，就當他是她前世窗外桃花一片，只任寂寞開滿她的花前月下，再聽一回紅塵中的長吁短嘆罷了！

「其奈風流端正外，更別有、繫人處，一日不思量，也攢眉千度。」知不知道，你的好處，只有妾知曉。在妾心裡，你不僅舉止風流瀟灑、玉樹臨風，更遠非一般浮滑輕薄之徒可比，實是難得的男子。此去經年，前途風光更好，花紅柳綠處，你真的還會記起揚州城裡有我謝玉英嗎？

唉。他輕輕地嘆，伸手撫去她兩行晶瑩淚珠。只因知道這一去，她每日都會在無盡思量中度過，即便不思量，也會為他攢眉千度，這樣一個可人的女子，他又怎忍心什麼都不說就這樣匆匆離去？

回眸，淡墨筆尖，突然定住，為她停留在昨日的一頁華章裡，停留在夜夜笙簫並蒂蓮的溫柔鄉里。轉身，只聽得琴聲悠遠，有花迎曲，片紅飄逸，勻為她妝臺前一抹胭脂，然後，輾轉成淡淡的傷，沁在她額頭，又是半臉羞色，春豔相偎倚。

玉英，我走了。別再為我哭，別再為我傷。妳不快樂，我心亦無法安寧。收起滿腹鬱鬱的殘章，他乘著寂靜的風，勉強給她歡笑的容顏，請她安心，然後踽踽而去。再回首，只想看她醉了桃花忘了今朝，只想聽她燕鶯輕盈呢呢女兒語，但願她夢中始終包裹這片醉人的花香，然，一切究是晚了，還是已然結束？

情調 2 ：唯有兩心同

7.會樂府兩籍神仙·宋真宗·傾杯樂

禁漏花深，繡工日永，蕙風布暖，變韶景、都門十二，元宵三五，銀蟾光滿。
連雲復道凌飛觀，聳皇居麗，嘉氣瑞煙蔥倩，翠華宵幸，是處層城閬苑。
龍鳳燭、交光星漢，對咫尺鰲山開羽扇，會樂府兩籍神仙，梨園四部絃管。
向曉色、都人未散，盈萬井、山呼鰲抃，願歲歲，天仗裡，常瞻鳳輦。

——柳永〈傾杯樂〉

春天的第一縷清風，輕輕吹過開封城外的原野，沉睡了一季的山河大地就這樣在我面前緩緩張開雙臂，微微睜開那雙朦朧睡眼，於是，心也跟著甦醒過來。冰凍的河流開始一點點融化，小溪尋著舊時的痕跡，「叮叮咚咚」的從山谷穿過，迎春花穿上了鵝黃色的衣裙，羞澀地朝著那抹燦爛的陽光微笑。遠遠望去，岸邊的柳枝已開始發出淺淺的嫩芽，而冬天殘留的枯草下，亦可以聽見有一種希望在拔節、生長。

不知從什麼時候開始，空中開始飄起了零星小雨。細密，如煙如絮，宛若女子的唇在耳邊輕柔的拂過。側耳，聆聽遠處傳來的悠悠鐘聲，低頭思量凋零在濛濛煙雨中的一瓣心香，心不禁有些茫然。總覺得，季節的背後，有一雙看不見的手在翻轉著流年的記憶，歲月也在這反反覆覆的季節輪迴中，斑駁著人們的容顏。沒什麼力量可以抵擋住季節匆匆交替的腳步，也沒什麼人可以挽留住歲月悄然帶走的青春，只是，千年之前的他又是帶著一種怎樣的思念從冬的那頭走來，看那料峭的雨飄落在青黑屋簷上？

抬起氤氳的眼，遙遙望著張澤端畫筆下那一座似有若無的橋，依稀彷彿間，卻看到有白衣勝雪的女子倚在欄邊幽幽怨怨地唱、輕輕淺淺地嘆。想必，這哀哀嘆息的人兒定是無法忘卻當日微風細雨中攜手同遊的旖旎風光吧？風雨同渡、春日如繡的時光裡，那一把油紙傘下曾演繹了多少浪漫、蘊含了多少深情？當日那柔柔的風、密密的雨、綿綿的情，卻都成了今朝驀然回首時萬分悲涼的辛酸往事。開封城山水還依舊，清明上河圖依然冶豔在歷史的記憶中，只是，她的情郎還會再回來嗎？那簷角滴落的雨滴究是他的牽掛，還是她的守望？

昂首，藍色的天幕下，有燕子輕輕飛過，卻不知春的希望會不會隨著燕子一同飛來。閉上眼睛，想像著泥土裡，蘊藏著多少關於成長的渴望，那麼這場初春的雨是否也和千年前一樣，有一種愛在靜靜醞釀？低頭，溼潤的大地上，草一定是有心事的，它們穿過厚厚的泥土，帶著重重的思念，在初春的風中尋找著前世記憶裡那些匆匆而過的影子，只是不知，那些鎖在黑暗與塵埃裡的往事，是否能和著季節的風，在這個春天再次唱起婉轉的歌？

轉身，遠處有幽幽琴聲從耳畔掠過，在初春溫潤的綿綿細雨裡輕輕飛著，我的心、我的眼就在這優美的樂音裡靜靜聆聽著，尋覓著春的訊息。那在風中隨意飄飛的天籟之音，好似帶著春天深處的自由與夢想從我心底飛過，懷著希望，懷著憧憬，懷著一種莫名的躁動。這時候，好想掬一把潮溼的泥土，放在我的心岸，然後種上一棵愛情的種籽，讓春雨淋溼它，讓陽光溫暖它，讓它在我的心尖上柔柔地開出一朵紫色的小花，芳香我的記憶，點綴我的春天，還有那個關於他的遙遠記憶。一個來自千年前的記憶。西元一一〇七年冬，柳三變離開揚州繼續北上，終於在那個冬天的盡頭來到我眼前這座繁華驚豔的城——汴京，也就是今天的開封市。不知道，那年那月，他是否和我一樣期盼著春的到來，卻知道，站在那座我夢中虛擬的橋畔，我看得見，他，正風塵僕僕地從遙遠的遠方趕來，腳步匆匆、香汗淋漓，倏忽間便醉了所有的暢想，凝固了所有的孤獨和落寞。

他來了，從西元一一〇七年的暮冬，悄然走進了西元一一〇八年的初春。紅塵笑靨裡，生命遺忘了所有關於冬的寒冷記憶，看風箏在藍天白雲裡來來回回任意穿行，他終於明白，他一直追尋的，原來是隱藏在春天裡的一種對自由的渴望，那些冬天裡的沉默與冥想，彷彿都是為了在那個春天裡，尋找一種生命的長度。

那一瞬間，他忘記了所有。忘記了那溪畔浣紗的女子，忘記了那化蝶比翼的女子，忘記了那涉江採蓮的女子，忘記了那吟風弄月的女子，忘記了那舞文弄墨的女子，忘記了那撫琴高歌的女子，忘記了那簪一朵辛夷花在襟上的女子，忘記了那念著他的名字尋尋覓覓的女子……，他眼裡唯一望見的便是皇都的金碧輝煌與宏偉壯麗，這世間怎麼還會有如此氣派的城池？嗬，這可是大宋的國都，是全中國的政治中心啊！他的心在澎湃，他的眼開始溼潤，這就是他嚮往了二十多個春秋的汴京城，就是他要為之奮鬥終身的那座城嗎？

天哪，如果心可以隨著蒲公英自由自在的飛，那麼就請這細雨紛飛的春天借我一雙翅膀，讓我痛痛快快地飛一回吧！在皇皇帝都面前，這世間所有的愛所有情似乎都算不上什麼，現在，他只想與眼前這座城池牽手在浪漫的春天裡，與她花前許諾，縱使花飛花謝，今生不言不棄，此生與君同，願作青泥待來年，年年再續。

是的，和我一樣，他幾乎是第一眼就愛上了這座城，並因為這座城，將那些水做的江南女子紛紛拋諸腦後，不再去想她們的輕歌曼舞，不再去想她們的諄諄叮囑，不再去想她們的巧笑嫣然，不再去想她們的蹙眉淚眼，不再去想她們的幽怨嘆息，不再去想她們哀傷落寞，心裡，響起的唯有這座如花的錦繡城，那輕輕淺淺的曼妙之音。

汴梁，我來了！東京，我來了！我柳三變來了！眼前的綿綿細雨，讓這座舉世無雙的城顯得更加豐盈潤澤，讓這座富麗堂皇的城顯得更加纏綿悱惻。放眼望去，有花歡顏，暗香浮動，漸入嘉景，那小軒窗內，深畫眉，淺容顏，人醉曲，桃花映，風花蕩漾，燕語鶯啼，美人翩翩起，輕盈舞姿含羞態，回眸，他醉在了這春風十里漫漫長堤上，哪怕再也醒不來，亦是無怨無悔。

東京的一切，對他來說都是新鮮刺激的，然而，還沒等他將汴梁城的奢華綺麗一一攬入目中之際，大宋皇帝真宗趙恆便在這年正月詔稱有「天書」降於皇都承天門，一時間舉國稱賀，他亦按捺不住激動的心懷，特為此事揮毫寫下一闋新詞進奉於上。

琪樹羅三殿，金龍抱九關，上清真籍總群仙，朝拜五雲間。
昨夜紫微詔下，急喚天書使者，令齎瑤檢降彤霞，重到漢皇家。

——柳永〈巫山一段雲〉

又是〈巫山一段雲〉。然而這闋新詞卻與愛情無關，只是不知那時的他可否想起那個曾讓他願意為之化蝶相伴的女子？武夷山遠去了，崇安遠去了，佳人亦已遠去，他的心完全浸在眼前這座氣勢非凡的城裡，還有那些個紫袍冠帶的公相身上。身為工部侍郎的父親柳宜與愛子重逢，說得最多的自然是求取功名之事，瞧瞧，只要高中進士，你便可以和那些出門騎白馬、入門有轎抬的貴人一樣，可以成為人上人了，但如果你不肯用心，不肯上進，那為父的自然也就無話可說了。

怎麼會呢？好男兒志在四方，當建功立業，父親大人這麼說豈不小覷了孩兒？柳宜望著信心滿滿的兒子輕輕一笑，心想，是嗎？這一路上，你整天穿梭於花街柳巷，倚紅偎翠，早把功名之心拋到九宵雲外去了，莫非真以為父親我老糊塗了，什麼都不知道？但這些話，柳宜只是想在心裡，兒子初來乍到，他還不想潑他涼水，喪了他的志氣，更何況，那些謠言是真是假一時半會還無從判斷，但退一萬步來說，就算那些話都是真的，兒子不還年輕嗎？這世間又有幾個年輕人沒做過糊塗事犯過錯呢？良玉，即使偶被玷汙，洗乾淨了，不還是塊美玉嗎？總之，三變已經來到他身邊了，只要自己多留個心，瞪大眼睛看著他不就行了？難不成還怕他在自己眼皮子底下惹出事來嗎？

好了，好了，第一次來汴京，總得好好玩一玩、逛一逛的。不過你切莫忘了，等玩過了這陣，就該收收心，給我好好呆在書房裡溫習功課了。對了，聽下人說你剛寫了一闋新詞，可不可以拿來讓爹瞧瞧？

「爹是說三變新寫的那闋〈巫山一段雲〉？」

柳宜點點頭：「正是。」

「爹真要看？」柳三變轉過身，從案几上揀起詞箋，輕輕遞到柳宜手裡，望著他忐忑不安地說：「三變……」

「就知道你成天拿這些上不了檯面的東西玷汙斯文。」柳宜捧著詞箋默默唸著，「『令齋瑤檢降彤霞，重到漢皇家。』好！好！氣象萬千，有氣勢，是我兒的手筆！」

「爹這是誇獎三變？」

「可千萬不要因一時偶得佳句就移了性情。」柳宜搖搖頭，望著他語重心長地說：「這都是些不入流的東西。平時消消遣倒也罷了，切不能讓這些粗俗的文字貽誤了正業。須知，求取功名才是你當下最緊要的功課。」

「爹……」

「好了，」柳宜把詞箋輕輕丟在案幾邊，嘆口氣說：「今天是上元節，晚上城裡有燈會，到時爹叫個小廝跟著你，讓他帶你好好逛逛。」

觀燈？早就聽說東京的燈會是一道人間最旖旎的風景，年輕氣盛的柳三變又怎會錯過那樣的曼妙？用過晚餐，他便叫上小廝一起步上街頭，快步走向那燈火絢爛之處。那晚的月亮，溫暖安逸，陷落在燈的海人的洋，他的心比那空中的孔明燈更加晶瑩閃亮。聽著周遭嘈雜恣意的聲音充盈著雙耳，看著因為洶湧人潮而凌亂了腳步的人們，望著燈光裡人們忽明忽暗的臉龐，他忽地無可救藥地愛上了這片夜幕下的天空，這片燈火璀璨的世界，只因，那些在心裡一直存放著的凡塵幸福，都在那一剎那有了現實裡的詮釋。

回眸，這不夜的城，遼闊疆天披雲錦，萬人空巷人影稠。煙花如雨，車水馬龍，有燈千柱，火樹銀花渾如畫，正是飛珠濺玉龍鬧海、流光溢綵樓外樓。踏著輕盈的腳步，千年之後的我，亦和著輕快的節拍，於徐徐清風裡，沿著大宋的長堤，蕩漾著春的氣息，朝著他駐足的方向緩緩而來。順著他的目光，我看到了與民同樂共賞燈景的宋真宗，看到了朱袍玉帶的達官貴人，看到了閉月羞花的東京仕女，看到了閒逸散淡的市井小民，更看到他那顆錦繡文章的心。瞧，他又在寫詞，那情那景，又怎能不讓他將心中無限感慨，輕輕流瀉於紙間筆端，表達出他無與倫比的激動與狂喜？

禁漏花深，繡工日永，蕙風布暖，變韶景、都門十二，元宵三五，銀蟾光滿。
連雲復道凌飛觀，聳皇居麗，嘉氣瑞煙蔥蒨，翠華宵幸，是處層城閬苑。
龍鳳燭、交光星漢，對咫尺鰲山開羽扇，會樂府兩籍神仙，梨園四部絃管。
向曉色、都人未散，盈萬井、山呼鰲抃，願歲歲，天仗裡，常瞻鳳輦。

——柳永〈傾杯樂〉

「禁漏花深，繡工日永，蕙風布暖。」禁漏花深，只四個字，就將宋時美不勝收的上元佳節描驀得生香沐豔，只任那些無法隨同時光倒流回歸北宋的人們驚羨唏噓。夜幕降臨，花深裡，箏起弦響，華燈初上；錦繡山河，霓虹裡，蕙風漸暖，純淨安然。好一派元宵月夜燈火，怎讓人不為之傾倒、痴狂？

「變韶景、都門十二，元宵三五，銀蟾光滿。」遠處街角，有佳人著一襲素紗，倚窗凝望，微風與柔光勾起情絲裊裊，宛若朵朵花瓣，在他眼前盈盈落下。那一抹純白，望著他閃過一抹淺笑，頓時便醉了他的心懷，雖春寒料峭，他心裡卻是溫暖一片。

就在這美妙的夜晚，冬天的腳步已然遠去，流光溢彩的世界裡，春天踩著輕慢的步伐，來了。看那東京城的十二座金碧輝煌的城門，處處都浸在銀蟾般的月光燈火裡，怎教他不心曠神怡、趨之若鶩，把那美景賞了又賞，把了佳人望了又望？

「連雲復道凌飛觀，聳皇居麗，嘉氣瑞煙蔥蒨。翠華宵幸，是處層城閬苑。」順著旖旎的燈火放眼望過去，遠處，宮門前的復道聳入雲端，亭臺樓閣凌空飛架，更是氣象萬千，盡顯帝都風範。定睛，宮禁大內的樓臺殿閣雄偉壯麗，祥瑞之氣蓊蘢蔥郁，真正是天子行止之處，猶如神仙居所，自是美得無法形容。

「龍鳳燭、交光星漢，對咫尺鰲山開羽扇。」那夜，龍鳳火燭的光亮可與天上閃爍的銀河媲美，東京城的每個角落在他眼裡都沐著一種神祕絢美的色彩，令其驚訝歡呼。轉身，看那堆砌成巨鰲形的彩色燈山，宛若孔雀開屏般絢麗，心下不禁開始迷離，這到底是人間還是仙境，抑或本就是人間勝過仙境？

「會樂府兩籍神仙，梨園四部絃管。」喧鬧的人群裡，看無數紅男綠女，緩緩從他眼前走過，正興奮時，又看到樂府教坊司的「小兒隊舞」和「女弟子隊舞」紛紛炫舞而出，又怎知不是天上神仙偷空兒來人間歡會？尚未還過神來，梨園子弟又奏響了金石絲竹四種樂器，為這美妙的夜晚更添一抹風情，恐怕傳說中的漢武帝、唐玄宗之盛世，也就是這個樣子的吧？

「向曉色、都人未散，盈萬井、山呼鰲抃，願歲歲，天仗裡，常瞻鳳輦。」所有人都陶醉在無邊的月色燈景裡，直到天色向曉，仍是依依不捨，不願離去，他亦不能例外。回眸，燈火闌珊處，元夕觀燈的人群仍是多得充街填巷，就連遠處的山山水水也似乎跟著手舞足蹈著歡呼起來。願只願，以後每一年的元宵之夜，都能在天子的儀仗隊伍中看到當今聖上的車駕，能讓他再有機會一睹天顏。

那一夜，他醉了。東京的盛景，上元節的綺麗，燈火的絢爛，宋真宗的威儀，老百姓的痴迷，無不令他神魂顛倒。為之，他忘了粉牆黛瓦、曲水深巷的江南，忘了杏花春雨、草長鶯飛的江南，忘了江南煙雨中那些玲瓏剔透的女子，忘了那些如同櫻花般清新妖嬈的芬夢，他記得的，唯有眼前如詩如畫、如楚如幻的東京，只願那生那世，都與之如影隨形、沉醉一生。

8. 晝堂一枕春醒・宋真宗・木蘭花慢

拆桐花爛漫，乍疏雨、洗清明。正豔杏燒林，緗桃繡野，芳景如屏。傾城，盡尋勝去，驟雕鞍紺幰出郊坰。風暖繁弦脆管，萬家競奏新聲。

盈盈，鬥草踏青，人豔冶、遞逢迎。向路傍往往，遺簪墮珥，珠翠縱橫。歡情，對佳麗地，信金罍罄竭玉山傾。拚卻明朝永日，畫堂一枕春酲。

——柳永〈木蘭花慢〉

握一指溫軟的春風，走進三月的芳菲。白雲的鴿群，飛過遠山，自澄澈湛藍的天空，放飛；滴翠的枝頭，那份淡藍色的情懷，如花，婉約成春天那一抹新馨的綠影。

倚在玉蘭花開的時節，臨風，開啟馨香的羽翼，在潔白的花瓣上，寫下一段或遠或近的記憶，當一份深深的牽念，踩著瑩亮的露珠，從那朵粉白的杏色中走來，我知道你，終究會成為這個季節抹不去的那道心痕。

總是在心底期許著，與他攜手，漫步每一個日出月落；總是希冀那望晴的雙眼，隱在雲霞之上，夢醒的時候有一份依託。那季節深藏的藍色呵，是否，能將一場最美的遇見，寫成動人卻無言的傳說？

當靜寂的弦月如約而來，我願意守在朦朧繾綣的月華裡，凝神聽他薄翼的呼吸，穿透細密的輕濤，由遠及近，溫潤如玉的微笑，蝶翅般劃過。驀然回首的瞬間，一場流星雨，在夢的窗臺，緩緩跌落，攜一縷月色的溫柔，穿過洗綠的春風，如瀑的思念，凝眸成那朵婷婷的蓮，端坐韶華，如蘭遙寄，隔世的幽香。

回首，是哪個方向的風在吹？薄翼的呼吸托起三月的芳菲，光影，又隱在哪朵薔薇的後面曳動斑駁，來回飄搖不定，彷彿兩顆心，偎著那些記憶和溫暖，在每一個日出月落的晨昏裡，放飛？還曾記得，那年那月，他和她，在東京城花街柳巷內，迎著風，唱著歌，環住碎金的斜陽，擁緊滿懷甜蜜；也曾記得，那日那時，美好並著青澀，紛紛揚揚，落滿宋時花徑，當時，風正輕柔，暮色如水。

辛夷樹，頎長而靜默，目送他們青蔥的背影，躍動著，在林蔭道上，呼嘯而過，寧靜而柔和的橘黃，被年輕的笑聲，一片片搖落，風過，有蝶，桐花漫舞。

那優柔而溫暖的氣息，自他的背後傳來，而她，斂眉低首，一顆心漾著微瀾，任髮絲與裙袂翩飛，回首，他溫潤如玉的微笑，從她鬢邊那朵紫色的辛夷花上緩緩滑落。

那是個薰衣草盛放的季節吧？似乎，還有芳草在路邊萋萋，一個淺淺的琉璃的輕夢便在她淺笑的酒窩下綰住流雲、鎖住清秋，於那燦若錦霞的季節裡，任他拾取歲月中的點點滴滴，寫下那年那月一個又一個美麗的傳奇。轉身，我站在千年之後的開封大相國寺前，當耀目的年華，從眉間紛至踏過，三月的枝頭已然漸次豐盈，所有關於青春的印記，終於都被擱淺，並漸次塵封。只是不知，若偶爾翻開，他是否還能記得，和她攜手共放風箏的那些青澀懵懂的歲月？

煙雨朦朦裡，我沿著一條青石板鋪成的小路，在他的記憶裡，穿梭時空，和大宋來了個浪漫的約會。放眼望去，青青的草坪，緩緩的河水，三月的開封城彷若夢中的愛情，纏繞在心，揮之不去。小雨淅瀝地撒落，雨點串起的是段段溫潤的情調，把時光依稀塗抹成一副水墨畫，上看下看，左看右看，還是久看不膩。

回眸，楊柳如煙，空氣裡瀰漫著濃郁醉人的氣息，那千載之前的東京山水便在我眼前有了一種若隱若現、欲說還休的美，不經意間便醉了樊樓的雨，溼了多情的夜，卻不知，他和她，那些曾經如煙的往事，是否還隱藏在楊柳岸畔花前月下？

循著他走過的足跡，我踏歌而行，迷醉在了這煙花三月的汴梁城，彷彿她便是我今生縈繞了千年的夢。一曲〈鳳棲梧〉，一曲〈如夢令〉，在他唇齒間生香，卻在我耳畔搖曳生姿，一切的一切，所有的風情，都恍若被風乾了千年的情節，又在我眼裡驚豔、溫暖起來。薄霧如紗、輕紗似夢，片片溫柔浸染著身前身後的桃紅柳綠，在這好時節裡，我聽風、看雨、醉月，望那青山隱隱、碧水迢迢，如花般次第而開，那些沉澱了許久的思念，便又開始精采著我的生命，絲絲縷縷、綿綿不絕。

我記得，我是一隻蝶，一隻來自武夷山的蝶。那年那月，我曾在他身畔起舞弄青煙，清幽千里，香染窗間。那清風，那幽竹，那明月，皆如綠野仙蹤，在悠遠恬靜的古箏聲中尾隨著他一生的浪漫恣意，只是，千載之後，這一溪潺潺流水，這一汪碧波蕩漾，可否還掩映著我伴他花香月明的身影？

我不知道。我只知道，微風拂面時，我又從那個酒香不怕巷子深的東京城穿梭回到了千年之後的開封。天空之上，藍天之外，悠悠的白雲鋪滿整個季節，我知道，真正的春天來了，幸福也即將尾隨而至，那麼，就請讓我藉著這片風輕雲淡，為遠方的他送出最真的祝福，念安，念一切安好。

那時的他，並不知道身邊還有我這麼一隻飛去飛來的蝶，時刻關注著他的一舉一動，正如今生，他亦是不曾識得我這孤身前來探春的天涯淪落人。霏霏細雨，如夢如幻，岸邊絲絲綠意的垂柳，微風中泛著漣漪著的湖面，皆讓我千年之後的心蕩漾著千年之前的悸動，無法言訴。

8. 畫堂一枕春醒．宋真宗．木蘭花慢

千年一嘆花期錯，幾多惆悵落汴京。現在，我只能隔著一簾雨幕，看宋時的他用一張素雅微香的澄心堂紙，用一支寫意曼妙的湖筆，勾勒出一幅在心中存在了千年之久的畫卷。那畫裡，有他，有她，亦有我，還有小橋流水，清風明月，再回首，那些箇舊日時光便在他錦繡心中透出委婉的雅緻，描繪出震顫人心的美，讓那一季的風情永久地刻在了大宋的東京。

拆桐花爛漫，乍疏雨、洗清明。正豔杏燒林，緗桃繡野，芳景如屏。傾城，盡尋勝去，驟雕鞍紺幰山郊坰。風暖繁弦脆管，萬家競奏新聲。

盈盈，鬥草踏青，人豔冶、遞逢迎，向路傍往往，遺簪墮珥，珠翠縱橫。歡情，對佳麗地，信金罍罄竭玉山傾。拚卻明朝永日，畫堂一枕春醒。

——柳永〈木蘭花慢〉

「拆桐花爛漫，乍疏雨、洗清明。」清明時節雨紛紛，將曉的一場疏雨及時洗去東京城的浮華冶豔，更顯她別具一格的風情，又一番清新迷人的味道，只是濃汝淡抹總相宜。油桐花如火如荼地開在季節的枝頭，爛漫、妖嬈，醉了青天，醉了白雲，更醉了他遊子的浪漫情懷。

「正豔杏燒林，緗桃繡野，芳景如屏。」嬌豔的杏花隨風搖曳，紅得彷彿燒紅了林野；淺紅的桃花更是宛若錦繡裡的圖畫，美得難以描驀。正是芳景如屏畫，此情只應天上有。

「傾城，盡尋勝去，驟雕鞍紺幰山郊坰。」正是賞春好時節，汴京城的男男女女，無論貴賤，皆扶老攜幼，騎著寶馬、坐著有天青色車幔的香車，傾城而出，盡到郊野領略大自然的旖旎風光，享受著春天帶給他們的喜悅與歡愉。

「風暖繁弦脆管，萬家競奏新聲。」清風過處，暖了繁弦脆管，側耳聆聽，卻道是萬家競奏新曲，好不愜意。這樣的日子裡，他柳三變又怎能不賦詞一闋，以表他心中的狂喜？

「盈盈，鬥草踏青，人豔冶、遞逢迎。」轉身裡，他又看到了她，看到了那一群衣錦繡著綾羅的青樓女子。她們占芳尋勝，旁若無人地玩著傳統的鬥草遊戲，盡情領略著春天的美麗與清新，卻對這樣一位風流倜儻的俊俏男子視若無睹。都是踏青惹的禍，要不，像他這般玉樹臨風、才華橫溢的青年才俊，即便不能像晉時的潘岳那樣遭遇婦人的擲果之青睞，又何至於不能引起她們那一轉波的顧盼流連？

「向路傍往往，遺簪墮珥，珠翠縱橫。」她們個個生得豔冶出眾，就那樣，在他眼前肆無忌憚地歡笑，毫無顧忌地由著自己的性子東竄西跳、嬉戲打鬧，哪怕將頭上的玉簪、耳邊的玉墜、身上佩戴的珠翠遺落路旁，亦是不改脾性，繼續玩得不亦樂乎，只是春光四射，驚豔無度。

「歡情，對佳麗地，信金罍罄竭玉山傾。」然而，她們最終還是走了，一個個望著他掩口而笑，次第而去，那暗動的秋波，分明是在表述對他的愛慕之情，可為什麼，她們的腳步兒還是那樣匆匆？難道，在京師伎人眼中，他柳三變還沒有足夠令其青睞的理由？罷了，罷了，這風情萬種的日子裡，只應高聲歡唱才是，於是，他在佳人們剛剛流連的芳草地上盤腿坐下，飲盡小廝遞過的一樽美酒，直喝到陶醉大醉，有如玉山之傾倒，才搖擺著身子，依依不捨地起身，繼續沿著春天的小徑，做一個與春天約會的快樂人。

「拚卻明朝永日，畫堂一枕春酲。」走走停停，停停走走，這一路，他遊興正濃，心情歡暢，不停向身後尾隨的小廝大聲要酒來喝。怕什麼？人生苦短，今朝有酒今朝醉，當及時行樂才是。他從小廝手中接過酒樽，大口大口喝將起來，即便是喝到爛醉如泥又能怎樣？只不過拚著明日醉臥畫堂罷了！

他醉了，醉在了千年前的汴京城外，那一片遊春踏青的人間仙境，而我，亦醉在了千年後開封城郊的旅館裡。那一夜，我合著一簾幽夢，在他歷經滄桑的文字裡蕩起漣漪，看他舞著一脈春天的靜美，於半醒半醉間，徜徉在千萬片花瓣的上方，俯視那群女子的臉，那眉眼，柔和得彷彿一幅完美無瑕的畫卷。

我知道，今日夜的寂靜，是他給的浪漫，更是他給的溫暖，然而，他可知，千年前的那個飛花逐月的日子裡，夜的淚，是他給她的孤寂，夜的涼，是他給她的心疼？

夜裡的一切，都是他賜予她最大的希望。我彷彿看得見，有紅衣女子，躑躅在窗下，徘徊著，沉迷著，享受著，欣喜或是冷嘲，都是那樣，默默無言、寂靜無聲。

年華似水，時光漫過指縫間，每個夜深人靜的凌晨，她總是喜歡藉著盈風徐來的片刻，銘記吹來的縷縷馨香，任那陣陣熟悉的韻味，溢滿整個閨房，然後，閉上雙眼，任溫存的畫面，在腦海漸漸浮現。那時那刻，他的音容，他的笑貌，他的明媚，他的淡然，彷彿都在昨日如期上演，瞬間漫醉了她的身心。

她總是會在不經意的時間裡想起他，一想起，所有的思緒便都會停止，停在指尖，停在筆端，停在紙間，停在窗前，停在花下，停在月光裡，停在每一個有他影子出現的地方，不聲不息地呼喚。輕輕披衣，下床，我沐著她的心緒，在千年後的窗下悄然踱步，飄蕩的心聲，卻響起她幾個輪迴的梵音，瞬間越過時光的隧道，在月色迷濛的夜，為他，再一次夢迴那個鶯歌燕舞的春天。

這時候，我想起了太多太多的人。柳三變，雲衣，楚楚，謝玉英，還有他即將結識的蟲娘、師師、秀香，以及那個引領大宋皇朝走向輝煌的宋真宗。是的，我想起了宋真宗趙恆，想起了他筆下「書中自有黃金屋，書中自有顏如玉」的千古名句，如果沒有他，或許柳三變的筆下根本不會搖曳出這闋驚豔生香的

〈木蘭花慢〉。東京的一切，美與風情、奢華與浪漫，都與宋真宗有著千絲萬縷的關聯，那麼，這位偉大的帝國之君又能圓他柳三變一個金榜題名的夢嗎？

一切都已遠去。只是，轉過身去，那遙遠的地方，他和她，迷離的身影，都是我無法觸及的距離，於是，我只能在西窗月落時許下浪漫心願，願踩在輕風之上，為他飲盡一杯杯無奈與惆悵，還他一份清朗與幸運。然，千年前的他，真的迎來了生命裡的輝煌與榮耀嗎？

9. 鳳樓深處吹簫．師師．合歡帶

身材兒、早是妖嬈，算舉措、實難描，一個肌膚渾似玉，更都來、占了千嬌。妍歌豔舞，鶯慚巧舌，柳妒纖腰。自相逢，便覺韓娥價減，飛燕聲消。

桃花零落，溪水潺媛，重尋仙徑非遙。莫道千金酬一笑，便明珠、萬斛須邀。檀郎幸，有凌雲詞賦，擲果丰標。況當年，便好相攜，鳳樓深處吹簫。

——柳永〈合歡帶〉

惆悵裡，想著他的容顏，獨坐電腦前，在螢幕上敲下一行行心之花語。頷首守在文字的背後，只想洞穿那場千年前來去無聲的聚散離別，卻明白，滾滾紅塵，深淵幾重，一足踏破，注定便是愛到最真，傷到最深。

暮春，夜色濃了又濃，季節的風鈴掠過耳畔，掌心的傷痕不禁加深了幾分，驚心的痛感將我拉回了現實世界，回眸，恍然發覺，這個春天已然走到盡頭，而那場緣來緣去的真心相遇，似乎都在我千年之後的傷感裡暫停了所有的美好。

冷月，零星，當空而照，抱臂斜欄。眼前浮過的片段，來了又去，去了又來，彷彿在演繹一場又一場錯過、擦肩、重逢、陌路。從愛的起點到愛的尾端，不斷的離合，不斷的包容，不斷的回到最初，只可惜，在他轉身而去的時候，竟遺失了最真的靈魂。

徜徉在時光的河流中，匆匆逝去的年華，彷若牆壁上的白色塵埃，風起即散。那些留不住的永遠，只任我藏在左心房的一隅，靜靜目睹繁華過後，物是人非的悲涼。

從千載之前的北宋皇朝，到千載之後燈紅酒綠的花花世界；從柳芽初綻的初春，到花流水榭的暮春，或許只需要一個轉角，便能目睹所有的綺麗曼妙。而在這段日子裡，又有多少翻雲覆雨的變化是我追不上的步伐，又有多少冷暖相知是我觸控不到的界限，可就這樣相隔著，就這樣越走越遠，直至消失不見？也許，是忘記了相遇時的諾言，生不離，死不棄；也許，是遺忘了現實的隔膜，愛越近，心越遠，抑或是已踏出紅塵萬丈，人無所求，便無所謂。

我知道，我是一隻翩然飛舞的蝶，來自芳草萋萋的南國武夷山，卻穿梭在東京城他走過的那些奢華迷離的花街柳巷，於千年前，於千載後。偶然的回眸，承載了生生世世的期許，若是說不累，那便是假話，然，他亦和我一樣，迎接幸福的同時也在承受痛苦，只是，我們都選擇了沉默不言，將滿心的悲傷都留給了臉上的微笑。

春夏秋冬的輪迴，風雨無阻般維護著那份真心的付出，只求，在愛的路上，與自己歡喜的人同行，一生一世。然，誰也無法預料，曾經以為的地久天長，只是曇花一現，瞬間便驚醒了夢中人。回首，他已乘著清風，款款離去，卻是不回眸，不留痕，而我卻悵立窗前，一遍又一遍問著自己的心，茫然不知所措。

能記住的，終歸是忘不了的；會想念的，終歸是放不下的；說不出的，亦是最真的感知。側耳，聆聽一闋亙古的〈長相思〉，吟出萬般柔腸，水月鏡花裡，心念浮動，只是那愛，若也如此簡單，倒想問他，千載之前，何不拋開一切雜念，與塵世無染，只跟著心的感覺，與她一路相伴？

風，迎著淺笑，在窗前落下最美的弧度，心知，愛得越深，終是疼得越深，隔得越遠，更是無形而窒息的痛。此去經年，他走後，孤身一人行走在那條荒無人煙路上的她，更多的應該是觸景傷情吧？我不知，她回憶的城堡是如何安置過往，或許，總會有一些特定的記憶在特定的風景裡，於她眼前頻繁閃過；亦或許，他對說過的每一句話，她回應的每一抹淺笑，甚至每一個表情，她都能清晰憶起。

自古花開皆有期，或長或短，所不同的是，有些花一生只開一次，綻放最美麗的瞬間，而有些花是四季常開，不凋不謝，還有一些花是按季節來開，錯過了花期，便會枯萎。是啊，花開花落本是原理，所謂的地久天長裡沒有花的立足之地，而他和她的愛情不也正是如此嗎？花開之際，是最初相遇，花盛之時，正值相知濃季，花落之秋，離合已有定數。嘆，冬天還沒有來，溫度卻早早逃出了手心，握不住的溫暖，彷彿鏡花水月，亮了視線，卻暗了黑夜，原來好好的一個夢靨，圓來圓去，最終剩下的唯有無緣的殘缺。

那女子名叫師師，東京城最為冶豔的青樓女子。最初知道她，緣於明代文人馮夢龍的名著《喻世名言》裡那篇膾炙人口的〈眾名姬春風吊柳七〉，文中說她姓陳，爾後又在別的文人筆記裡尋到她的蹤跡，卻又似是而非，只因陳師師已然改頭換面變作了張師師。到底是陳師師，還是張師師，似乎並不重要，重要的是，我知道，那年那月，有一個叫做師師的女子，若流星一般，劃過他孤寂的長空，璀璨了他的青澀年華，並在他心底留下最美好最雋永的記憶，然後又在最為耀眼的時刻悵然離去，找不見絲毫蹤跡。

師師。宋代名妓似乎偏好為自己起藝名為師師。李師師若是，陳師師若是，且青史留名的李師師便有二位，更不知他姓者之師師何其多也。望窗外漸漸西移的月亮，念著師師的芳名，我心中有著太多太多的感慨。又是一個為他滄桑了紅顏的風塵女子，為何他總是愛得那麼多，愛得那麼讓人捉摸不透？到底，在他愛著這個女子的時候，心裡可曾想起那個已然遠去的女子？在他流連於東京城的秦樓楚館，倚紅偎翠、把盞共歡之時，又可曾記起那在家鄉等候他的雲衣，還有在杭州，在揚州等他歸來的楚楚、玉英？

朦朧月色下，我用那顆敏感的心，竭盡所能地幻想著那些被他拋諸腦後的女子，想像著她們的孤寂與傷感。沒有他的日子裡，她們總是習慣地帶著僅存的餘溫安然入睡，期待能在夢的路口，遇見他。是啊，有些說不出口的話，或許能透過夢境，穿越時空，悄悄告訴他。噓，柳郎，請你停下匆忙的腳步，且聽一次來自我心底最真實的聲音，好嗎？那些割捨不下的記憶，總會牽動心的某一處，生疼生疼，隨著零散的碎片累積，薄涼的文字終被砌成一堵密不透風的牆，他進不來，她亦出不去。而後，醒來，空對燭花紅，在搖曳的燈影裡，予他最好的微笑，從此，生活的點滴以及悲歡喜怒，只留給自己，慢慢品嘗。

這就是那個時代的女子。一旦愛上，陷入情網，便難以自拔，即使明知傾心一場，未必能相守到老，也會為鍾愛的他飛蛾撲火，哪怕粉身碎骨，亦是義無反顧。嘆息聲裡，我躑躅在窗前，憂傷著他的憂傷，悲痛著她的悲痛，儘管知道，他和她終以分手結局，但仍能透過頭頂那輪明月，清晰看到他們初見時的那份欣喜與激動。那時的他，愛她愛得無以復加，而她，亦為他踏著花瓣飄落的聲音臨水而歌，逐雲而舞，只為愛，期盼細水長流的盡頭。

在那純白的年華裡，他們相逢、相識、相知、相愛，一載芳菲。在青春斑駁的光年裡，他願與她，共赴天涯，同享人世繁華，轟轟烈烈把握青春年華，只任那輕風和著月色濃濃；在紅塵迷離的歲月裡，他願銘記她說過的每一句暖語，陪她一起走過每一天、每一夜，只任那窗外的辛夷花開得如火如荼。

那些個日日夜夜裡，心裡有著太多的感動，而她，已然是他紅塵深處的一份最深的牽掛。每次，他都是輕輕的來，攜帶一份飄著馨香的祝福，為她祈禱，然後輕輕的離開，只在她床前留下一抹淺淺的腳印，予她最深的眷戀。輕風無言，只因一場偶然的邂逅，他和她便相見如故、相惜如歸，他們總是相擁著說著無盡的情話，漫談生活裡的瑣碎感慨，一個作詞，一個唱曲，一個輕歌，一個曼舞，不知羨煞了多少覬覦的目光。他知道，他是真心喜歡著眼前這個善於調笑的風情女子的，或許，他愛得太多，亦不能愛得長久，但每一次的付出都不是虛情假意，究竟，該如何才能讓自己永遠永遠都愛著身畔這個嬌美如花的女子呢？

他不知道，不知道自己對她的熱情還能保持多久，更不知道，這塵世間，還有多少他曾許諾過不離不棄的女子，但能肯定的是，與她攜手入帷的第一個晚上，嬌喘吁吁、香汗淋漓的她便給了他「不離不棄」的承諾。多麼沉重的諾言啊！不離不棄，再熟悉不過的字眼，他曾對很多女子說過，亦有很多女子對他說過，然而，他和她真能做到不離不棄嗎？

或許，這只是她慣常的伎倆，風月場中打過滾的女子，有哪個不懂得奉承之道？或許，這只是她不經意說出口的一句無關緊要的話，自己又何必耿耿於懷？然而那時那月，他是真的愛了那麼一個女子，他願意為她傾盡所有，願意陪她朝朝暮暮，只看那日出月升，願意聽她撫琴一曲，唱盡他凡塵思念，感動著所有的感動，唯願歲月靜好，再無天涯。

身材兒、早是妖嬈，算舉措、實難描。一箇肌膚渾似玉，更都來、占了千嬌。妍歌豔舞，鶯慚巧舌，柳妒纖腰。自相逢，便覺韓娥價減，飛燕聲消。

桃花零落，溪水潺湲，重尋仙徑非遙。莫道千金酬一笑，便明珠、萬斛須邀。檀郎幸，有凌雲詞賦，擲果丰標。況當年，便好相攜，鳳樓深處吹簫。

——柳永〈合歡帶〉

「身材兒、早是妖嬈，算舉措、實難描。」又是第一眼，他便如痴如醉了喜歡上了她。風塵女子又如何呢？除了雲衣，他今生歷經的女子哪個不是勾欄中人？只要她身材兒窈窕，面容兒妖嬈，更皆兩情相悅，又管她出身如何？

他眼裡的她，千般姿態，萬種風情，一顰一笑，舉手投足間，無不透著一種無法言述的嬌俏嫵媚，那種可愛，那份豔麗，只怕他那支生花妙筆也難以描摹得真切。

「一個肌膚渾似玉，更都來、占了千嬌。」她那吹彈可破的肌膚，不是玉，卻滑膩得如同上好的羊脂玉，更占盡人間千嬌百媚。每次看到她，就好像看到那三月的江南勝景，看到那煙雨瀰漫的江南小鎮，看到那些讓無數文人騷客描繪成一幅又一福美麗的畫卷。不是江南，勝似江南；不是圖畫，勝似圖畫，自是美得不可勝收，豔得不可方物。

「妍歌豔舞，鶯慚巧舌，柳妒纖腰。」她不僅貌美如花，還有一副好嗓子，唱出來的歌聲震雲霄、悅耳動人，更難能可貴的是，她的舞也跳得極其的好，什麼霓裳羽衣曲，什麼踏搖娘，什麼六腰舞，都不在話下。只怕那黃鶯聽了她美妙的歌喉也要自愧不如，還有她隨風飄拂的楊柳，也都會因她柔若無骨的纖腰心生妒意。這樣一個妙人兒，得美到什麼程度啊？而且琴棋書畫無所不精，瞬間便把謝玉英那樣才情四溢的女子比了下去，又教他如何不愛她愛得發狂，愛得忘乎所以？

「自相逢，便覺韓娥價減，飛燕聲消。」自初次相逢的那天起，他便覺得那戰國時能歌的韓娥、西漢時善舞的趙飛燕，在她面前，都失了顏色。在他眼裡，她是水做的女子，她是花般的女子，她的憂愁，她的歡笑，都是那濛濛煙雨中亙古永恆的不老傳說，是他念念不忘的江南夢。

「桃花零落，溪水潺媛，重尋仙徑非遙。」他愛她，發自肺腑，深深愛。每次從她的閨閣離去，獨自一人孤坐書房，埋首於那些枯燥的文字中時，他便急不可耐地想她。儘管才分開幾個時辰，但他對她的思念卻是分分秒秒都在加深。望窗外桃花紛飛，看門前溪水潺潺，他只得一再安慰著自己，重尋她的路途並不遙遠，只要耐心等到夜幕降臨，等到父親睡下，他便能瞞天過海，偷偷溜出去與她歡會，再訴離情別緒。

「莫道千金酬一笑，便明珠、萬斛須邀。」莫道是千金買一笑，只要她快樂，即便是明珠萬斛，他也在所不惜。在不知不覺的行走中，他們的距離越來越近，若是某一日未曾看見彼此的身影，心裡便空空如也，願只願，日光傾城，為他，為她，溫暖一池春水，舒展一季的蹙眉，只在春風裡盡情歡笑。

「檀郎幸，有凌雲詞賦，擲果手標。」與她相遇相知後，曾聽勾欄中她的姐妹提起，師師是個清高出塵的女子，一般的男子她根本就相不中，縱是為她耗盡千金，耗盡青春，亦不能換來她莞爾一笑。看來他果真是幸運的，只一眼，便讓她醉在自己懷裡，興奮後不免又有些沾沾自喜，也只有他這樣檀郎一般的美男子，才能讓師師對他令眼相看，更何況他還有著潘岳的美姿儀，又兼有高超的文才，哪個女子見了他不會沉醉於他的溫柔懷抱裡呢？

「況當年，便好相攜，鳳樓深處吹簫。」歲月流轉，時常伴著一闋清詞，一盞明燈，一份屬於她的關懷，一箋浸滿情意的紙張，他便輕輕掠過她的世界，把所有的美好都留在了那份永恆的記憶裡。那些個日子裡，她微笑成燦爛的花朵，靜靜開在他的心頭，落在他的眉間，雖不說天長地久，亦不說傾其所有，只要看到她在，便覺窗外都是晴美的天。

抬頭，他望著她壞壞地笑，師師啊師師，你我正是青春年華，切莫辜負了這眼前的良宸美景，且攜手作伴，鳳樓深處把簫吹，好嗎？她亦望著他笑，伸出修長潔白的手指，帶著上善若水的平靜，在他額上輕輕一點，悄然間，便敲開他的心窗，從此，他們的愛情之花，便在東京城煙雨樓臺的懷抱裡清清燦燦地綻放、盛開。

是的，他愛上了她，如痴如醉；她亦愛上了他，無法退縮。回首，我徜徉在日出東方的開封城裡，走在某個不知名的小街角邊，繼續尋找著他和她的足跡踩踏過的每一寸泥土，丈量著心中的希望，只是不知，他和她會不會在這幾經變換的舊日城池裡再次相遇？罷了，不想再追問那個美麗得悽然的結局，若是心能明瞭，唯願以武夷山之蝶的名義，真心祝福他們，在另一個時空的維度裡，再真心擁抱一回，愛一回。

10. 畫鼓聲催蓮步緊．四美．木蘭花

心娘自小能歌舞，舉意動容皆濟楚。解教天上念奴羞，不怕掌中飛燕妒。
玲瓏繡扇花藏語，宛轉香茵雲衫步。王孫若擬贈千金，只在畫樓東畔住。

——柳永〈木蘭花〉四之一

佳娘捧板花鈿簇，唱出新聲群豔伏。金鵝扇掩調纍纍，文杏梁高塵簌簌。
鸞吟鳳嘯清相續，管裂弦焦爭可逐。何當夜召入連昌，飛上九天歌一曲。

——柳永〈木蘭花〉四之二

蟲娘舉措皆溫潤，每到婆娑偏恃俊。香檀敲緩玉纖遲，畫鼓聲催蓮步緊。
貪為顧盼誇風韻，往往曲終情未盡。坐中年少暗消魂，爭問青鸞家遠近。

——柳永〈木蘭花〉四之三

酥娘一搦腰肢裊，迴雪縈塵皆盡妙。幾多狎客看無厭，一輩舞童功不到。
星眸顧指精神峭，羅袖迎風身段小。而今長大懶婆娑，只要千金酬一笑。

——柳永〈木蘭花〉四之四

心娘

如水的時光，輕輕柔柔地在他面前飄拂而過。是誰輕揮水袖，彈一曲高山流水，在他的紅塵裡盈盈穿行？闌珊中，依稀看見她，掬一縷清風，拈花微笑，用粉色的情懷，和起宮商角徵羽，奏響這一程的暖歌。

初夏的風，吹起了心的漣漪，阡陌芳菲處，有一抹綠意，渲染出色彩斑斕的繁華錦繡。回首莞爾，他們在月下唱歌、窗前吟詩，有多少曼妙的時光，輕輕流轉在似水的年華裡？

文字飛揚處，是一場美麗的邂逅。他不言，她不語，隨之會心一笑，濃情相約，默契的眸光便輕輕蕩漾，濃濃的暖意就在這一場清澈的遇見中，自然而然地抵達，並且叩響純潔如水的心扉，穿透永恆。

在裊裊花香、淡淡詩意中守望，他們一路踏歌而來，用無聲的文字吟詠那些溫暖、那些感動、那些難忘的章節。從「蒹葭蒼蒼」的《詩經》啟程，他們穿越漢時風、唐時雨，碎語呢喃，用舞動的指尖敲出生命中最柔軟、最悸動的情思。

總喜歡，倚在她溫馨的家園，拈起錯落有致的琴音，捧一卷閒詞，吟幾闋詩韻，把一場場靈魂的盛宴渲染到極致。

是誰在錦色流年裡，漾起一抹嬌俏的笑靨，用如雪的玲瓏剔透，與他在文字的領域，一起傾聽心音綻放的聲音？流年輕淺，她的溫暖，漫過他的水湄。他拈起唐詩宋詞的婉約，踏著平平仄仄的餘韻，在一紙素箋中，用心描摹這一場清澈的遇見。

指間，有淺淺落落的音符在翩躚起舞，溫婉淡淡的她，手擎杏花美酒，邀他，在唯美的韻致中快樂穿行，開懷暢飲。

心娘自小能歌舞，舉意動容皆濟楚。解教天上念奴羞，不怕掌中飛燕妒。
玲瓏繡扇花藏語，宛轉香茵雲衫步。王孫若擬贈千金，只在畫樓東畔住。

——柳永〈木蘭花〉

「心娘自小能歌舞。舉意動容皆濟楚。」她叫心娘，是汴梁城伎人中的翹楚，曾經攜著春天的風，含笑而來，一場花事，便醉卻了他一生的想念。因自小擅長歌舞，又兼多年苦練，早已成長為東京數一數二的歌舞名伎，而更難能可貴的是她若蓮花般出淤泥而不染，舉止儀容無不透著一股清澈靈動的美，讓人見到她第一眼便覺其楚楚可憐，只想將她緊緊擁入懷中好好呵護一番。

初次見她，他亦不能例外，那時，他隱在花叢中偷偷窺她，看著一片片如雨飛來的花瓣兒，竟不分清，究竟哪是花兒哪是美人，亦分不清這到底是現實，還是夢裡？一樣的花開，一樣的嬌豔嫵媚，一樣的芳香漫溢，那麼，這樣疑幻似真的境界，是否只為了敲開他那一場夢裡花開的記憶？

「解教天上念奴羞，不怕掌中飛燕妒。」她實在是美得令人無法形容。舉首，凝望眼前花開錦繡、蝶兒凌空飛舞的夏日美景，還有穿梭於花下戲蝶的她，自有一種別樣的芳香沁入他的心扉。側耳，聆聽，她純淨透亮的歌喉，只怕天上的歌女念奴聽了也會暗自生羞；偷眼，窺視，她技藝純熟的舞姿，更不怕西漢時期以跳掌中舞聞名古今的漢成帝皇后趙飛燕不會對其心生忌妒。然，面對如此美景佳人，他卻不禁心生疑惑，眼前的絢麗斑斕，還有那滿眼的嬌豔錦繡，可否都是她為他特意的安排？

「玲瓏繡扇花藏語。宛轉香茵雲衫步。」凝神，那玲瓏的語調彷彿藏在如花的繡扇後，宛轉的舞步猶如雲彩襯於香茵之上，自是美得驚心，美得失魂，美得落魄。

「王孫若擬贈千金，只在畫樓東畔住。」飛花斜斜飛過他的眉眼，她繼續踩著凌步微步，若彩蝶般在他面前翩翩起舞，可又有誰人知，這樣一個曼妙可人，卻是清高得厲害，王孫貴族倘若想識其一面，即便帶著千金相贈，亦只能在畫樓東畔的客房中與其相見，更別說一親芳澤了。但，她卻為他破了先例，心甘情願將他引入那汙濁男子從來無從得入的深閨香閣，帶著會心而甜蜜的微笑，用一個懂得的眸光，在月下與他兩情相依，而他，卻擁著她數著窗外的月圓月缺，任相思成災，在一紙素箋上，寫下一往情深深幾許，只期待一個多情而清香的季節，一起牽手，陌上歡歌，唱一闋春日花開，地久天長。

佳娘

在最深的紅塵裡，他與她相遇；在文字的城堡中，他與她相知。回眸裡，自有一份靈犀，在彼此的心中蔓延；轉身時，卻有一份溫暖，瞬間抵達他們的心靈深處。

她披一身初夏的梔子香，坐在飄香的時節，望他，繡下一朵又一朵嫵媚的花。他亦望著她深深淺淺地笑，卻不知，歲月流年裡，有幾多簡單而明媚的純粹，被她繡成一幅幅淡彩水墨畫？

輕輕地回首，記憶越來越清晰，隨意便能拾起那些動人的情節。他躲在時光的深處，把手中的墨筆，擱在她的岸邊，藉著風中搖曳的詩情，傾心聽她，傾心讀她，然後用柔軟的文字，把她溫馨的底色，摺疊成雅緻的字字句句。親愛的，你可知道，紙上的江湖，有一叢絢麗的花兒，在為你歌吟，為你綻放美麗無雙的芳華？

依稀聽見，她在遠遠的庭院，切切地呼喚著他的名字。有一種由衷的歡欣，漫過心頭。他輕笑著，沐著晨曦的露水，踏著初夏的明媚，只為趕赴她擺下的那一場盛會。

夢裡夢外，她站在溫暖的地帶，明媚淺笑，和著風兒淺淺唱，唱遍紅塵的精采，唱遍邂逅的溫暖，唱遍生命的美麗。輕輕地靠近她，含笑凝望，此刻，無需言語，袖底的幽香便足夠串起一個個水靈靈的夢，融化他們骨子裡的詩情與畫意。

如詩的婉約情韻，在純美的光陰裡流動。澄澈的文字，拉近了天涯遙遙的距離，抵達同一個夢。他們靠得很近、很近，手拉著手，在花香滿園的驛站裡奔跑，唱歌，吟詩，作詞。簡簡單單的祝福，清澈如水的日子，就在一闋詞裡，清晰、明媚……

佳娘捧板花鈿簇，唱出新聲群豔伏。金鵝扇掩調纍纍，文杏梁高塵簌簌。
鸞吟鳳嘯清相續，管裂弦焦爭可逐。何當夜召入連昌，飛上九天歌一曲。

——柳永〈木蘭花〉

「佳娘捧板花鈿簇。唱出新聲群豔伏。」她叫佳娘，她的舞跳得比心娘稍遜一籌，但那天籟般的歌喉卻與心娘不相上下，甚至有過之而無不及。她尤其擅長編制新聲，只這一點便是心娘不及之處，每當她穿梭於歌樓舞榭中舉起唱板，唱出新穎曼妙的歌聲時，總是會震懾所有的羅衫麗人，無不對其精湛的歌藝欽慕萬分。

她款步走來，腳下踩出蓮花千朵，抬眼頷首間，那頭上新插的花鈿亦隨著她婀娜的舞姿左右擺動，彷彿天女下塵。望著她，他心曠神怡，謝只謝，老天爺，讓他與她在最深的紅塵裡相遇，讓他與她一見如故，以後的以後，若是能共她細數那些悠遠而綿長的往事，湮開一段刻骨銘心的記憶，該有多好啊！

「金鵝扇掩調纍纍，文杏梁高塵簌簌。」金鵝羽扇掩不住連續不斷的曲調樂律，歌聲震動處，文杏梁上的塵埃亦隨風簌簌地落。順著盈盈夏風，循著若有若無的暗香尋去，望她在水雲深處婉轉嬌籲，他心底湧起了莫大的感觸。

當時，那闋深情唯美而又浪漫的曲調，在月下縈迴不絕，他和她亦愛得刻骨銘心，執手芳華，聆聽花開，難分難捨。恍惚之間，一樹的桃紅，在她旖旎的歌聲裡，陡然間便落滿了他一身，一回頭，便能看見她翩然的身影。穿過一層層的花香，他宛若聽到昔年的絮語呢喃，正和著深情的笙歌淺淺而落，只是，經年後，月滿西樓時，他還會共她花前月下，高歌一曲嗎？

「鸞吟鳳嘯清相續，管裂弦焦爭可逐。」優美的歌聲猶如鸞鳳和鳴，清麗而連續不斷，那美妙的管樂和焦尾琴聲怎可與之爭先？在那花開時節，他對她許下最最美麗、最最芬芳的誓言，想要在輾轉的時光中，為之堅守，為之沉醉，為之感動。佳娘啊佳娘，你可知，即便到了最後，因為種種緣由，你我守候不到最美的花開，等待不來最美的風景，有了今天如此絢美的記憶，那又有何憾呢？這一程，我們珍惜過、感動過、擁有過，哪怕只是剎那芳華，已足夠回味一生，如此，當我們老去的時候，倏忽憶起這一段素心情懷，亦會有著無比的厚重和豐盈，充斥著生命的記憶，不是嗎？

「何當夜召入連昌，飛上九天歌一曲。」他知道，為她絢爛綻放的佳娘此生唯有兩個心願，一是與他琴瑟和鳴、雙宿雙飛，一是能像唐時伎人念奴一樣被連夜召入連昌宮，進入皇帝的宮禁高歌一曲。是啊，對佳娘這樣自命不凡的歌伎來說，擁有一副天籟般的好嗓子，自然要有懂得的人欣賞才是，可是，他可曾是那個最懂得她的人？也許是，也許不是。輕風起處，花香怡人，那闋清雅動情的樂章，又在他心底徐徐響起，並且悄悄蔓延，花深處，她衣袂飄飄，依然佇立在陌上，聆聽花開，看花骨朵兒斜斜飛過落滿芳菲的微青阡陌，而他，則微笑著，把脈脈心痕擱淺在夏日的風景裡，只為她低聲祈禱，祝願她的美夢早日成真。

蟲娘

淺金的陽光，輕輕剪下他玉樹臨風的夢。和煦的清風，攜著溫潤的氣息，在他眼前吹開漫山遍野的綠意，吹開一叢又一叢的花香。佇立在初夏的時光之上，有粉紅的芬芳悄然漫過，風送花香，不禁讓人心曠神怡，回眸處，那可是她窗外的粉白蓮花？蓮花，是啊，蓮花，早就在他的夢裡夢外放花千株，婉約綻放。

他來了，帶著夢中的記憶，安靜地找尋她那如玉的身影。一朵，一朵，一朵朵，那純白的笑靨，團團簇簇、影影綽綽，而立在花叢深處的，便是她輕倩窈窕、溫潤多情的她吧？那樣乾淨，那樣美好，那樣嫵媚，那樣嬌俏！

他的心，薄如羽翼。在潮溼的風中，輕輕走近她，輕輕讀她，那一瞬間，不僅要把她絕美的容顏，牢牢鐫刻在心中，還想，執著探尋她花開背後的深邃。看哪，她豔若芙渠的臉龐恰似那不染塵埃的花瓣，輕紗淡容，有種朦朧的美，那麼清新，那麼柔媚，婉約中略帶羞澀，甜美中略帶憂傷，彷彿一闋靈動而又多情的小令，只一眼，便惹得他情思湧動，只想把她當作一朵盛潔的蓮花捧進掌心，又甘願為她，長長久久地駐足停留，不再走開。

頭頂，有輕輕的流雲飄過，卻是誰用清麗的容顏，裝點了這夏日的畫布？此時此刻，他在蓮花清澈的花語中陶醉，只想向她借一枚嬌嫩的花瓣，描摹那花下女子絕美的嫵媚容顏，哪怕永遠不再醒來。

翹首望去，那一朵朵柔軟的花蕾，提著五月的柔美，輕歌曼舞，長袖飛揚，在綻放、在燃燒、在吐露芬芳。只是，那花下的女子可曾聽見，他心的跳動？又可曾是要與那蓮花相約，一同尋找那些關於愛的片段？

回眸，嘆，春天的花事，風驟花急，各式花兒爭先恐後地開，姹紫嫣紅，那樣濃烈，那樣盛大，那樣綿長，那樣迫不及待。桃紅李白，杏花開了梨花白，在微風細雨裡，把綿綿春日氤氳成花海的世界、絢美的傳奇，而她的蓮花，卻只在暮春與初夏之間安靜地開，不愛爭春，不羨濃烈如火，亦如她那般溫婉靜謐。

他知道，它在等，在等一個清新明媚的時分，邁開輕靈的腳步，纏繞在初夏的晨昏裡，為夏日裁一襲花衣，送一縷幽香，然而，他卻不知道，她亦在等，等他溫柔凝望她，在她額間印下深情的吻痕，於他眼裡盛滿薄醉，為他綻放最美的芳華。

拾起一枚婉約，他的眸子裡，依舊布滿輕柔的醉意。風兒啊，請你輕一些，柔一些，請再輕柔一些，不要驚擾了她和那些蓮花溫暖的夢，好嗎？聽，那蓮花正和誰柔聲囈語，又在呢喃著什麼？他不知道，亦不想弄明白，此時此刻，他只想化在她的懷裡，與她朝夕相處，與她柔情繾綣，更想借千片落紅一葉扁舟，載滿思唸到她身旁，用那支生花妙筆，把她，還有她身後的蓮花一起鐫刻進生命的記憶裡，在以後無數個日日夜夜裡，與她一起妖嬈，一起綻放如雪的皎潔。

蟲娘舉措皆溫潤。每到婆娑偏恃俊。香檀敲緩玉纖遲，畫鼓聲催蓮步緊。
貪為顧盼誇風韻。往往曲終情未盡。坐中年少暗消魂，爭問青鸞家遠近。

——柳永〈木蘭花〉

「蟲娘舉措皆溫潤。每到婆娑偏恃俊。」她是蟲娘，是他眼裡那一抹永恆的亮色，更是他心底那一抹永恆的溫柔。最初的相識，剎那的回眸，讓他深陷其中，從此，真情的線便繫於她身。

他從最南的南方步行而來，望穿秋水，與她相遇在萬頭鑽動的花開之夏，蓮花的靜美，暈染了她面如春風的臉寵。只是一個匆忙的擦肩，他便記下了她微笑時的模樣和窈窕的輪廓，雖然只是莞爾輕言，然而，在他心裡卻覺得早已在千百年前與她相識過，毫無陌生之感。

月上西樓，蟬鳴四起，她身著單薄的綾羅衣裳，立於皎潔的夜色中，暗黃的燭火映照出她纖長的身影，有些蒼涼、孤寂，他的心，不禁隱隱生疼。踩著輕快的步伐，他悄然走近，為她披上一件擋風的長袍，只低低說了一聲：「姑娘，更深露重，且保重身子，小心著了風，受了涼。」她緩緩轉過身來，淡淡然望向他，望向這個被姐妹們傳說了無數次的俊美男人，想要開口卻終是沒有言語。

他望著她緊鎖的眉尖，似乎有一種讓人望不穿的憂傷，滲及骨子裡，深深。而她，依然頷首淺笑，繼而背對著他，迎風賞景，聽夜幽吟。回首，窗外，溫暖多情的木槿花，正一路飄香，在風中搖曳著風情萬種，此刻，他真想把那一串串的花蕾握在手中，用甜美的思念和綿軟的期待，藏在他關切的眼神裡，撫平她眉間的所有憂和傷。

然而，她從不在他面前輕言哀愁。每次看到她，蟲孃的舉止都顯得從容不迫、溫和柔潤，甚至從不多言一句。在他面前，她總是不緊不慢地起舞，彷彿有他沒他，一年三百六十五天的日子，她總是如此度過的，少了他，多了他，於她而言，並無分別。然而，他還是看得出來，每到她舞興濃時，那清高孤傲的眼神便將她輕易出賣，讓他於悵然中明白，她亦是自負於美貌與嫻熟舞藝的女子。

「香檀敲緩玉纖遲，畫鼓聲催蓮步緊。」凝神望她，才發現，她翩翩起舞時，那纖細如玉的手臂總是隨著舒緩的歌板聲起落有致，舉手投足間，彷若帶著一抹希望，一縷綠意，而那萬千溫暖，便在他眼底蔓延過來。回首間，畫鼓聲聲催，她剛開始時輕盈如飛的舞步亦隨著急促的鼓點聲而慢慢加快，彷彿一陣輕風，頓時柔軟了他的心緒。

「貪為顧盼誇風韻。往往曲終情未盡。」一曲將盡，她終於對著他輕啟朱唇，莞爾一笑，百媚俱生。興許是為了回報他對自己的愛慕之情，她便有心在他面前誇耀自己一流的舞技，於是，自此後，他來時，她總是在絃樂聲斷時還繼續為他盤旋、起舞，每次表演都是餘情未盡。

她終於從那種骨子裡透出的憂傷裡走出來了嗎？他知道，憂傷，於他而言，是安靜文字背後的千蒼百孔，而她呢？她真的已經走出了自己的內心世界，和他融合到一起了嗎？搖首，不語，再聽她清唱一回，心卻像被針紮了般疼痛，願只願，窗外的木槿花能夠帶著他的沉吟，還她一份真正的寧靜與灑然，但，這真的能變為現實嗎？

「坐中年少暗消魂，爭問青鸞家遠近。」和他一起賞樂觀舞的少年們都被她出塵的容貌與驚豔的歌舞勾去了魂兒，爭先恐後地上前詢問這青鸞般曼妙的女子家住何方。坐中，唯有他沉默不語，只因他知道，她不會從屬於任何男子，哪怕是他這般溫文爾雅的風流才俊，又何必自討沒趣？

然而，她卻揮舞著水袖，裊裊婷婷地，彷彿天仙下凡般，輕飄飄地便落在了他的座前。是我嗎？她選擇了我嗎？他緊緊覷著她，在心裡一遍又一遍喊她的名字，蟲娘，你可知，為了這一季的約定，我就像那窗外柔軟的木槿花枝，日夜兼程，經歷了幾多風風雨雨，才來到你的身邊？或許，只是為了一個夢，為了一場盛大的思念，我便走過荒蕪，挺住風雨飄搖，越過水岸花洲，如約而來，而你呢，你準備好了嗎？

他站起身來，望著她，語無倫次地說：「蟲娘，我……我的心，它，它想分擔妳眉尖的憂愁，不知姑娘可否願意？」終於，他還是忍不住開口問她。

「你我萍水相逢，終是路人一場，相逢何必曾相識？」她的回答並未讓他驚訝，正如意料之中。是的，若是沒有她的這句話，他也不會一諾相許，與她糾纏，開啟心扉。此後的每個夜晚，他和她相約在黃昏之下，漫談私語，有時沉默，有時嬉笑，有時安靜，還有時候能看見她眼眸裡泛起淡淡的淚光。他知道，內心強大的人，往往也是最容易受傷，對於過去，她不曾細說，他亦不曾過問，唯有無言相伴。

酥娘

素年錦時，伴著漫卷的時光，散落在他活色生香的回憶裡。

他知道，在最深的紅塵裡邂逅，她就是他今生最為執著的守候；亦知道，緣分的起落，從來不由人掌控。愛情，或許是兩個人前世修來的緣分，只一個凝眸的目光，便緣牽彼此，即使輾轉徘徊，即使歷盡滄桑，也終不肯輕言放棄、背道而馳。

曾聽說過，愛的過程，和品味一盞好茶沒什麼不同。初見，譬如那未曾泡開的葉片，纖細芬芳，那獨有的淡淡味道，輕易就能流淌到人們的心裡去。泡開了，滿室馨香，處處瀰漫著溫暖，就如相愛之時，滿心滿眼都是動心的芬芳，漫溢著溫馨。可是接著，才知道，茶還要慢慢品嘗下去，從苦到清香與甘甜，自有一個等待的過程，若經不起這個過程，便不能嘗到最後的甘甜。愛情如是，初見最是美好，跟著接踵而來的愛戀最是讓人痴迷，然而狂熱過後，便是更深的了解，還有相處過程中那不可避免的摩擦，中途散場還是堅守到最後，千迴百轉間，皆是緣於「愛」之一字的深淺。

月圓月缺，時光無聲流過，若人生只如初見，他們的深情漫許，便只定格在瀲灩如銀的一輪月色裡，與月光一同醉去。可是年華輕淺，那一程隔山隔水的綺麗風景，終究呈現在遲到的時間裡，那一段愛情，便注定了與等待有染，而那份等待，亦注定是一生一世，綿綿無盡。

眷戀，源於她的深情。繾綣如畫的記憶，彷佛全是月色之下，她給他的繞指柔情與牽掛。亦曾想過，那一份美好，終會逝去，只成為年輪裡的回憶；亦曾想過，那一路的情深款款，終抵不過現實的無情，終究無法與她輕歌曼舞裡的諾言，一同永恆；亦曾想過，美麗的夢彷如隔世，終將蒼老在如水的時光中，無影無痕。可他卻未曾料到，愛的路上，即便是風吹雨打，卻終不能摧毀兩顆相愛的心。

愛上一個人，不需要理由。靈魂的邂逅，心靈的相通，讓他們的相遇相知、相惜相戀，變得無比美麗動人。相識之始，他們便知曉，那份愛，有著不可踰越的距離。然，愛過，便無怨無悔；愛過，便再不會忘記，縱使那生，注定無法相守，他們卻願意，讓彼此成為靈魂上永生的知己。

月光傾城的夜晚，他在這一端，她在那一頭，哪怕隔著幾千里路的雲和月，亦要用詩語或素箋來傾訴心中的綿綿情意。距離，隔阻不斷思念，錦繡年華裡的情深意重，讓他總是相信，那時空的距離，隔阻不了兩顆相愛的心。當時，愛情隱藏在他們心裡，靜靜綻放，開成最美麗的花朵，經年之後，儘管早已忘記曾經度過多少個相同的白駒光陰，心裡卻是明白，無論時光如何輾轉，他永遠都是她心中最深的牽掛。而她，亦被他深深種在心底，時常藉著筆墨紙硯，帶著一份柔軟，寫下對她的滿心憐惜，不求任何回報。

酥娘一搦腰肢裊，迴雪縈塵皆盡妙。幾多狎客看無厭，一輩舞童功不到。
星眸顧指精神峭，羅袖迎風身段小。而今長大懶婆娑，只要千金酬一笑。

——柳永〈木蘭花〉

「酥娘一搦腰肢裊。迴雪縈塵皆盡妙。」她叫酥娘，是柳三變四首〈木蘭花〉詞中最為嫵媚可人，最最冰清玉潔的一位歌舞伎。初識她時，她尚年幼，然而早就以輕盈優美的舞姿和纖細的腰肢在同輩姐妹中脫穎而出，自是不可小覷。別看她年紀小，那「迴雪」、「縈塵」之舞，卻是舞得妙不可言，與擅舞的佳娘比起來，亦是不落其後。

望著眼前這位不讓鬚眉的蛾眉小女，他的心，早就被她別具一格的柔美所融化。不知道夢了多少回，更不知道等了多少個日日夜夜，才讓他盼來這夢裡的美嬌顏，才讓他等到這一刻的傾心遇見。此刻，他在蔓延的歌聲裡，在她如雪如玉的嬌美中，把她輕輕拾起，用萬千才情，就著〈木蘭花〉的詞調，為她傾情吟詠，只願永遠都醉在她的眸裡，醉在她的心裡。

「幾多狎客看無厭，一輩舞童功不到。」都說是臺上一齣戲，臺下十年功。這話說得一些也沒錯，勤練舞藝的背後，酥娘付出了多少心血，又流了多少香汗，恐怕唯有她自己清楚。歷經艱辛，歷經寒暑，她終於跳出了名堂，那傑出的舞藝，一招一式，都令同輩的舞伎忘塵莫及，只能瞪大眼睛望洋興嘆。而那些狎客們也不因為她年幼無知就輕賤於她，相反，東京城裡尋花問柳的男子無不對她另眼相看，對她的舞蹈更是百看不厭，讚嘆聲、溢美之辭此起彼伏，然而她卻全然不顧，因她眼裡早已有了個他，那個白衣俊秀、風度翩翩的他。

「星眸顧指精神峭，羅袖迎風身段小。」因了他，她清瑩如星的目光中散發出俊逸的神韻，用質樸的心性盛放所有的芬芳；因了他，她絲羅衣袖隨風飄揚，使那窈窕的身段越發顯得纖細玲瓏。那些個日子裡，他看她柔情萬種，他為她散盡千金，而她，亦像那如玉如雪的花蕊，已在他心裡，開成一條奔流不息的河流，叫他不由自主地為她停留，再停留，感受她的呼吸，聆聽她的心跳。

「而今長大懶婆娑，只要千金酬一笑。」為她，春的夜鶯替他訴說了長久以來的深情，悠揚的旋律穿過心間；為她，夏的碧荷開得如火如荼，敲響了笙歌婉轉，專為等候她的回眸；為她，秋的雛菊遍地繁花，粉紅色的花瓣暗香浮動，沁人心脾；為她，冬的風信子亭亭玉立，傾許一池溫暖的日光。四季的輪迴裡，他曾像它們一樣，靜靜地盼著她，念著她，每每如是。

然而，花開有時，花落亦有期。當落英繽紛時，最後的婉約、最後的美麗，亦會帶著不捨凋零成泥。不管他願不願意，長大後的酥娘終是日漸疏遠了舞蹈，而是著力對鏡對花黃，精心於梳妝打扮，一味地為錢賣笑。為什麼會是這樣？這就是他認識的酥娘，這就是他痴心熱戀著的酥娘嗎？為了那些臭錢，她放棄了舞蹈，甚至放棄了尊嚴，可這又與他柳三變又何關係？

他是她的誰？他誰也不是。傷神裡，面對溫香軟玉的她，他再也說不出任何的言語，只能用惋惜的目光，為她流連，用蒼白纖細的筆端，繼續為她作詞，只盼她洗去今日的風塵，以當日玲瓏剔透的身影再度踏夢而來，與花低語、與月同眠，而他，亦會在那樣的日子裡，輕輕的，把她的清洌與質樸珍藏，藉助一支畫筆，折取一樹梨花白，把那一場靈魂的遇見，悉數描摹在時光的花朵之上。

木蘭花，又名辛夷花，也就是今天常見的紫玉蘭。初看「木蘭花」三個字，便覺芳香襲人，美得不可方物。柳三變這一組四闋〈木蘭花〉詞，分別描驀了四個姿態各異、風情不同的女子：心娘、佳娘、蟲娘、酥娘，譴詞造句雖用墨不多，卻讓人在千載之後仍能透過字字珠璣，領略那四個風月場中女子的溫婉柔媚與清新可人。

我不知道，他與她們是否同一天相識，更不知道這四闋詞是否同一天所作，但從類同的文字風格中，仍可以窺見，這是他同一時期的作品，那麼，他究竟對她們當中的哪一位更青睞有加呢？或許，在他寫下這四闋詞的時候，他還無法判斷自己到底愛誰更多一點，那時的他，只知道不分晝夜地穿梭於秦樓楚館，尋花問柳；只知道四下倚紅偎翠，處處留情，任那一襲白袍在風中微微蕩漾，為她們裝點滿川的繁華，從此，溫暖著她們的溫暖，憂傷著她們的憂傷。

相愛的日子，似一場風生水起的濃情依戀，連眼角的淚花都已化成朵朵綻開的花兒，明媚在她們的額間手心。那些如花的歲月裡，他們笑得那麼燦爛，那麼開懷，儘管經著歲月的摺疊，亦將美好的瞬間定在某一個時段，以此，來延長纏綿的回憶。

然而，這世間所有的美好，終有離散的一天，他和她們，他心中的四美，仍然逃不得命運即定的安排。愛過後，她們次第退出他透亮的眼眸，終結在他的哀聲嘆息裡，默然、無語，無影、無蹤，而他卻只能端坐在時光的河流之上，素手拈花，淺笑成嫣地對望那些剛剛離去的背影，欺騙自己流年正好，轉身只不過是一場短暫的離別，又何須哀愁？或許，遺忘或是封鎖過去，對他來說，確實是一種解脫，哭泣與微笑，也只是一種表情，可無論怎樣勸說自己，他還是無法將她們忘記。他任她們活在了自己心裡，一天，又一天。

這一年，是西元一一〇八年，宋真宗大中祥符元年，柳三變已經二十五歲了。眼看來年即是大考之季，父親柳宜自是不容許自己對兒子的管教出現絲毫的懈怠。來京半載，柳三變就與名伎陳師師、心娘等風塵女子打得火熱，這不能不讓柳宜感到心驚肉跳。起初，他還不敢相信兒子會在自己眼皮底下做出這等荒唐事來，但當他帶著小廝把柳三變堵在陳師師的香閨之際，才明白事情的發展遠非他想像的那麼簡單。究竟，該如何能讓三變收心，才能讓他遠離那些紅顏禍水？打？罵？說教？諄諄勸導？對於才情橫溢又極有主見的柳三變來說，這一切似乎都不可能湊效，那該怎麼辦才好呢？都說玉不琢不成器，恨鐵不成鋼的柳宜急得如同熱鍋上的螞蟻團團轉，看來，要把這塊璞玉雕琢成美器，不下狠心是不成的，於是，前思後想、痛定思痛，柳宜還是決定把兒子關在了書房內，一日三餐皆由小廝透過窗臺送進去。

原以為如此這般，柳三變便會痛改前非，重新做人，未曾料，鎖得了人，卻鎖不了心。煙鎖重樓的書房內，季節的風，透過雕花窗櫺，輕輕掠過他瘦削的指尖，才驚覺，那些被干涉了的愛，依然還在他的手心蟄伏，讓他念念不忘。當遙遙相望、相思不能相近之時，也才知道，這是一場相思醉，這是一段愛的沉淪，然，卻是始終放不下。

心娘，我與你，哪怕一生不能相守又如何？哪怕一生注定只得等待，又有何懼？我早已經住進了你的心裡，你也早已被我鐫刻在眉間心上，只要我們的心不曾遠離，只要愛的光芒永恆，便已是莫大的幸福，至於能不能成全前生的夢，已經不再重要，重要的是，無論天涯或海角，這一份真情，都在這裡，不捨不棄。

月光，再度傾城。愛，是一份期許，被孤寂中的他無聲演繹。他知道，此生，再也離不開等待，而他的心娘可曾知曉，因為時間的差錯，讓這一份愛，只能無奈地站立成為綿綿無盡的等待？

心事悠悠，無法圓滿，只是最遙遠的距離，再也阻擋不了愛。恍惚裡，他彷彿聽到佳娘在說，總有一些等待，會在黃昏或黑夜裡出現。其實他知道，君心如他心，無論他在或不在，每一個月色清幽的夜晚，佳娘都會默默為他等待，那份孤獨，他亦在靜靜品味，所以他瞭然於心。

搖曳的月光，惹起微涼思緒。他知道，若等不來今生，那便更不能寄望於來世。前世今生，或者來世，不過是自欺，不過是不能圓滿的慰藉。或許，這一生，都只能在等待中老去，直到花落人亡；或許，來生輪迴，奈何橋上，一碗孟婆湯，就讓他們忘卻了今生的一諾相許。可是，他卻甘願，讓美好的傳說，延綿在滄桑的等待中，鐫刻在生命的最深處，只因，這份愛，是他心中的值得與無悔。

木蘭花在他窗前爭芳吐豔，回眸，當時彼刻，真心付出，此生不忘，最最眷戀的蟲娘便是他心裡那顆抹不去的硃砂痣。游離在午夜的邊緣，冷眼望著春夏秋冬的更迭，唏噓裡竟然失去了言語，才明白，原來，季節也是如此輕易變換，更何況人心呢？以一箋香詞的方向，來敲定今生的緣份，是否太過唐突？他不知道，愛的港灣，終將歸於何處，也不曾在夢裡問過，她疲憊的心，在深夜裡可否還想在他溫暖的胸膛倚靠，然而，他唯一能夠肯定的便是，思念的心已然分成兩半，一半在她，一半在他，只是她若歡顏，他心便安。

情未央，如九曲迴腸。開啟夜的窗，更深露重，點點的微光，璀璨了眼眸，一地清輝，卻不知凝結了多少年華未央的怦然心動，然，記憶中的她們，卻仍以無聲的靜默和飛蛾撲火的姿態，靜靜期許著下一次的心靈相約。輕輕，念著酥娘的名字，他翻開一箋一箋的文字，和著她過往的節拍，低低吟唱著那闋風情四射的〈木蘭花〉詞，回味過往，心傷難禁。曾經，他全身心沉浸在那詩情畫意的境界裡，總以為有一天，夢想會變成現實，而今，她已不在，守候也只是他一個人的獨舞罷了。

心娘、佳娘、蟲娘、酥娘。輕輕拭去眼角的淚水，還原一張純真的容靨，抬頭仰望窗外的夜空，腳下的路，將會是一個新的起點嗎？搖首，無語，現在的現在，他什麼也不想知道，更不想搞懂，他只想試著忘卻文字的高度與深度，忘卻紅塵裡那張觸碰不到的網，忘卻落筆紙箋時沙沙作響的節奏，再聽她們舞一回「迴雪」舞，再聽她們唱一闋〈木蘭花〉，再體驗一回人間冷暖自知的餘味。

11. 不早與伊相識・蟲娘・惜春郎

玉肌瓊豔新妝飾，好壯觀歌席。潘妃寶釧，阿嬌金屋，應也消得。
屬和新詞多俊格，敢共我勍敵。恨少年、枉費疏狂，不早與伊相識。

——柳永〈惜春郎〉

寧靜的夜晚，捧起那杯擱置很久的香茗，掌心與之碰觸時，有輕風掠過指縫間，一股微涼的氣息瞬間撲面而來。或許，沒有人知道，當真心無法付出時，人就彷彿飄浮的物體一樣，失去了知覺，失去了重心，失去了所有的激情和動力。

遠遠坐在時光的背後，靜靜看著身邊的人和事，早已置身事外的洞穿某些情感，某些節奏性緩慢的回憶，每次想提筆定格瞬間的思緒時，一成不變的動作卻是翻看屬於她的文字，尋找往日的美好，以此來安慰期盼許久的匿音。

窗外，天高雲淡的蒼穹，總給人一種無限瑕想，是放飛，是摒棄，是拋開，抑或是凝結？每一種姿勢看起來都是那麼有力度的圈住思想，圈住眼線，然而，卻沒有一種姿勢可以與靜默相媲美。窗內，斑駁陳舊的書案，輕輕撩起他青春的髮，是懷想，是思念，是感激，抑或是痛心？每一種心緒看起來都是那麼有力度的想要留住她，留住有關她的所有細節，然而，被禁錮在煙雨重樓的他卻只能以靜默的姿勢走進她遙遠的世界，感受那一份淡如水的柔和，以靜默的姿勢聆聽她遠去了的心聲，在夢境裡輕撫那一顆善感的柔軟心靈，再以靜默的姿勢告別細碎的念想，切斷那些掙扎了好久好久都不該有的臆念。

每當晚風吹動芳草時，多希望可以貼著大地，感受那一份真實的搖曳，自半空中旋轉，落於地面，即使很痛，至少還有知覺。然，每次的麻木，每次的虛幻，每次的空想，都會隨著風來而累積，又會隨著風去而殘留。

亦曾試過很多種方法，試圖在緊閉的書房內換取新的記憶，於是，懷著一顆忐忑的心，在那些破了舊了的書本中找尋屬於她的黃金屋，尋找屬於他的顏如玉，然而，顫然經過每個日出日落，幾度回首，收穫的卻是一身疲憊和滿心蒼涼。

庭前，花事未了，門卻關了。傾耳，聆聽，窗外淅瀝聲起，每一次起伏都激盪著他孤獨的靈魂。是雨，潺潺的雨，打溼了門扉，涼透了花飛，悲傷了他心，遠處沉睡的荷塘，任憑風吹，在他眼底搖曳欲墜，而他卻無力去追，只留下深深的悲悵與不盡的留戀。

哀傷裡，他像一隻在星空裡迷失的蝴蝶，披著霏霏的雨絲，飛來飛去，找不見回家的路，忘不掉心裡的憂傷。昂首，去向天空的盡頭，路偏離了預定的方向，終與她漸行漸遠，漸行漸遠，哪怕夾角依舊，卻早已遠離了終點。

似水流年，朦朧淚光中，視線裡出現了很多人，又淡去了很多人。他仰望天空，雨兒輕泣依舊，頓時迷惘在深沉的夜幕下，思戀著曾經的歌，將心事悄悄埋藏。

泠泠的雨，好冷，溶釋了月下的銀沙；泠泠的雨，好涼，寥落了朵朵星花。雨聲呢喃，流年遠去，星子像花一樣綻放，最終穿透層層霧靄，在他眼前明明滅滅，而他的心卻像一葉小小的扁舟，於不經意間，便在星子的引領下，劃向長空，劃破了月，劃落了花。他是蝴蝶，是的，他是一隻在夢境裡迷失了的蝶，沉沒在流霞，等待早已遠去的佳人，輕落在那一淼晶瑩的池塘，找尋著溶在水裡的花香。翅膀溼了，是眼淚的冰涼，沉沉的。他飛不起來，在星空下想像天際的花，也許明天，他會成為湖裡最美的花，在幽藍幽藍的湖裡，做著幽藍幽藍的夢，會夢見金色的翅膀，帶他自由地飛。

一切恍然若夢。時間拋棄了我，匆匆向前；流星拋棄了他，一閃就滅。他徘徊在視窗，看著月落日昇，不知所措。到底，什麼時候，才能現她再相逢，再偎在通明的燈火下，看她像櫻花般綻放可人的笑靨，美得令他心碎？她不在了，陽光亦不再青春，所有的所有都變得那樣蒼白，那樣無力。

轉身，他的夢，落進了那幽藍幽藍的湖裡。忘記了季節的變幻，忘記了滄海桑田，只是沉醉在夜空下，不願醒來。雨落的深院，柳絮飛盡，溼透了思念的碎片，碰斷了記憶的弦，遠處，蓮花依舊綻放，在月光掩映的荷塘下，彷若星子般單純而燦爛，而他的心卻充斥著湖水一樣的幽藍色彩，是他的憂傷，還是她心中那份欲訴無休的酸澀？

雲翳在增加，空氣裡似乎瀰漫著微鹹的潮溼，月亮也躲進了雲罅，霏霏細雨終於醞釀出一場瓢潑大雨，他的淚亦迷濛了星子的光，迷亂了花的芬芳。濛濛的雨，牽著他走進她的花香；濛濛的雨，又洗去了她所有的花香。窗外，雨聲破碎，只留給他一地花殤，臉頰上的一點微藍，是她錦瑟琴弦上的冷霜。莫非，今生注定他永遠是一個孤獨的行者，要一個人沿著那條細長的路走向天空的盡頭？

他知道，他是一隻迷失的蝴蝶，卻不曾在她的窗前。夢裡，她半開的門扉，他沒有勇氣去推，只能任薰衣草的顏色在手心蔓延，就這樣迷茫在門前，猜想著門扉後的永遠，懷念著盈袖的花香，傾戀在身後影

11. 不早與伊相識．蟲娘．惜春郎

子遮住的過去，即便曾經的花前月下，往日的歡聲笑語，早已鎖住了所有的昨天。

回眸，天幕上最後一顆星子像花兒一樣憂傷，不再留戀，亦不會留戀，這人世間的所有所有。他若一隻懵懂的蝴蝶，在雨中吃力地飛，飛向地平線的盡頭，要找尋一場有她的花開，哪怕最終遭遇花敗亦不會逃避。轉身，花落了，雨也停了，天空還是那麼幽藍幽藍，她的門依舊半開，那最後一顆星子卻又暗了，而他緊閉的房門內，搖曳的燭火舊映著深深淺淺的黃。

絃斷音離，他淚落如霰。夢醒了，夢亦碎了，曾經的芬芳，再沒有了，再沒有了。庭院深深深幾許？愀然無語，只得空對古銅明鏡，暗嗟嘆。想她，還是想她，欲說還休，欲說還休。雨過天晴，星光淡去，黎明的光籠在心頭，他依舊躑躅在窗下，循著記憶找尋她的花香，然，時間的門早已緊鎖，他亦失去了稍縱即逝的年華，只是如此無奈，如此不甘，卻又無力變更。

花落了，還會再開；夜盡了，還會再來。可他知道，他深愛的她卻不會再來。只能，踮起腳尖，在窗下眺望天涯，看那片延伸向遠方天空盡頭的絢彩，固執地等待著門扉再開，等待著放飛的機會。再回首，風吹亂了頭髮，夾雜著秋桂的芬芳，在他身前流溢，怎讓他不將她深深淺淺地憶了再憶？怎能忘懷，怎能忘懷？卻是淚眼問花花不語，亂紅飛過鞦韆去！她走了，他只能在夢裡等待下一場花開，卻是心碎了，淚凝噎，不願醒來。

玉肌瓊豔新妝飾，好壯觀歌席。潘妃寶釧，阿嬌金屋，應也消得。

屬和新詞多俊格，敢共我勍敵。恨少年、枉費疏狂，不早與伊相識。

——柳永〈惜春郎〉

「玉肌瓊豔新妝飾，好壯觀歌席。」憶當時，在那場盛大的歌舞宴席上，他認識了她——蟲娘。她瑩澤溫潤的肌膚彷若美玉般豔麗，她不拘一格的衣著打扮更是新穎別緻，只一眼，他就喜歡上了她，沉浸在她曼妙的歌喉裡，如沐春光，如痴如醉。

「潘妃寶釧，阿嬌金屋，應也消得。」這樣的美人兒，就應當為她佩戴上南齊東昏侯寵妃潘玉兒那樣的琥珀寶釧，就應當讓她住進漢武帝為皇后陳阿嬌準備的金屋，若不如此，怎能彰顯出她絕世的姿容與不盡的才情？

失去了，眷戀著，無以釋懷。帶著滿腹暗藏的憂傷，本以為靜止的時光可以抹去昨日的真情，還心靈一份灑脫，然而，時過境遷，他還是無法將她忘懷。她的一舉一動、一顰一笑，都令他珍藏若寶，此時此刻，只想對她說一聲，感謝緣分，感謝她，賜給他這一份綿綿情意。

「屬和新詞多俊格，敢共我勍敵。」無論是應和別人的詩賦，還是填寫新詞，她都不讓鬚眉，且得來毫不費工夫，是紅粉堆裡絕無僅有的才人。那一闋闋透著花香的詞章甚至可以與以才華自傲的他匹敵，有時候還能以假亂真。

然而，這一切並不是他欣賞她的全部理由。他愛她，只因她是那麼那麼懂得他、欣賞他，他寫的每一篇詞章，她都會細心賞讀，認真品評，有時候甚至會瞪著一雙有著長長睫毛的漂亮大眼睛，天真無瑕地問他：「郎，你筆下的那個女子，究竟寫的是誰？若妾身沒有猜錯的話，肯定是陳師師，還有心娘她們了。」

「當然不是她們。」他擁著她溫柔地笑：「是妳，是妳！除了妳，我還會為誰如此不惜筆墨呢？」可是，真心相愛的他們卻被父親棒打鴛鴦，他被關進了書房，不能再踏足她的香閨，她亦深居簡出，不再輕易見客，這樣的日子，到底得到什麼才能結束？

「恨少年、枉費疏狂，不早與伊相識。」恨只恨，沒有早日與她相識，枉將那青春年華白白辜負。褪去了痴愛的色彩斑斕，他的世界回歸寂靜，喜歡並且享受著那種淡泊清雅，有時候一杯清茗，一本古籍便可以滿足一天的需求，然而，他知道，一切的一切，終不過只是假象罷了，他的心從未為她停止追逐的腳步，哪怕明知道遠去的追不回來，儘管無力的翅膀消散在塵世的陰霾裡，亦未曾忘記在夢裡等待花開的靜美。

淚水的冰涼浸滿了蒼白的腮，遠望窗外的風景，囈語淺吟，雜草叢生的荒地亦已變成一片鋪滿黑色菸灰的空場，於是，他只能攤開手心，用落地的塵埃覆蓋下所有曾經的溫暖，透過千里煙波，望盡一切秋色。

12. 唯有兩心同・蟲娘・集賢賓

小樓深巷狂遊遍，羅綺成叢，就中堪人屬意，最是蟲蟲。有畫難描雅態，無花可比芳容。幾回飲散良宵永，鴛衾暖、鳳枕香濃，算得人間天上，唯有兩心同。

近來雲雨忽西東，誚惱損情悰，縱然偷期暗會，長是匆匆。爭似和鳴偕老，免教斂翠啼紅。眼前時、暫疏歡宴，盟言在、更莫忡忡。待作真個宅院，方信有初終。

——柳永〈集賢賓〉

秋末初冬，晚霞映空，又是一個楓葉染盡層林的清冷季節。喊了多少聲愛的呼喚，聽了多少遍愛的無悔，卻又在這樣特殊的日子裡，飽蘸著一份濃情，伴著水煮春秋的輪迴，任思念輾過心底最痛的地方。轉身，耳邊迴旋起那些遠去了的絲竹管絃聲，依稀夾雜著她清脆嘹亮的歌聲，頓時，書房裡每一個角落都瀰漫起一股幸福的味道，暖暖地流淌在他心間。庭前，夜色朦朧、月光如水，伴著輕風雲淡，從眼前一一掠過，那顆疲憊的心仍肆無忌憚地浸在她舊日靚麗的容顏裡，悵然念著她所有的好。

相遇的轉角，有著太多解不開的謎底，從沒有來由的闖入彼此的心扉，到眷戀不捨的相偎相伴，再到各安天涯的相守相望，每一處都灑落下關於愛的點滴悠心，讓他久久不能釋懷。回首一起走過的光陰，她遠去的這些日子，對於黃昏，對於夜色，他再也沒有勇氣去觸碰過，只因生怕最熟悉的風景也躲不過物是人非的悲涼，到底，是要將她忘記，還是要將她烙在心底永久地珍藏？

時光不斷流轉在從前，刻骨的變遷不是遙遠，他翕合著嘴唇輕輕念著：「蟲娘，即使再過一萬年，我對的深情也不會有絲毫更改，唯願這份愛的承諾鐫刻在天水之間，唯願這份眷戀溫暖如春，唯願時刻徜徉在有你的世界，哪怕永遠游離在你的小窗之外，我亦心甘情願。」

他是真的痴愛了那一位女子。乘著午夜的寂靜，繼續踽踽獨行於她溫婉的世界，筆下匆匆而過的文字亦未曾讓他亂了的心安定下來，轉身回眸的瞬間，又彷佛看到她的身影再度踏夢而來。依舊是昔日的深情款款，依舊是昔日的嫵媚嬌俏，依舊是昔日的香風四起，然，茫茫回首裡，才發現，她不在後，繁華的夢終釀成眼底的空曲，即便想斷了肝、哭斷了腸，也無法還原那片真心，原來，愛到最後，不是相忘，不是相伴，而是幻覺一場，遺留下來的，除了痛，還有絕望。

夜幕中的她，清晰的輪廓，在他夢裡，應照著行雲流水的文字，似乎每一行、每一筆的詞箋中，都寫有她的心歷旅程。只是，他不知道，一直以來心甘情願的守護，不過是她肩上的負擔，那麼沉重而複雜，而她，卻從不言明。晶瑩的淚滴，終於落在他看不見的地方，打溼了乾涸的大地，窗外，秋雨連綿而至，心碎的聲音，遠隔著心房，融合旋律，早已在他的世界之外，凝結成琥珀，而他，卻是渾然不知。瀲灩煙塵，一世無休，到底是她的淡漠，還是塵世的錯落，讓他和她越走越遠？

時光流轉，日子一天天從指縫間穿過，有多少溫暖留下，便有多少溫暖溜走。翻開舊字的模糊紙張，一頁頁的相思，一章章的心疼，一段段的守護，都在眼前一一浮現，只是，一個短短的轉身，所有留下她印跡的溫暖回憶便又於瞬間化成菸灰，隨風散去。如果記憶可以選擇，他想，他會將它們厚厚地重疊而起，至少那樣，隔起的距離遠比心與心的距離更容易接近。

情網，網住了一顆赤誠善感的心，卻網不了相約來世的情，若是沒有世俗的陳見，若是沒有父親的阻攔，或許，他們可以相約避世而退，摒棄所有紅塵紛擾，覓一處寧靜、清幽的居所，就這樣相伴彼此，直至慢慢老去。然，想像與現實的距離，有如他與她之間，隔著好遠好遠，遠得他望不到盡頭，那一片渺茫的天地，亦只能在世界之外等他。

風，帶著一絲憂愁，帶著一絲心痛，輕輕劃過臉頰，原來，擱淺許久的疼，就這樣毫無預兆的撕裂開來。遠處，離歌一曲，唱斷了心腸，焚燒了過往的回憶，而臉上的淚痕依舊解不開憂傷的心結，文字的背後始終是千帆過盡的滄桑。彎彎的淺月牙，映著清冷的院落，這一季流年，卻是替換了誰的容顏？回首，愛過、醉過、痛過，該有的都有了，怨過、悔過、賭過，不該有的也都有了，然而，那夜清風朗月下，與她最初的相遇，依舊是他心中無法替代的最美邂逅。

隨波逐流的奔放，洗不去全身的疲憊。芳華流年裡，緣起隨緣落，胭脂化無殤，淚過紅眼的依依眷戀，在此時，皆隨著晚風，撩起他一片亂的思緒。哽咽，紅塵依舊，深也紅塵，淺也紅塵，只是，紅塵情緣深幾許，這份情，還能越過執著的等待，在下一個春暖花開的季節生根發芽嗎？

輕筆飛燕，掠過層層雲煙；簫聲漸起，覆蓋紛飛的凌亂思緒。依舊，把她的名字，在心底唸了一遍又一遍，任天上的雲光，漸漸移開眼線，任恪守的誓言，如同凋零的殘花，化做護花的春泥。拭去酸澀的淚水，望朦朧月色從窗外掠過，一片唏噓驚人的嘆息聲裡，雨水浸透滿紙墨香，緩緩漫過他瘦了的指尖，寫下對她永恆的思念。一筆，一劃，一劃，一筆，字字句句，都凝結著他的心疼，排排行行，都糾葛著他的傷痛，可是，誰又能告訴他，這到底是他的心酸，還是她的落寞？抑或是她的隱忍，他的無助？

惆悵裡，浮華的虛幻，漫過紅塵萬丈，愛過的情真意切，卻在此刻，突然變得那麼微不足道。愛，已去，風，無痕，住在紅塵深處，幻覺成空，他空了的心早已穿越萬丈深淵，徒留蒼白記憶，氾濫了歲月，扼殺了最真的感動，而那些追尋不回來的記憶，亦都隨著時光，倏忽間便模糊了歲月、浸透了憂傷。

小樓深巷狂遊遍，羅綺成叢，就中堪人屬意，最是蟲蟲。有畫難描雅態，無花可比芳容。幾回飲散良宵永，鴛衾暖、鳳枕香濃，算得人間天上，唯有兩心同。

近來雲雨忽西東，誚惱損情悰。縱然偷期暗會，長是匆匆。爭似和鳴偕老，免教斂翠啼紅。眼前時、暫疏歡宴，盟言在、更莫忡忡。待作真個宅院，方信有初終。

——柳永〈集賢賓〉

「小樓深巷狂遊遍，羅綺成叢。就中堪人屬意，最是蟲蟲。」花開時節，他遊遍汴京城的小樓深巷，放眼望去，看不盡的繁花似錦，望不斷的羅綺成叢。在名伎陳師師的引薦下，他結識了更多的風月女子，她們個個貌美如花，個個才情四溢，而最讓他心動，最令他魂不守舍的自然還是他的蟲娘。

無論她離得自己有多遠，他只想握緊曾經的歡娛，枕著「在天願作比翼鳥、在地願作連理枝」的樸素心願，日日夜夜，與她花前月下，共賞花開，共看日落。然而，遠去了她的日子裡，他卻只能在緊鎖門扉的柳府大院裡將她悄然想起，一遍遍回憶她當日舉手投足的每一個細節。

他已與她分別得太久太久，想念，便成為他心底一種溫暖的習慣。哦，蟲蟲，燭光下，看著她往日寫給他的一闋闋情詞，親暱呼喚著她的小字，任那舊了的紙箋上的一字一句，皆隨著那夜的月色，輕輕流淌進他的心裡。

蟲蟲，無論我們有過怎樣的經歷，無論我們分別得有多久遠，我們的愛，一直都還是那麼牢不可破，對嗎？不經歷風雨，怎麼見彩虹？不歷經離別，又怎知珍惜？如果這長長的悵別隻是上天對你我的考驗，那麼我情願為你承受更多的苦痛與酸楚，只求，你別將我忘懷，那樣，我會生不如死。

「有畫難描雅態，無花可比芳容。」在他眼裡，蟲蟲美得無處可藏，美得動人心魄，不只人間絕無僅有，恐怕天上也難尋出如此絕色仙姝，又哪裡有一點風塵女子的模樣？她美到了骨子裡，豔到了靈魂裡，那溫文爾雅的舉止態度，不僅天下最出色的畫師難以描驀，就連百花也找不出任何一種可以與之沉魚落雁的芳容媲美。這樣的女子，他自然願意為她等待，願意為她守候，哪怕千年萬年，只因，等待，給了他無盡的希望，讓思念變得生動無比，即使孤獨，即使寂寞，即使疼痛，卻也美麗。

「幾回飲散良宵永，鴛衾暖、鳳枕香濃。算得人間天上，唯有兩心同。」曾幾何時，歡快的飲宴散場後，他和她，總是幸福地相擁著，在她沉香水煙的閨閣內溫香軟玉，暖鴛衾、嗅鳳枕，顛鸞倒鳳、琴瑟和鳴，不是夫妻，勝似夫妻。

且記得，每個季節最初偷歡的時候，她總是附在他耳畔輕聲呢喃、諄諄叮嚀：季節變換，注意身子。短短八個字，卻在剎那間，溫暖了他那顆疲憊不堪、脆弱易感的心靈。感動便是那樣，於無聲中，悄然入心，於是，他知曉，以後的以後，無論他身在何地、處在何方，她依然會把他深深掛牽，更明白，天上人間，唯有她和他的心是緊緊繫在一起的，半刻也離分不得。

就因為那句話，他心甘情願地為她守候，為她等待。只盼，來年的科舉考試儘早到來，到那時，父親便能放他出去遊走，他也就有機會再與她相聚了。然，她現在究竟過得好不好？是不是還像從前一樣待人總是一副冷若冰霜的模樣，還是換了心腸，對著前來探訪的所有男子都款款而笑？

「近來雲雨忽西東，誚惱損情悰。」惱只惱，年邁的父親不解風情，非要為了那世俗的偏見，棒打了他們一對好鴛鴦，讓他們一個東，一個西，累月不得見面，只能在緊閉的門扉後，將她思了又思、唸了又唸。蟲蟲啊蟲蟲，不是我心狠，也不是我無情，我是實在沒有辦法出來跟你相見，但無論我在哪裡，我的心始終記掛著你，就像你無時不刻都關心著我一樣。請你相信，對你這份刻骨銘心的愛，縱是粉身碎骨，亦不會更改，從今生，到來世。

「縱然偷期暗會，長是匆匆。爭似和鳴偕老，免教斂翠啼紅。」還記得，與她初相識時，縱然偷期暗會，亦終是來去匆匆，不能盡情。然，愈是不想讓父親大人發現他們廝守的蛛絲馬跡，事情愈是朝著相反的方向發展，儘管他們每一次幽會都那麼小心翼翼，可最終還是沒能逃過老人家的火眼金睛，只幾句爭執，柳宜便徹徹底底掐斷了他們開在懸崖上的絕美愛情之花。不過這樣也好，總這樣偷偷摸摸下去也不是辦法，也該是給蟲蟲一個交待的時候了，每次相會時看到她臉上斑駁的淚痕，他都會心痛莫名，如果這份愛只能帶給心愛的女子傷和痛的話，那麼，他又何必拖累她跟著自己一起難受？

他受不了每次幽會時都以愁顏相對的悽然場面結局。蟲蟲，雖不是他的妻子，卻勝似妻子，又怎能讓她將那份傷痛繼續下去？愛就要愛得見天見日，愛就要愛得海枯石爛，愛就要愛得光明正大，只是她從不知道，他是多麼迫切地希望與她過上鸞鳳和鳴、白頭偕老的生活，多麼希望再也見不到她斂眉啼紅的酸楚模樣了！

可是，他真的能做到嗎？現在，他已被父親鎖在了書房中，寸步不得離開，又如何去實現心中的理想？等待，自然還是等待。蟲蟲，你一定要等著我，不要讓遺憾憂傷了你我的眼眸，不要讓痛徹心腑落寞了這一生的遇見，只要愛還在，那就讓等待相伴，讓你我以最溫柔的方式，看著生命中的日子，一天天變薄，看著愛情，一天天變厚，然後帶著綿綿無盡的深情等待，直至天荒地老，好嗎？

「眼前時、暫疏歡宴，盟言在、更莫忡忡。待作真個宅院，方信有初終。」我不在的日子裡，請你不要再憂心忡忡，不要再愁眉苦臉，因為，我始終都住在你心裡，靜聽你那一曲戀的心聲，只是，你還能像當初那樣真切地感受到我的存在嗎？眼前的別離，只是暫時的，請你相信，等我高中進士的那一天，我一定會去找你，會與你再次把盞月下，盡情歡宴，從此後，與你攜手，走過滄桑，讓愛的戀曲，在天際流，一唱再唱。

他已經決定了。是的，在被父親關在書房的那些個日子裡，他已經決定要納蟲蟲為妾，要將她風風光光、名正言順地接進柳府大院，給她正大光明的名份，讓她清晰地感受到，他的承諾是實實在在的。到那時，幸福會洋溢著醉人的芬芳，燻治他們明媚的心情，而今日所有的等待，亦都會轉變成他日深情不變的回眸，美麗他們所有的念想。

情調3：長似初相識

13. 擬把前言輕負．謝玉英．擊梧桐

香靨深深，姿姿媚媚，雅格奇容天與。自識伊來，便好看承，會得妖嬈心素。臨歧再約同歡，定是都把、平生相許。又恐恩情，易破難成，未免千般思慮。

近日書來，寒暄而已，苦沒忉忉言語。便認得、聽人教當，擬把前言輕負。見說蘭臺宋玉，多才多藝善詞賦。試與問、朝朝暮暮，行雲何處去。

——柳永〈擊梧桐〉

融融落日，涓涓流水，裊裊荷香，點點飄萍，遙遙望去，暮色彌漫滿湖的青荷碧影、紅衣翠裳。悄然，一支金漆木槳劃破水聲，撥動了荷瓣涼涼的露珠，驚起一串銀鈴般的笑聲，透過霞的衣裳、水的肌膚，在玉盤裡脆脆跌落。

回眸，一葉扁舟，一群少女，在一波碧漾的瘦西湖裡嬉鬧著爭著奪槳，一時間，便惹得花顫影搖、暗香湧動，而那微蹙著眉頭的女子卻旁若無人地倚立船頭，懷著一腔離情別緒，任由淡淡的橘色光線將她整個籠住，卻又別是一番風情。只見她，柳眉彎彎、眸光盈盈，玉簪螺髻、鬆鬆挽就，粉衣綠裙、婷婷而立，唇畔噙著微微笑意。倏忽間，晚風曳動裙裾，衣袂翩飛間卻又聽她淺淺低吟：「一場寂寞憑誰訴？算前言，總輕負。早知恁地難拚，悔不當時留住。其奈風流端正外，更別有、繫人處，一日不思量，也攢眉千度。」憂傷的語調宛若星子閃爍在白荷綠藻間，柔柔地蕩漾。

燕飛過，正傷心，卻是舊時相識。丁香枝上，荳蔻梢頭，是誰撥動了她的心弦，把那深深淺淺的心事，婷婷裊裊地掛滿初夏的枝頭？小軒，書案，香爐，庭前，遊絲飛絮，翠霧紅藹，自在飛花輕似夢，無邊雨絲細如愁，怎一個愁字了得？淚眼問花花不語，卻是亂紅飛過鞦韆去，那花兒，又可曾沾上她葬花人的眼淚？

憔悴損，如今有誰堪摘？年年歲歲花相似，歲歲年年人應同，然，一朝花飛曲散，卻是琴詞兩棄不聞。花漸瘦，人憔悴，今朝暖風乍起，花凋水漂泊，人不語花顏，只堪清瘦無人知，卻與花同顏，閒置琴瑟空階淚，倆倆相對倆不知。

窗外，梧桐更兼細雨，到黃昏、點點滴滴。素手執筆，久久不能落下，任一滴濃墨在素箋上層層疊疊蕩漾開來，像是相思，早在不經意間，密密麻麻爬滿了院裡的青藤。「唉！」一聲嘆息，此情無計可消除，才下眉頭，卻上心頭！守著窗兒，曲終，桃花染紅了春思，人散，梨花漂白了歲月，流年流過悠悠柳岸，泛起絲絲漣漪，風急揚起了歸途，水潺蕩起了輪迴，只換得尋尋覓覓、冷冷清清、悽悽慘慘戚戚。

駐足，氤氳的霧氣，在她憂鬱的眸底，籠罩了整座風花雪月的城池。雨意愈來愈濃，百花在風中抖動，想要逃脫。獨自站在陰雲密布的天幕下、氤氳游離的霧氣中，呼吸變得愈來愈困難，她卻不知要逃向何方。放眼望去，揚州城的繁華，瘦西湖的風情，二十四橋的明月夜，似乎都與她不再有任何關聯，於是，掙扎，只想跟隨百花一起逃脫，彷彿唯有逃脫，才會得到幸福，沒曾想，當所有的綺麗在一片亂花紛紛中華麗地轉身、離去後，以為逃脫了的她，卻又落入更深的迷惘中。

細細的雨，在空中斜斜地密織著，落在屋簷，落在小巷，落在她的眉心，瞬間便將幾千年的江南，融入一簾煙雨中，沒有悲哀，沒有留戀，沒有言語。「林花著雨燕枝溼，水荇牽風翠帶長。」杜甫筆下，那飄雨的江南，是那樣的美豔，卻又透露著某種不可名狀的傷，隱隱作痛。古巷深深深幾許，落莫盡頭是蒼桑。雨巷裡，千年的寂寞，穿越亙古的時光，漂流至今，一場落雨，沖掉塵埃，兀自展現在她蹙起的眉間。

他來的時候，那新建的庭院，新刷的紅牆，還有那散發著油墨清香的琴房，一切都美得令人來不及錯目；而今，他不在了，坍壞了那暗紅的院牆，風蝕了那庭院的房舍，似乎只在一念之間，那些曾經的美好便在回眸間埋藏了時光匆匆。只是，當日那伴她琴房奏響一曲相思的書生何在？那清新的墨香何在，書聲朗朗又何在？

春去了，夢醒了。桃花思，梨花念，與郎相知桃花面，與郎相別梨花淚。曾經，在那花開的季節，如夢空歡，著起那最美的邂逅，而今卻換得她枯坐燈下寫下這般悽苦的思念。轉身，與桃花同思，與梨花同念，此時無聲勝有聲，也許，這才是最好的道別吧？只是，花開同美，花謝卻難同，一朝相對，餘生難了；只是，春夢夏了，聚散易愁，花卻何罪，觸景目目，點點滴滴，總是淒涼難耐？這胭紅往事難了，無計上眉頭，卻恨花不同，堪笑難對，夕墜花飄零。

燕子不歸春事晚，一汀煙雨杏花寒。煙雨傾覆了江南，也傾覆了她傷感的心，道不盡，憂怨重生，香消玉殞，人比黃花瘦。那年那月，二十四橋畔，他執她之手，相看媚眼傳波，說不盡的山盟海誓，訴不完的纏綿悱惻，卻換得如今瘦西湖上夜船吹笛雨瀟瀟，只是透心地涼。

君問歸期是何時，楊柳依依亦不回。默坐堤上，抬手掩淚眼，憂怨穿越經年，至今不休。舉起酒杯，三杯兩盞的淡酒，怎能澆息心底的愁怨？滿地的花兒堆積了無邊相思，徹夜不眠，滿臉憔悴，如何放下曾經的過往？她醉了，在這煙雨的江南，淚，灑向瘦西湖水，看過往雲煙，隨落雨一起，沉於湖底，然，心中還是無法將他放下。不是說好等他去了京城，一安頓好，就派人來揚州接她過去的嗎？為什麼他走了一年有餘，連封書信都沒給她捎來？是郵差送錯了地址，還是他寫錯了她的芳名，抑或是他根本就把她丟到了九霄雲外？

不，他說過他愛她的，又怎會失信於她？或許，是他病了；或許，是信被送丟了；或許，是他忙於準備科考；或許，是……她為他找了千萬種理由，可就是無法說服自己一股腦地接受，難道，他當真見異思遷，將她徹底忘懷？他走的那一天，她曾經許諾，一定要等他歸來，亦曾起誓，除了他，她不會再倚門賣笑，接待任何別的男子，可是，鴇母終歸是勢利的，儘管從前她替她賺得盆滿缽滿，也容不得她成年累月地不開門做生意。

情絲千千結、萬萬縷，一曲離人悲歌，卻是幾世情緣相依。自打遇見他的那天起，她就愛得低到了塵埃裡，成為他的笑，他的淚，與他徹底融為一體。怎麼辦？該如何是好？柳郎啊柳郎，說好等你到了東京就來揚州接妾身過去的，為什麼卻讓我盼了年餘，還是未能盼來你隻字片言的音信？鴇母近來逼得愈來愈緊，妾身若不再開門迎客，只怕難以搪塞過去，難道官人你就一點也理會不了我的難處嗎？妾身縱是起誓在先，可又有什麼辦法能夠抵抗鴇母的威逼？她養了我十餘年，自小就錦衣玉食地好生侍候著，莫非真要我狠下心來，棄鴇母於不顧，只為你，三丈白綾表明心願嗎？不，我還年輕，我還不想死，不是我貪生，只因我還沒等到你回來，還沒聽到你給我一句解釋。柳郎啊柳郎，你可知，妾身有多愛你有多在乎你嗎？

可是，為什麼，為什麼你讓我一等再等，卻怎麼也等不來你歸來的消息？莫非，你真要妾等白了頭髮，等涼了心嗎？

窗外，雨中梧桐，如影斑駁。深更難寐，隻身撐著當日共他遮擋過風雨的油紙傘，獨自徘徊在落花繽紛的幽徑下，影對花痴，任寂寥蕭蕭漠漠地染遍周身，回眸裡，卻是人琴已渺，只道芳香依舊。罷了，罷了，該走的都走了吧，該斷的都斷了吧，一個人苦苦撐下去豈不更痛？再回首，悵然，顫抖，恐怕，眼前這一汪瘦西湖水，終將有一天會將她整個淹沒，在這煙雨的江南，只是，到那時，他還會在某個草長鶯飛的日子裡，於二十四橋明月夜下，想起她往日柔美的容顏來嗎？

香靨深深，姿姿媚媚，雅格奇容天與。自識伊來，便好看承，會得妖嬈心素。臨歧再約同歡，定是都把、平生相許。又恐恩情，易破難成，未免千般思慮。

近日書來，寒暄而已，苦沒忉忉言語。便認得、聽人教當，擬把前言輕負。見說蘭臺宋玉，多才多藝善詞賦。試與問、朝朝暮暮，行雲何處去。

——柳永〈擊梧桐〉

他當然記得她，他的玉英，他在揚州城如火般摯愛過的女子。在東京，他邂逅了師師，邂逅了心娘，遭遇了蟲娘，每一天，每一夜，都過著「牡丹花下死，做鬼也風流」的浪蕩生活，縱然他見一個愛一個，愛一個痴迷一個，亦未曾影響他對謝玉英的眷戀。是的，他依然深愛著她，所以當聽到從揚州歸來的友人提起她又開啟門戶倚門賣笑的傳言後，淡然一笑的他還是忍不住悲從心來，只是，他沒在任何人面前表現出自己的痛苦，而是在轉身後，悄悄伸起衣袖，偷偷拭去了眼角晶瑩的淚花。

玉英，你怎麼可以背負我們的諾言？他搖首，無語，揮臂，頓足。恨只恨那負心的人兒亦是水性楊花，空把那前言棄，可這又怪得了誰？他本許諾，到得東京，就派人前往揚州將她接來同住，可他卻身陷萬花叢中不能自拔，早就把曾經的諾言丟到九霄雲外，又怎能怪她踐踏了誓言？

淚眼朦朧裡，他不再執筆寫心，寧靜的夜，只想空守窗外一輪明月，還原一份寂靜的心情，只想把自己於憂傷裡點燃，把溫暖的愛深深地扎根在紅塵，不再問起，不再提起。然，背後的蒼涼，終是擊垮了所有自信，庭前的煙雨，淅瀝不知停歇，和著絕望、痛楚，煎熬著他、撕扯著他，對她不曾更改的思念卻是未減猶增。

或許，時光輾轉，早已物是人非，那麼，他還在盼著什麼，還在寂寞地等待著誰？為了他那未能兌現的諾言，她已在揚州城苦撐苦熬了年餘，是自己有負於她在先，又何忍心再責備於她？

聽說她重新開張、倚門賣笑後，他的心始終很亂，很疲憊。他和她，恍如煙花的相遇，卻留下無法抹去的印痕。或許，有些事情是三生石上早已注定了的，注定了，他無法做成她的唯一；注定了，他和她只能在空虛的兩端彼此抗衡；注定了，他和她只是彼此的過客而不是永遠，終有一天，會像煙花消散在夜空，從此，在各自的空間裡盛開或者謝落。

回眸，牆上是燈燭斑駁的影子，有煙花般迷離的幻覺。他和她，亦如這絢爛的煙花，始終在彼岸張望著彼此，四散後，就再也找不見各自的回程。然，終還是捨不得，放不下，走不開，心，生疼生疼，只能坐擁一懷寂寞，和著兩行清淚，在風中呼喊她的名字，一遍一遍，靜靜等候她的歸來。

「香靨深深，姿姿媚媚，雅格奇容天與。」記憶裡，她香靨深深，一顰一笑，都是那樣嫵媚，那樣可人，溫文爾雅的姿態只有天上仙姝才能與之媲美。這樣一個美到骨子裡的清奇女子，怎讓他不思不念？對他而言，思念，是心底升起無數對她的眷念。思念可以讓他為她流淚，思念也可以讓他為她含笑，不論是哭著思念，還是笑著思念，在想她的時候，他都會心無旁鶩。

「自識伊來，便好看承，會得妖嬈心素。」自與她相識以來，便與她情好意篤、纏綿繾綣，從此，一片真心只為她，一片柔情只為她。而今，她不在他身邊，不想被太多悲傷煩惱的情緒左右，只想在心底將她的音容笑貌憶了又憶，把一切當作初見就好。淡淡的，沒有銘心，沒有誓言，只記得那不經意的回眸，在輕輕的煙雨中，以一種幽雅的姿態轉身離開，沒有愁緒，亦沒有遺憾。

「臨歧再約同歡，定是都把、平生相許。」記得分別之時，難捨難分，他與她含淚約下來日的歡期，更在窗下許諾終身不離不棄，可是，轉身而過之後，他卻與她隔了天涯，隔了海角，亦隔了一段花開的距離。離開揚州後，他將對她的許諾丟到了汪洋大海，整日穿梭於百花叢中，而她，亦因為鴇母的威迫和拮据的生活，不得不重開門戶，倚門賣笑。

抬頭，看漫步在黃昏下的城景，被夕陽餘暉灑滿金色光暈，心，卻被染了一層又一層的憂傷，盼只盼，借那一縷清風，將他的愛，他的情，他的悔，他的恨，通通捎到她的窗下，相望念安。玉英，原諒我，好嗎？鋪開信箋，很想再提起從前對她的掛念，可又害怕她會記怨，面對她的無言，他左右為難，心口難開，唯有讓沉默替他表白心中的不捨與難過。

「又恐恩情，易破難成，未免千般思慮。」她說過，怕只怕，這年餘的纏綿，終將換得最終的離別。她是善解人意的女子，更是蕙質蘭心的才女，面對如此玉樹臨風、才高八斗的男子，她又怎能不擔心不害

13. 擬把前言輕負・謝玉英・擊梧桐

怕？一直知道，放他離去，是對他的成全，亦是對她的殘忍，東京城綺麗無雙，更有佳人無數，誰能保證他不會陷入另一女子的溫柔鄉，而把她忘得一乾二淨？都說是痴情女子薄情郎，柳郎啊柳郎，你又會是下一個負心的人嗎？

碼頭邊，她送他北上，淚眼漣漣，回過頭，不忍看他遠去。或許，不聞不見，天涯與海角，有緣自會再相逢，那麼，就等他歸來時，再於燈下將他仔細端詳吧！只是，他一走便是經年，連一封問候的書信也不曾寄來，到底，這一切遭逢是在她意料之中，還是另有隱情？柳郎啊柳郎，月上西樓，正是愁時候。這說不清的情緣、忘不了的激情、放不下的過去，都在她蹙起的眉間明明滅滅，糾纏起往日所有的恩愛纏綿，又於眼底慢慢湮出奇異的香味，宛若他的淺笑容靨，輕輕觸動她柔軟的心弦，倏忽間卻響起唯美的旋律，掠過耳畔，怎一個愁字了得？

「近日書來，寒暄而已，苦沒切切言語。便認得、聽人教當，擬把前言輕負。」他的來信，她已收到。只是，起初平淡的寒暄又怎能撫平她內心經久的哀傷？柳郎，你可知，我盼你這封遲來的信已經等了多少個日日夜夜？是你刻意要將我忘懷，還是別的什麼事讓你暫時將我拋卻？曾經，她為他編織了千萬種理由，可哪一條理由都不能讓她深信，難道，她在他心裡，真的就輕如薄紙？

注目，將那信箋讀了又讀，看了又看。除了寒暄還是寒暄，難道，遠去的他就沒有一點暖情蜜意的話要對她說？看著他親筆所書的每一行字、每一個字，她都激動得心潮澎湃，彷彿又看到他守在窗下聽她奏響相思長曲的情景，只是，輕輕一個回眸，卻又失其所在，唯餘遺憾在心。柳郎啊柳郎，你可知，如果窗外的夏雨能夠飄揚成幕，我願在落幕前將所有眷戀你的心事上演，十指緊扣，用流水清音，彈出一幕你最喜歡的煙雨江南？

還記得嗎？那些個柔情萬種的日子裡，是誰，陪你一起坐在窗前的石階上，數著天上星起星落？是誰，抱著一捧繽紛的煙花，等著你一起去瘦西湖畔製造那瞬間的絢爛？是我，是我，還是我！可，遠去了的你又做了些什麼？你早已因為沉醉於那些鶯鶯燕燕的懷抱，把我拋諸九宵雲外，若不是一個無聊的友人將那些不著邊際的流言傳到你耳邊，恐怕你這輩子也不會為我捎來隻言片字吧？

整封信，從頭讀到尾，卻是沒有一字一句的關切問候，沒有一字一句的纏綿悱惻，有的只是責難與斥問，有的只是不滿與發洩，可是，為什麼，別人的一句傳言，就讓他斷定她是那聽信教唆，輕易便把誓言拋卻的水性女子？是的，謝玉英只是一個妓女，一個倚門賣笑的妓女，可她也不是那麼隨隨便便的女子！為了他，她苦守年餘，而他又身在何處？他根本不知道，鴇母是如何逼迫她開門迎客，更不知道她向來都是賣藝不賣身，就算重新開張接客，那也都是迫不得已的，難道，當真要她倆坐吃山空不成？

柳三變這一封斥問的信，徹底傷了謝玉英那顆純潔無暇的心。儘管身在煙花柳巷，儘管身不由己，但她卻始終為他守著一身清白，只為等他歸來時，再給他一個暖暖的擁抱，可他卻在懷疑自己，懷疑她對他不貞，這難道不是對她最大的褻瀆？一個人，躑躅地穿行在寂寞的廊下，蹚不開滿地的乳樣月色，此時此刻，傷感與月輝同播，如畫的夜色，卻難抵除心之陰鬱，儘管皓月當空，儘管燭火閃爍，孑然的她，仍是走不出千古月光溫柔的撫摸，難消心底那份悵然的孤獨。

「見說蘭臺宋玉，多才多藝善詞賦。試與問、朝朝暮暮。行云何處去。」悠悠裡，琴音四起、煙花絢爛，萬里長空皆為情哭。寒輝冷月下，有佳人，對月當歌，長歌當哭，她仍是走不出、賺不脫那無邊的寂寞，終是，瘦了身影，寒了心聲。

驀然回首，指尖冰涼，神情有些恍惚。一聲輕嘆裡，她便於痴情如畫中悄然而立，於案下，鋪開潔白的紙箋，蘸著一筆濃墨四處塗寫，寫她的心，塗他的情，更將那一腔晶瑩剔透的心事，和著悲傷，不知所措地鋪敘著。

許久不曾觸碰文字，也不再像從前那樣醉心於象牙塔裡的堆砌，只因深知自己的每一次落筆，都有著太多相似的痕跡，沒有任何突破和新的切入點，日久，是會讓人心生厭倦的，於是，許多人和事，也便日益疏淡起來。不是不念，只是想將它放在時光深處，慢慢梳理和沉澱，這個浮華喧囂的塵世，有時候能夠沉默而安靜地懷想，未嘗不是一件值得慶幸的事情，可是，她還是沒能忍住，只想藉著字裡行間的力量，斥問他一句，為何對自己如此無情，又為何如此不理解她？

然，本以為，寫詩作詞，可以分散一些感傷，卻不曾想，回頭看時，那文字還是一樣的文字，那心情還是舊時的心情！無從知曉，這樣的痴纏是不是也是一種致命的失誤？泫然欲泣，淚卻已經被風乾，找不到了出口。

柳郎，都說你才華橫溢，如若蘭臺宋玉，琴棋書畫，無一不精，吟語作賦更是手到擒來，可為什麼，偏偏不能了解妾之心意？且問你，朝朝暮暮間，那行雲又將何處去？神女自是戀襄王，我謝玉英又怎會見異思遷、別戀他人？可知，等待你，是我的柔情似水？可知，等待你，是我深情不變的回眸？可知，等待你，是我今生今世永不老去的濃情暖愛？可知，等待你，是我心中那份最最美麗的念想？等待，讓愛從苦澀走向甘甜，讓心繫上了惦念和牽掛，更讓我始終堅信你我的愛情是那樣甘之若飴，可你，為什麼偏偏要用這些薄涼透心的話來傷我？

一闋〈擊梧桐〉，寫盡謝玉英心中委屈，亦寫盡柳三變的徬徨與擔憂。他愛她，深深愛，可卻不能給她想要的溫暖，於是，只能於憂傷裡撕裂自己的心，給她寫去一封言辭激烈的信件，在信中指斥她背棄當日盟誓，指斥她聽信挑唆，指斥她見異思遷，然，一切的一切終不過只是傳言罷了，她的確重新開門接客，卻只是彈琴助興，陪客人吟誦詞賦，又哪裡做過負心之事？倒是他柳三變，前腳離了揚州城，後腳便在東京城忙著尋花問柳、拈花惹草，倚紅偎翠之時，又何嘗想過寂寞深閨中的她？

很快，她便給了寄去了回信，又很快，她亦收到他第二封來信，並一闋新擬的〈擊梧桐〉詞。輕輕捧起他墨跡初乾的詞箋，目不轉睛地唸著，她深深淺淺地嘆，這柳三變就是柳三變，女人家的心思都被他思索透了，難怪東京城那些風月場中的女子個個都被他迷得神魂顛倒呢！也難為他了，一闋詞，先後以男女不同的口吻抒寫，即寫出了他對她無盡的相思，更寫出了她的苦衷與嗔怪，字裡行間，無不飽含著他一腔濃情蜜意，只是，早知如此，又何必先寫來那封毫無頭緒的信，害得她哭了好些個日子？

14. 定然魁甲登高第・謝玉英・長壽樂

尤紅殢翠，近日來、陡把狂心牽繫。羅綺叢中，笙歌筵上，有個人人可意。解嚴妝巧笑，取次言談成嬌媚。知幾度、密約秦樓盡醉，仍攜手，眷戀香衾繡被。

情漸美，算好把、夕雨朝雲相繼，便是仙禁春深，御爐香裊，臨軒親試，對天顏咫尺，定然魁甲登高第。待恁時、等著回來賀喜，好生地，賸與我兒利市。

——柳永〈長壽樂〉

推開如水的夜色，從寂靜的喧器裡捧出一頁輕濤。抬頭，極淺極細的星月，倏忽間叩開子夜的窗臺，有優柔的氣息，在婆娑的綠影裡靜靜流淌。遠處，她乘著輕風，宛若天仙，揮袖間點亮雲霞的薄翼，那燕語呢喃的輕悄，彷彿流星般瞬間滑落，他能拾起的，是她梔子花般的馨香。

那雲影淺垂，那蝶舞微涼，是那一叢灌木的低矮，始覺她深邃的微藍。一行行冷凝的綠蹤，走過冬天，在春日裡盛開，那泛起的思緒，是枝頭的新垂，是那朵初綻的蓮。她從天邊，採一縷月色，在他的心湖，徹夜漾起微瀾，是那一聲清亮的蟬吟，撩撥她如瀑的風情，從此，他淺笑盈盈，臨風握住，她翩然來臨的身影。

守在子夜深處，等她，把一枚青果的生澀和甜蜜，揉進那一汪清淺，夢裡，淺淺的蛙鳴，如蝶翅劃過，讓他們永遠都記得，有一份約定，在心中，那是最美麗的念想。

想，在每一個清風朗月的夜裡，都這樣守著深邃高遠的寧靜，陪她，坐在田埂上數星星，看如雪的月光，曳動淺淺的星輝，看幽藍的夜幕，鑲嵌無數望睛的眼睛，任輕風拈來一朵流雲，在她生輝的眸光裡信筆寫下，每一個春天的溫潤。

曠古的簫聲裡，最是那一叢冷凝的新草，曳動馨香的綠影，紡織娘歡快地低吟著，螢火蟲也提來了紗燈，而他和她，始終靜默著，諦聽那片青青的蛙鳴。瞧，那月亮之上的銀河，可是在含笑凝望他們相擁的深情？側耳，似是有細微的濤聲，從寂靜裡，漾開逐風踏浪的記憶，當時，夜涼如水，蝴蝶蘭隱送的幽香，撩撥隔岸如瀑的琴弦。

轉身，曠久的思念，揉落一場月光雪，把鎖住的今生前世開啟，那一束遙舉的虔誠，如蝶翼，叩開湛藍色的窗臺。眼簾微閃的瞬間，漫天的星星，潮水般襲來，彷彿一陣清透湖藍的微雨，靜靜灑落在他和她的心頭，悄然，泛起微瀾。

她不知道，她不在的日子裡，他其實一直都想做個安靜的男子。讀書、作詞，聽風、看雨，撫琴、品茶。獨坐靜處時，文字的留白就像歲月風華開出的蘭朵，總會在心頭籠上一抹芬芳縈懷，隔坐，猶香，也許醉心的時候，一個眉目相映的剎那，亦足以點亮那場傾了天地的遇見，就像她和他在瘦西湖畔的第一次邂逅。

枕著孤獨，想著她，默默感謝著紙箋上那些深深淺淺的文字。如果沒有文字相伴左右，這平淡無奇得味同嚼蠟的生活真不知該如何繼續！注目，正是那些以字相交的日子，方能與雲水天涯的她一笑相逢，寫下一個個唯美浪漫的傳奇，方能讓他真真切切地感受到她的存在。

還曾記得，她殷殷的叮嚀和叩問，如一翦輕雲，在他隨手鋪開的雪宣裡烙下時光的痕印，一字一情牽，一筆一摯深；也曾記得，她娟秀的容顏與漫溢的才情，濤起蘭舟，花發二月，香染整個念念風塵，那些潤朗晴和的指間飛文，如子夜清商淺曳的跫音，瞬間綻放成流年裡最深最真的景。只是，再回首，伊人已不在，這份撕心裂肺的痛又有誰人能解？

緣起緣滅，冥冥之中似乎早有注定。嘆息聲起，前定的緣分注定他只能在杏花微雨的這頭，淺勾深描、淡濃神會，畫下和她初初相遇的第一筆，那水湄清靈的韻致，那沉香暗轉的素墨，恰似流風迴雪，一個低眉，一個微笑，便落入他纖柔溫純的掌心，只是，從此，那顆緋色的念想，便如同一枚微潤清苦的蓮子，在他心頭隱逸著疼痛，或是甜蜜。

字裡江山，初春若蘭，她是他指尖蓄蘊的溫暖，亦是他心頭不可替代的糾葛與牽盼，在他魂羽裡蟄伏了一年又一年。細數朝夕裡點滴歌吟的唱和，潛心潑染的詞章以及執手穿行的知交與靈犀，每一程，都是那樣刻骨銘心，即便隔了千山萬水，依然能照見那一抹向暖的微笑，染了素年錦時的薔紅薇白，而宿命的春風，情鎖芊芊，卻毫無偏差地擊穿彼此柔軟的辭筆，拂過生命中那些不曾荒涼的底色。

雲開了，月落。冬去了，春來。那一窗琉璃的燈火，早已漫過所有相知相惜的印記，化作一場場湖藍的微雨，沁香流麗，隔空綰雲，當他想她的時候，只須微微仰首，就會見她落花飄飛的絮語，暗潛芳菲，在最深的紅塵裡，吟一闋韶光流水。

玉英，今夜，妳我依然天各一方，就讓我用手邊這方素箋，讓最美的等待，走進我思念的詞行，走進你相思的夢裡，再訴一次情深緣淺吧！翹首，花開的美麗，我們曾經盡情欣賞，只是，轉身後，花開的疼痛，我們又可曾讀懂？

悵然，長嘆，他的心底，倏忽漫過一陣陣的憐惜。玉英啊玉英，可知，妳便是那花的使者，而我，一個落寞的人，只能在妳身後守著孤寂，卻無力舒緩妳的疼，心是多麼多麼的痛？盼只盼，歲歲年年，在妳注定經過的季節，和妳傾心相遇，把妳的澄明，注進我生命的泥土裡，從此，無論時光如何流轉，亦不再強求相伴終身，緣起緣聚，只要珍惜便好。即使，結局不盡完美，我只要記得那場花開時的絢麗，只要繼續為妳堅守最初的承諾，那麼，遺憾也會變得別樣芬芳美麗，不是嗎？

西元一〇〇九年，宋真宗大中祥符二年初，二十六歲的柳三變在東京柳府中，為即將舉行的科舉考試做著最後的準備，而恰恰就在這個時候，他對遠在揚州的紅粉知己謝玉英的思念也到了頂點。雖一再安慰自己，說什麼不求永遠，說什麼一切隨緣，可還是一如既往地想她念她，只盼她能插上翅膀，穿越雲層，飛到他的身邊。究竟，這等待還要多久？一年，半生，亦或是永遠？他害怕，為她寫下的所有文字只怕她這輩子也無緣看到，就像穿梭在人群裡的身影一樣，總是模樣不清、擦肩而過；更害怕，若是再沒有看到她的那一天，他的文字城堡該如何延續，該如何累積成千百封情書，又該如何親手送到她的窗前？

他不知道，就在他百般糾結、萬般思慮之際，謝玉英已經收拾好細軟，帶著那闋浸滿憂思的〈擊梧桐〉，從揚州千里迢迢趕往東京，要赴他許下的那場傾城之約。她不想繼續等待，她要他用一個長長久久的擁抱溫暖她內心所有的悲涼，她要他用無限激情與纏綿悱惻實踐當初的諾言，於是，她來了，於悄無無息裡，再一次闖進他的眼簾。

荏苒的時光，拂去一日又一日忐忑不安的心情，終於在某個夜晚，他看見她熟悉的身影，那麼安靜，看似近在眼前，卻又那麼遙不可及。是妳嗎，玉英？瞪大眼睛，仔細端瞧著那花紅柳綠下的倩麗背影，彷若一伸手便可以觸及陽光的溫度，不經意間，那久違的幸福感便從遠方蔓延過來，源於心底最真的笑容瞬間在臉上蕩起一圈圈漣漪……

是的，是他的玉英。那晚的空氣格外清新，獨自站在一彎月光之後，他不敢上前與她相認，卻懷疑是自己看花了眼。淡藍色的天幕下，朵朵雲彩一點一點，從他站立的方向，慢慢移至她的背影上空，放眼望去，彷彿是愛的空城裡架起了一座天橋，通向有她的城池，倏忽間，憂傷的心底摻雜著淡淡的欣喜。悵然，長嘆，試問，揚州的天空也會有這麼藍嗎？甚至更加湛藍，藍得有點苦澀，有點心疼？

玉英，妳在哪？可知，走在東京的街頭的我，一直都在想妳念妳？可知，我一直都在靜靜守候又一場春暖花開，期盼著有那麼一天，妳能牽著我的手漫步在黃昏下，一起醉看夕陽？真的，我真的只想安靜地陪在妳身邊，聽淺風細語交織愛的訊號，即使妳在沉默，也會讓我感到心安。可是，妳在哪，妳到底在哪呢？

她就在他面前。是的，她終於轉過身，裊裊娜娜地朝他身畔走來。柳郎，你不記得妾身了嗎？他惶然，你是？我是玉英啊，我從揚州千里迢迢趕來東京投奔官人，難道官人這麼快就把妾身忘得一乾二淨？她探手，從懷裡掏出他寄給她的〈擊梧桐〉詞箋，盯著他不無失望地說，看，這不是官人你寄給妾身的詞箋嗎？看到這闋詞後，妾身就變賣了所有家當，執意到東京來尋你，莫非，官人倒不肯與妾身相認了不成？

怎麼會？他淚眼朦朧，緊緊握住她的雙手，生怕一鬆開，她便會像一陣輕煙般裊裊飛去。這難道真不是在做夢？激動，乘著心在浪尖上的疼痛，一次又一次覆蓋淚眼，化成一句又一句語無倫次，在耳畔高高低低地響起：「真的是妳？玉英，真的是妳嗎？」

「不是妾身，還能是誰？」她哽咽著望向他：「揚州城裡的姐妹們都在傳說，說官人你在東京有了新的相好，早把妾身給拋到九霄雲外去了，看來，那些謠傳都是真的了？」

「不，玉英。」他伸過手，輕輕撫摩著她隨風飛舞的亂了的長髮：「你知道，我心裡是有妳的，可是……」

「可是什麼？」她淚眼迷離地盯著他：「是那些狐狸精攔著擋著不讓你把我接了來，是嗎？」

「是父親大人，」他搖搖頭：「父親大人看我看得很緊，他為了讓我全心準備科舉考試，便下令把我關在書房裡溫習功課，不得出大門半步，所以……」

「此話當真？」她將信將疑地瞟他一眼：「你當真沒到處拈花惹草？」

「這……」他愧疚地低下頭去，囁嚅著嘴唇說：「玉英，我，不管我做過什麼，妳都得相信我，相信我是真心愛著妳的，好嗎？」

「我就知道你們男人沒一個好東西！」她輕輕咬了咬嘴唇，忽地又破涕為笑：「好了，今天不跟你說這些了，你倒是說說，該怎麼安頓我？」

「這……」他不無躊躇地說：「要不，我賃間屋子，你先住下，容後再從長計議？」

「那……」

「人家千里迢迢來東京投奔你，你就這麼隨隨便便就想打發了我？實話跟你說，我這回是偷偷跑出來的，要再回去是萬萬不可能了，可要是讓我再做從前的營生，妾身便是一頭撞死罷了。」

「官人說過，到東京後，就派人來接妾身，正大光明地娶了妾身進門，當你明正言順的妾室，怎麼，以前說過的話，到今日都不作數了嗎？」

「玉英……」

「怎麼？」她輕輕念著〈擊梧桐〉裡的詞句：「擬把前言輕負？看來，有負前言的不是妾身，而是官人才對！」

「不，玉英……妳知道的，我是真心真意想對妳好，可是現在……」

「現在如何？」

「現在不是時候。」

「好了好了，知道你就不會答應，所以一早我就想好了兩全其美的法子。」她湊過身子緊緊往他身上捱了上去，附在他耳畔輕聲呢喃著：「其實妾身已經有了安頓的地方，剛才說那些話，只不過是想試試官人對妾身到底是不是真心罷了。」

「你已經有落腳的地方了？」

「嗯，妾身現在住的地方，恐怕官人也不陌生的。」她故意打趣著瞪他一眼，呵呵笑起來說：「陳師師家，官人總該是知道的吧？」

「陳師師？」他整張面龐陡地漲紅一片：「你是說，你現在住在陳師師家？」

「怎麼，官人不喜歡？還是以後去陳姑娘家吃花酒，有妾身在側，多有不便？」

「我……」

「什麼我我我的，還呆愣著做什麼？妾身出來尋你已經好一陣工夫了，這會只怕師師姑娘也等急了，還不陪著我趕緊過去給師師姑娘賠個不是？」

就這樣，謝玉英再次走進了柳三變的生活。因為科試在即，為了讓兒子在考前完全放鬆下來，能夠以一顆輕鬆自如的心態應付考試，柳宜沒有繼續把他關在書房內，而是解除了對他的管束，有意讓他多出去走動走動，透透新鮮空氣，不曾想，如此一來，他一逮著機會便與謝玉英廝守在一處，過著神仙眷侶般的快樂生活。

那些日子裡，和謝玉英一起吟詩作詞、賞花觀月，似乎已成為他生活裡一種延續已久的習慣。這習慣，彷彿與生俱來，是那麼妥貼，那麼自然。總是，習慣在盈露垂梢的清晨，在她晴和溫潤的叩問中醒來，然後慵懶地笑看窗外是融融的日光，還是綿延千里的空濛或煙色；總是，習慣在庭前，看日落的美景照耀著她的側臉，任內心湧起一股暖流，體悟幸福的平淡與簡單；總是，習慣在夜色如水的窗臺，擁著她綿軟的身軀，笑看染上一層琉璃的弦月，那時那刻，他明媚光潔的額頭，寫下的，是她入骨的溫柔與問候，而那些清夢沉沉的舊事，則是他和她之間坦然相陳的對白；總是，習慣在拉下錦繡羅帳的那一刻，壞壞地笑著，然後，嬌喘吁吁中感悟她略帶慌亂羞澀的心語，彷彿一闋瑩瑩的露歌，伴著他蝶翼般溫軟的呼吸，酣然入夢。

尤紅殢翠，近日來、陡把狂心牽繫。羅綺叢中，笙歌筵上，有個人人可意。解嚴妝巧笑，取次言談成嬌媚。知幾度、密約秦樓盡醉，仍攜手，眷戀香衾繡被。

情漸美，算好把、夕雨朝雲相繼，便是仙禁春深，御爐香裊，臨軒親試。對天顏咫尺，定然魁甲登高第，待恁時、等著回來賀喜，好生地，賸與我兒利市。

——柳永〈長壽樂〉

「尤紅殢翠，近日來、陡把狂心牽繫。」一切的一切，都顯得那麼妙不可言。失而復得的愛情，讓他愈活愈青春，愈來愈有力量。曾經，成天裡偎紅倚翠、浪跡秦樓，過著今朝有酒今朝酒的歡快愜意的生活，近日來，卻陡地把那狂心收束，究又是為了誰？自然，是他的玉英。除了玉英，還有誰能讓他安下心來，甘願做一個不再流連於花街柳巷的好男子呢？

「羅綺叢中，笙歌筵上，有個人人可意。」憶往昔，是在那羅綺叢中、笙歌席上與她相識，只一眼，便醉了他的心、動了他的魄。世間怎會有美得如此炫人眼目的女子？便是那月裡嫦娥、花下楊妃，也難以與之媲美啊！現如今，她輾轉千里，跋涉過千山萬水，從揚州來到東京投奔於他，他又怎忍心相負？雖然心裡還記掛著蟲娘，可就為了她這份至死不渝的情，他也不能再做出愧對她的事來啊！

「解嚴妝巧笑，取次言談成嬌媚。」她是那麼那麼的美豔，又擅長梳妝打扮，每天都會以嶄新的姿容出現在他眼前，就連平常言談間也透著無與倫比的嬌媚，怎讓他不為之神魂顛倒？於是，什麼也不想，只想住到她的心裡去，用一腔痴情，永遠守候她那一顆真心。

「知幾度、密約秦樓盡醉，仍攜手，眷戀香衾繡被。」雖然父親放鬆了對他的管束，可也不能太過囂張，須知，樂極必會生悲，從前與蟲娘的悵然分離便是最好的例子，於是，每次與她的相會總是在偷偷摸摸中進行。然，他對她的愛仍是執著痴迷的，每次相見又必飲酒盡歡，喝得酩酊大醉才肯罷休，每次醉後，又必攜手上床，沉湎於香衾繡被的銷魂之中，竭力感受那份濃情蜜意的暖，只怕一個不經意，便又錯失了良機，抱憾終身。

「情漸美，算好把、夕雨朝雲相繼。」浩如煙海的宣紙裡，他淡若輕痕的染墨一箋，花發滿園，霎時便傾了她的天。放下紙筆，攜手入帷，情慾漸漸進入美妙時刻，夕雨朝雲的歡會正在繼續中，沒料到卻被生生阻止了。是父親柳宜的棒打鴛鴦？是情人蟲娘的指斥？還是紅粉知己師師的阻撓？

他搖首，無語；她含羞，輕笑。穿好衣服，繫上腰帶，看她在梳妝檯前對鏡貼花黃，他心裡湧起一股莫名的歡喜與愉悅。等著我，玉英，我一定會回來的，一定。記得妳曾經說過，妳所有的跋涉和等待，都只為我這化蝶般虔誠的飛渡，那麼，無論我在與不在、來與不來，妳都會在心底根植下不變的思念與牽盼，對嗎？

是的，他會回來的，可他現在必須暫時與她分離。到底，又是什麼重要的事讓他要將她輕輕丟開，甚至不容許她有一點點質疑？走吧，她將他送至門外石階下，輕啟朱唇，惘然念道：風雨陰晴，冷暖相知，你我，都懂得的，只是，可否容許我在這裡看你遠去的背影，直至消失不見？

「便是仙禁春深，御爐香裊，臨軒親試。對天顏咫尺，定然魁甲登高第。」與她再度相遇，令他開始相信緣分的起落，始於青萍之末，就像一朵花，與一隻蝶兒的輪迴。於是，為她寫下的那些文字裡，才有了潑墨揮毫來去時的那份默契與神會，才有了散章步韻裡的那份意切與情真；才有了幻夢排沓、微瀾迭湧的白雲千萬里，才有了指北石下、蒼透隱隱、磐若千鈞的那一徑雕筆；才有了地北天南、遠山重水、不辭辛勞的奔赴與穿越，才有了雨韻情濃、暖愛傾心的聚散兩依依……

那麼，究竟是什麼力量，讓他可以忍受與她再次的分別？當然是科舉考試！此時此刻，在那春意濃郁的宮廷禁苑裡，在那御爐香菸裊裊中，他有幸參加了由皇帝對考生才藝親自進行測試的殿試，心情自是激動而又澎湃。如此近距離面對天子的容顏，對他來說還是頭一遭，儘管如此，他並沒有怯場，更沒有氣餒，而是一鼓作氣，只是從容不迫地做著宋真宗為考生們擬定的所有試題。

他可是名聞天下、才比子建的絕世大才子，提起柳三變三個字，東京城誰人不知、誰人不曉？不就是一場殿試嘛，難不成憑他的才智，還能落榜不成？父親大人，母親大人，大哥，二哥，雲衣，楚楚，玉英，蟲娘，心娘，還有師師，你們都在家安心地等著吧，我要麼不考，要考就一定會給你們考出個狀元郎回來的！

「待恁時、等著回來賀喜，好生地。臢與我兒利市。」想著玉英嬌俏的容顏，再難再艱澀的試題，對他來說都不值一提。低頭，在試卷上，他一筆一劃、一字一句地認真寫著，任筆端氤氳出靈秀的華章，每一行字、每一段話，無不浸透著他絕世的才情。那風鈴般脆婉的字句，要說妙筆生花，那都是蒼白的形容，如此的錦繡文章，除了他柳三變，還有誰人能做得出？

擱筆，臉上洋溢著如花的笑靨，還當殿試有多難呢，皇帝佬兒肚中那點墨水還不及他一根小指頭來得寬呢！看來，今年殿試的魁甲想不是他都難，那就趁早交了答卷，趕緊著回家給玉英報喜吧！想著想著，彷彿試題中的每一個字眼都浸染著她的笑意，是那樣的溫暖，那樣的貼心，彷彿所有的好運都是她為他帶來的，要不，他怎會文思如泉湧、下筆成千言呢？

是的，一切的好運都是玉英給他捎來的，輕笑間，沉香的思緒於不經意間勻開昨日的章節，那記憶的淡墨早已於眼前結作長長的綠蘿，在彼此纖細雋永的詞行裡蔓延。玉英啊玉英，此生有妳，未妨惆悵，何懼冷暖浮沉？從現在開始，請不用再為我擔憂，不用再為我焦慮，就在家好生等著為我賀喜的那天吧！到那時，我一定會好生還贈妳一份好運，妳猜，那好運到底會是什麼呢？

15. 一枝梨花春帶雨・謝玉英・傾杯

離宴殷勤，蘭舟凝滯，看看送行南浦。情知道世上，難使皓月長圓，彩雲鎮聚。算人生、悲莫悲於輕別，最苦正歡娛，便分鴛侶。淚流瓊臉，梨花一枝春帶雨。

慘黛蛾、盈盈無緒，共黯然悄魂，重攜纖手，話別臨行，猶自再三、問道君須去。頻耳畔低語，知多少、他日深盟，平生丹素，從今盡把憑鱗羽。

——柳永〈傾杯〉

那一年，微雨灑然、煙柳飄渺，十里繁花在陌上旖旎妖嬈。他踏著漫天花瓣雨，越過薄薄的青霧，立在春日的曲折長廊，立在她的雕花紗窗前，看她輕顰淺笑、顧盼生姿。

當時的她，溫婉、嫣然，亦美、亦清、亦淡，柔情無限。她以端莊曼妙的姿態，以浪漫典雅的意象，雕刻字裡紅塵，讓他深深傾慕、讓他情不自禁地為她流連。

從來沒有約定，在他未曾來到的時候，她一早就在那裡，用她的滿腹才情，配以獨特的溫柔之美，用文字訴說綿綿絮語，撫琴彈奏綺麗婉轉的清歌。彷彿隔岸觀火，映入他眼簾的，都是她遮不住的風姿。而他，在她的曼妙前，卻顯得那樣蒼白。凝望楚楚的她，他心裡生出了惶恐，只怕她是他遙遙不可及的風景。

當時，他眼中的她如同九天仙子，絕世而獨立，輕輕一笑，舉手投足間，自有別緻的韻味，堪比傾城色，烙在他心裡，透著唯美，有著壓不住的光芒；當時，她已經在文字的江湖上，淡雅清澈、意味悠遠地綻放著芬芳。不敢喚她，只怕驚擾了她的寧靜，於是，他總在淺而薄的白月光下，沏上一杯馥郁淡香的花茶，倚在她的門廊，循著她的墨跡，展卷而讀，只盼有一天，她會發覺，他疏淡的眉目早已映上了她的雕花窗櫺。

轉身，浮光燈影裡，他和她，溫暖的眸光，終於交疊在一起。從此後，她溫暖的氣息，悄然撲進了他清冽安靜的內心；從此後，她在光影交錯中的淺吟低唱，有他靜靜的聆聽；從此後，他的塵間微寒，他的欲語還休，有了她的懂得，有了她的寬慰。

記得，還是在那個春日的微雨裡，她倚著十里桃花，淺笑嫣然，袖口沾上三兩瓣花朵，和他相約，紫阡陌上，微雨燕雙飛，他不棄，她不離。她說，那一日，於浪漫多情的花瓣雨中與他初遇，滿懷馨香，一個回眸便繽紛了她美麗的夢；她說，那一月，她傾萬千深情，擷相思裝進他的行囊，伴了醉舞天涯；她說，那一年，依偎一綑情深，博動芳心，和他相守朝與暮。望著她真摯的眸光，他沒有過多的言語，有的只是彼此心意瞭然。

桃花瓣，在他們眼前紛飛起落，一片，兩片，三片，那樣醇美，那樣清幽，一種說不清、道不明的緣分，亦隨著花的飛揚，在彼此心裡悄然挽上了一個真情的結，讓他們由衷地綻放出純粹的笑容，用真心，於花下，書寫下一闋濃墨重彩的情緣。注目，輕嘆，何時，光陰這根絲線，已然不動聲色地，把他的素年，連上了她的錦時？只慶幸，這一世，終可以貼著她的溫暖，以字為引、以情為序，把這一份知己情意，從紙上躍到了心裡。

回眸，暗香飄過，含笑看花、傾耳聽風，歡聲笑語裡，他忽然發現，不管世間如何滄桑變幻，他和她心中，總會有一對雙飛燕，在翩翩起舞、夢香情柔，於是，在花影重重裡、在閒看百花爭豔中，他開始明白，人生原本就是刪繁就簡，賞心不過三兩枝，而她，永遠是他心中，最最賞心悅目的那一枝。

時間，在他們眼底飛快地流淌，有著太多無法言說的故事，匆匆上演，再匆匆落下帷幕。經年的離別，遠亦遠、近亦近，儘管時光已在眼底漸漸生出青苔，她的溫暖、她的似水柔情，亦總堆滿在他的心房，不曾忘記。

想她時，他會沏上一杯清淡的花茶，再彈奏一段微涼婉轉的小曲，安靜地膩在有她的想像裡，品讀她的一簾幽夢，品讀她為他寫下的一瓣瓣綠意，品讀她古雅素樸的若蓮心事、有味相思，品讀她用繞梁歌喉編織的柔軟時光。而她，卻是他永遠讀也讀不完的旖旎風光。

亭臺樓榭，小橋流水，陌上雙飛燕，卻是醉了心、醉了意、醉了紅塵。經年的相守、相望，他一路看花，輾轉漂泊，然而在每一個花季裡，總有她，抵達他的夢境，和他翩翩飛，共他同醉。每逢靈魂融合的那一刻，總有一種感動，穿過他柔軟的心弦，款款而來。他知道，她一直在那裡，不曾離去，綿綿遙望，等著他來，然，而今的而今，她在哪裡，他又在哪裡？說好要給她一個名份，說好要將她風風光光娶回柳府做他名正言順的妾，說好要讓她過上安逸舒適的日子，說好不會再讓她為他哭泣，說好不會再讓她為他心傷，說好不會再讓她為他等待，可是，為什麼參加完科舉考試的他還是無法兌現他的諾言，甚至不能守在她身邊替她撫平蹙起的眉頭？

他愛她，愛得無以復加。而就在他滿心歡喜地向父親提出要納她為妾時，自是理所當然地遭到了柳宜的指斥與唾棄。他說了她種種的好，說了她種種的溫柔，說了她種種的可愛之處，可父親一句她縱是千好萬好終不過是個下賤的妓女，就把他擊得體無完膚、面色慘白。是啊，玉英縱是有一萬個好，可在父親這樣的仁人君子面前就是個不入流的下三濫，他又怎會同意自己把玉英納進門來為妾呢？

「這樣的女人，連到柳府當掃地婢的資格都沒有，你就死了這份心吧！」柳宜氣不打一處來地指著不爭氣的兒子罵道，「還有什麼蟲娘心娘的，你也趁早跟她們劃清界限，要不我就當沒生你這個兒子，就當柳家沒有你這樣的子孫！」

父親的話說得絕情而不留餘地。身為工部侍郎的父親，乃朝廷重臣，他如何能容許自己的兒子娶一個妓女進門呢？可是，他給玉英許下的承諾又該如何兌現？不僅是玉英，他還想要把蟲娘娶進門來的，如果玉英都不能夠光明正大地進入柳府，日後他又如何與蟲娘雙宿雙飛？心，在泣血，父親啊父親，難道你就不明白兒子的一片心嗎？玉英和蟲娘的確是娼家之女，可她們也不想的啊，如果不是家裡實在窮困潦倒，沒辦法才被親眷賣到青樓為妓，天下又有哪個女子自甘墮落？難道墮入青樓，就不許她們從良改過自新了嗎？

「一日為妓，終身為妓，我們柳家是容不得這樣的女子的！」父親的話冰冷犀利得彷彿一把寒氣逼人的匕首直直插進他的心窩。難道，真的沒有兩全其美的辦法嗎？該如何，該如何？是帶著玉英亡命天涯，還是……他不知道，不知道接下來該如何繼續才好，現在，他只能枯坐在緊閉的書房中，含著兩行熱淚，捧著她為他新賦的詞章唸了又念，倏忽間便又想起在揚州時和她共同度過的那些充滿感性的舊日時光。再回首，昨日的種種，早已變成了一段只能回望的光景，有去無回，傷心過後，亦只能在浸在她往昔溫暖的眸光裡懷念，懷念那段泛黃的回憶裡，有著一個巧笑倩然、濃妝淡抹總相宜的她，陪他一起歡歌笑語，陪他一起涕淚橫流，陪他一起風雨兼程。

嘆，每一趟回眸往事，總有逼仄的惆悵不請自來。人生，彷彿一隻風箏，起起，落落，在起落的這一趟風景裡，卻總會遇上不同的交集，緣聚，或者緣散，亦總是不由自己掌控。有些人，只是過客，相遇，匆匆，終逃不過最後的分離；有些人，固守著不離不棄的誓言，把剪不斷的牽掛放進靜水流深的歲月裡，默默守望，讓緣分呈現出溫柔靜好的光芒，就像她，不管他走到天涯，還是海角，她對他，從不離棄。

他知道，她一直守在他們最初遇見的記憶裡，用萬縷柔情，堅守著他們的美好誓言，讓經過滄桑的他依然記得她當初的明媚；他知道，她一直守在歲月的脈絡裡穿針引線，用如蓮的心意，把他們這一段情，雕刻成為光陰中那朵幽藍潔淨的水蓮花，讓薄涼如許的他亦能由衷地依戀著她的溫暖。只是，這時候，當再憶起那一句句溫暖關切的話語、一行行情深意重的文字，又怎能不驚心，不感動得無法言說？潸然間，默然，無語，唯有一滴滾燙的淚珠，悄悄落在他的手背上。

念她，思她，淚水磅礴而至。那一年，風流瀟灑的他無意而至，卻在茫茫人海中遇見了冰清玉潔的她，大概也只是為了貼著她的溫暖。經年過後，許多曾經說過不離不棄的人，已經悵然分別，終於成為過客，然，他和她，卻依然真心相對，讓愛情的花朵，開得如火如荼、一如初見。是啊，誰說人生沒有只如初見？在她眼中，他永遠白衣勝雪、玉樹臨風，而她，無論被光陰如何洗染，永遠都是他心裡那位美麗溫婉、精緻若蓮的優雅女子，就像當時，萬千帆船都已飄盡，她的暖意，依然在他心底開成一枝最生動的蓮，讓他甘願跨越最遙遠的距離，回到她的身旁，陪她悠然聽風，看花傾城，看時光旖旎，看燕兒翩翩飛。

還記得，瘦西湖畔，二十四橋明月夜之下，她曾經說過：「一步之遙，一心之距，遙不可及。慶幸郎和妾，終是沒有隔著這世間最遙遠的距離。贈郎一幅『微雨燕雙飛』，此中真意，知妾如郎能不知？」他知他知，他真的知。流光飛舞，歲月微涼，唯有真愛，如同碧水長流，永不停息。

再回首，知她如他，早就把「微雨燕雙飛」的約定，裝進了他的行囊，無論走過哪裡，心裡都留著一個角落，裝滿與她有關的牽掛；知她如他，便在那個明媚的春日午後，哼著小調兒，回到舊居，洗盡鉛華，只為陪他，把盞言歡，聽貼心的曲，說真心的話，寫貼心的字，而他只想讓她知曉，歷盡千帆萬水，他不再是過客，而是她的歸人；知她如他，願意守著薄醉的每一刻，和他一起，懷念舊時光，相依相偎，如燕翩翩飛；知她如他，在聽見她說「若有來生，許我為燕」的那一刻，便再也忍不住，淚雨紛飛，心中所有的疑惑都化作了柔軟，原來舊時光，一直都在，她和他的心間，一直都在。

還記得，當日與她初相識，猶如故人歸，她用如玉情懷，贈他最珍貴的溫暖知己情；而今，時光打馬揚鞭，匆匆而過，他和她，散了又聚，聚了又散，只是，那傾城相思，能否為她捲入五味，化為一世愛她的永恆，相遇在流金歲月？回眸，窗外細雨輕輕，透過晶瑩的淚水，於落紅紛飛的世界裡尋她，輾轉千百度回眸，終於在那杏花飄落中看見傾心相戀的她。他知道，那是一個幻影，是東京城最美的風景，亦是他們擁有過的曾經。

雨霧中，杏花輕盈飄舞，蝶兒在低空追逐。邂逅她的瞬間，淚水從他指間滑落，滴落在她溫潤的唇上。玉英，他低低喚著她的名字。儘管知道是夢，他也要要抱住她的幻影，一生一世，從此，不離不棄。輕輕，轉身，一手輕撫著她柔潤的秀髮，一手指尖輕輕滑過她臉上的那抹緋紅，杏花微雨裡，飄著他的呢喃，落著他的軟語：「知道嗎？玉英，這座城，只為妳開放；這顆心，只為妳真誠。一心一世界，一葉一菩提；我，柳三變，一生只為妳一人，一世只有妳的情。」

她當然知道，可她還是選擇了離他而去。不為別的，只為給他永恆的幸福。她知道，只要柳宜還活著，青樓出身的她就永遠無法得到她想要的名分，如果不能與他名正言順的在一起，即使擁有他一顆真心又能如何？他愛她，如痴如醉，然，她的堅守又能給他帶來什麼？除了讓他陷於兩難，她不知道自己的存在對他來說究竟是幸還是不幸？既然不能給他永恆的幸福，還不如斬斷情絲的好，於是，在又一個杏花微雨的清晨，她走出了陳師師的院落，毅然決然地踏上了歸鄉的道路。

柳郎啊柳郎，今生既無緣，那就放手讓我遠去吧！不是妾無情，只是俗世紛擾，或悲或喜，有著太多的面具與虛偽，雲山霧水裡看不清真偽。或許，遠離喧囂，遠離你，闢一塊文詞淨地，依文怡情、築字而居，才是妾身最終的歸宿，那麼，就請放我離去，毋再念我，毋再思我，好好做你的世家公子，莫辜負柳大人對你寄予的深厚期望。

岸邊，涼涼的晨風，吹起髮梢，穿過指尖，她的心，亦裹著異常的冰涼。本是懷著一腔熱情，從揚州千里迢迢來尋他，希望與他梅開二度、有情人終成眷屬，沒奈何，再濃的情、再深的愛，亦抵擋不過世俗的偏見、挽回不了人心的冷暖，於是，懂得，唯有她的退出，才能給他真正的幸福，於是，轉身，擦乾所有委屈的淚水，毅然踏上南下的小舟，任悲痛吞噬著那顆千瘡百孔的心，愣是沒落下一滴淚來。

走了，走了。這一走，山高水長；這一走，絃斷音盡，心，終還是不捨，落落寡歡。曾經，她是沉默內向的女子，沒遇到他之前，無論喜悅，抑或煩惱，都無人與之分享，只能獨自承受著生活上的種種悲喜，和他相愛以後，才明瞭，原來愛情是那麼的美麗、那麼的動人。當時，孤寂漸漸遠離，只有絲絲縷縷的甜蜜和明媚的春意，在她心底延綿，那些個日子裡，總是在不經意的時候，聽到他在耳畔事無鉅細的叮嚀，再平淡無華的生活，亦會在他的筆端、他的笑靨和掌心的溫暖裡搖曳生姿，彷彿一伸手，就可觸碰到他俊逸的容顏和如玉的指尖。

然而，那些美好的時光，便都在那些耳鬢廝磨的軟語呢喃裡悄然遠逝，如今的如今，又叫她如何捨得與之永訣？不是不愛了，只是不能愛，試問，一份得不到長輩祝福的愛情又如何能開出絢美的花來？與其在近處守著他，卻無法與之共嬋娟，還不如離得他遠遠的好，至少，在遠去他的世界裡，她還能輕輕想起，曾幾何時，有那麼一個男子，是她青春年華裡一直等待的人。

是的，他是她的春閨夢裡人，她又何嘗不是他夢裡的嬌俏娘？可是，她為什麼連招呼都沒打一聲便不辭而別了？幸虧陳師師及時趕到柳府，把謝玉英隻身離去的消息告訴他，他才得以在她離去前與她把盞淚別。他緊緊攥著她冰涼的十指，不無心痛地盯著她，淚如雨下，為什麼，為什麼這般絕情，這般忍心？難道是我對妳還不夠好嗎？我都說了，等揭過皇榜，高中進士後，一定會風風光光的娶妳過門，妳怎麼就對我這麼沒信心呢？

她無語，任由淚水溢位眼眸，一滴滴打溼他的衣襟。他淚眼潸然，靠近她，肆無忌憚地吻著她的額頭、雙頰，緩緩吻乾她溫熱的淚水，攬她入懷，不言不語，只感覺著彼此的唇是那樣的火熱，彼此的擁抱是那樣的緊。那時那刻，她的手已把他抓疼，而他的手亦已在她身上忘情，然而，所有的柔情終沒能換來她的回心轉意，他亦只能和著淚水，用悲痛欲絕、用心傷難禁，為她寫下一闋離別的傷詞，任文字在素箋濃墨裡擠擠挨挨，零落一地惋惜。

離宴殷勤，蘭舟凝滯，看看送行南浦，情知道世上，難使皓月長圓，彩雲鎮聚。算人生、悲莫悲於輕別，最苦正歡娛，便分鴛侶。淚流瓊臉，梨花一枝春帶雨。慘黛蛾、盈盈無緒，共黯然消魂，重攜纖手，話別臨行，猶自再三、問道君須去。頻耳畔低語，知多少、他日深盟，平生丹素。從今盡把憑鱗羽。

——柳永〈傾杯〉

「離宴殷勤，蘭舟凝滯，看看送行南浦，情知道世上，難使皓月長圓，彩雲鎮聚。」真的要走了嗎？淚眼相望，他仍然不敢相信摯愛的玉英會離他而去。曾經，她為他，在揚州苦苦等待，只為他一句我愛妳；曾經，她為他，千里迢迢趕赴東京，只為與他終身相守，可，為什麼，還沒等他給她相應的名分，她又急著要離開呢？

他不懂。他只想，此生，便這樣與她不問鏡臺，不染塵埃，執手相對，兩忘於煙水；他只想，與她珍惜今生今世的緣分，緊緊貼著彼此的溫暖，效陌上雙飛燕，舞翩翩。知她如他，也必定知道，他的心意與君同，願傾盡所有的真情真意，為她祈禱，為她祝福，只願她的素色年華，分分秒秒，都是明媚如初的豔陽天。然，她為什麼非走不可？為什麼就不能與他一起守在夢裡，羽化成絢爛的蝶，幸福地舞出一場漫天的杏花微雨？

為她準備的送行宴上，他和她，終是情不自禁，淚如雨下。一杯杯為她斟滿杯中之物，只為拖延她出發的時間，或許錯過今日的船行之時，她便會改了心意，不再離去。抬頭，遙望窗外岸邊停滯不前的蘭舟，心撲通撲通跳個不停，為什麼，為什麼這船兒也好似故意與之作對，偏偏不肯即時離去？到底，是她的不捨，還是他的留戀，才讓他們躑躅在岸邊，久久不願離開？

酒席，終還是散了。望一眼淚眼潸然的她，他哽咽不能成言。真要走嗎？她頷首。天下沒有不散的筵散，既然無法與之相守，就要放開彼此束縛的雙手，還對方一片晴明的天空，於是，她沒有再給他任何勸說的機會，毅然而然地踏上了遠去的歸途。

緊緊尾隨著她，眨眼的工夫便來到送別的最後地點，失魂落魄的他更是心傷莫名。明明知道，這世上，皓月難以長久圓滿、彩雲難以常相聚守，他與她最終亦免不了以分別作結局，然，他還是不能接受眼前的事實，難道，就沒有兩全其美的辦法能讓她和父親都感到心滿意足嗎？

「算人生、悲莫悲於輕別，最苦正歡娛，便分鴛侶。淚流瓊臉，梨花一枝春帶雨。」料人生，最悲傷的事莫過於離別，最悲痛的事莫過於一對熱戀中的情侶悵然分離，難道，只因為封建禮教，只因為那些老掉牙的規矩，只因為世家的顏面，老天爺便要拆散了他們這對苦命鴛鴦嗎？不！玉英，妳不要走，我一定會稟明父親大人，讓他老人家心甘情願地接受妳的！會嗎？她哭得一枝梨花春帶雨，那副楚楚可憐的嬌俏模樣，更令他惆悵萬分。是啊，該做的他都做了，該說的他都說了，面對固執的父親，他又能奈之若何？是要委屈她一輩子只做他的外宅，終生抬不起頭來，還是要拋開一切塵世羈絆，只與她天涯海角？

「慘黛蛾、盈盈無緒，共黯然悄魂，重攜纖手，話別臨行，猶自再三、問道君須去。」看她皺著黛眉，一副茫然無頭緒的悽然神態，他心裡有種說不出的苦楚，即使她不言、他不語，亦能從彼此傷魂的目光中讀懂對方，了悟彼此的心意。他知道，她還是捨不下他、放不下他，卻不知該說些什麼才好，此時此刻，他唯有深深地嘆息、輕輕地啜泣，與她一起沮喪傷魂。

輕輕，握住她纖若柔荑的手，有著太多太多的話要對她說，然，在心裡重複了千遍萬遍，卻還是那句「妳真的必須離去嗎」，不斷在彼此的耳畔縈繞、盤旋。默然，兩心徬徨，傷心裡，終明白，塵世很深，煙火很濃，一旦她不在了，許多影像便會失去最後的真實，許多文詞亦都會蒼白得令人瞠目。然，離別，無力面對，卻又迴避不了，他仍舊不想離開她，儘管無奈，也只能略盡綿力，藉以微薄的言詞沉澱一些浮躁的心靈，梳理一些紛亂的思緒。

「頻耳畔低語，知多少、他日深盟，平生丹素，從今盡把憑鱗羽。」看她淚眼朦朧，回憶斑駁猶如舊城斷牆，縱是繁華依舊，亦只剩路過的傷，在眼底書寫成紅塵的情不可堪。他明白，她這一去，如夢之消散，若蒼穹之煙火，所有的念想終會在絢爛後沉寂如舊，所有的炙熱亦只不過是意氣的不堪罷了。或許，以後的以後，還會在偶爾相似的情節裡想起溫婉如花的她，可那時，他們已經遠離了彼此的天空，些許的溫暖，亦只能蒼涼內心那份固執的廝守。

低頭、抬頭，微笑、無奈。一些文詞，一些情節，終在彼此的難分難捨間潛滋暗湧。側耳，頻頻低語，訴不盡的相思、道不完的恩愛，在心間明明滅滅。然，有些話，終還是沒來得及說，有些事，終還是沒來得及做，零落的記憶剛被喚醒，卻注定又開始要被塵封。回眸，看她緩步走上踏板，唯有含淚道別，願她安好，只是，他日許下的深情盟誓、平生為她寫下的情書，從今往後，亦只能憑藉魚雁來傳遞了吧？

再回首，如水的時光，所有的美好，都在他轉身的眼眸裡，固守成一片荒蕪的冷夜。如果天可憐見，願只願，藉以素箋水墨，再為她鋪滿文字，燃一盞心燈，照亮她回來的路。可是，她還會回來嗎？

16. 醉倚芳姿睡．蟲娘．如魚水

帝里疏散，數載酒縈花繫，九陌狂遊。良景對珍筵，惱佳人自有風流。勸瓊甌，絳唇啟、歌發清幽。被舉措、藝足才高，在處別得豔姬留。

浮名利，擬拚休，是非莫掛心頭。富貴豈由人，時會高志須酬，莫閒愁。共綠蟻、紅粉相尤，向繡幄，醉倚芳姿睡，算除此外何求。

——柳永〈如魚水〉

佳人難得，好夢難圓。

暮春的季節，故事未能像蒲公英那樣蔓延，只是記憶還在那個萬里星辰的夜裡迴盪，敲擊著懷舊的靈魂，無聲地敷衍了離別時的心碎。

紅塵多痛苦，他不願踏進半步，寧願讓自己的人生永不蕩起半點漣漪，也不願去靠近那個傷人傷己於無形之中的荊棘。藏在他心中的，只是屬於他和她的那些曾經，歲月抹之不掉的，亦是他們一起縱情高歌的那片風景。

歲月長嘆，摯情至深亦知心，然，再好的情侶也逃不過離別的那一刻，深知彼此又怎樣？最終天各一方，共聚共醉又幾回？懷舊，似乎已成為他生活裡不可或缺的要事，在夜空下，無盡的星辰總是訴之不盡的思念，曾經的點點滴滴，總是像夜色侵入孤晚那樣，腐蝕著疲憊的身體，無法阻擋，更無力觸及。

當時，他們歡聲笑語一片，真情共享，牽手共度友誼歲月；此刻，只剩他一人憂心忡忡續現，晚風瑟瑟，如花歲月何時共醉？回眸，彼岸似水流年，同一片藍天下，卻有千山萬水的阻擾，如今，那頭的她，看不到這頭的他，這邊的他，亦只能在天邊數著殘星默默思念。

往事如風？那風卻停駐在心間不願離去，只想找一個安詳之地，生根萌芽，最後開出思念的果實，任那酸甜苦辣的滋味，牽引著他去追憶那段揮之不去的爛漫時光。

繁華盡散，記憶掉進夜空，只能守在寂靜裡，悄悄描繪著她的容顏。低頭，數著流年堆積的細沙，任由它在指尖流淌，除此之外，他不知道他和她之間究還能挽回些什麼？潸然，卻難知，待春盡秋來、霜染紅葉之際，是否還能在那一眼望不到邊際的夜空下找到他們丟失了的笑靨？

悠悠歲月，浮生來回。幾時把盞共歡，幾時醉嘆驀然離別情？平平仄仄的故事沒了她在身邊，該如何繼續蔓延？且看窗外飄飛的蒲公英，沒了她的身影相伴，他的世界又怎能如此純白地飛舞？嘆塵緣，花開花落，絲絲清愁，隨風流轉；惜情緣，擦身而過，一縷相思，眉裡心間。回憶枝枝蔓蔓，思念糾糾纏纏，心語寄情字千行，傷情處，且問故人今何處？紅塵淚，幾多情，幾許愁，一濁酒，催人醉，心亦碎，一緣邂逅，終難換得真情相守，冥冥緣遇，陰差陽錯，亦只鑄就了一段擦身薄緣！

還記得嗎？當時，他與她的初見是那樣的美好，只是一眼，便認定了彼此。那時，他曾固執地認為，那是前生的緣分，把她和他的心，串連在一起。那是一個百花爛漫的春天，他們在瘦西湖畔邂逅，沒有過多的震憾，相逢只是偶然，而這一偶然，卻如驚鴻一瞥，讓他和她向著緣分靠近，相識相知，相愛相戀。然，她終還是走出了他的世界，只留他枯守日漸疏離的初衷，走走停停，心傷難禁，再也找不到往昔的自己。

抬頭，悵嘆。與她，既不能相濡以沫一生，亦不可兩兩相忘一世，有的只是遺憾和難過，所以，唯有一個人默默守在這熟悉而又陌生的夜裡，看星星反反覆覆堆砌相聚別離的故事，一再以執念的筆寫下青春的風華，凝結文字的關愛，涉水輕過，砌一堆心念，燃一束光亮，拈一尺陽光，期待那遙遠的天涯可以為他指一線方向。

罷了，罷了，既然今生無緣，那就期待來世再聚吧！無論如何，他始終相信緣分的起落，始於青萍之末，或許，等待，終會陪著他們，流過時光，走過滄桑，讓愛的戀曲，在心底一唱再唱，只是，雲月日出的那一天究竟是什麼時候？心，為她疼，為她痛，然而，禍不單行，春榜發放，信心滿滿的他居然榜上無名，這一下，他真的被擊垮了。「對天顏咫尺，定然魁甲登高第。」這可是他參加殿試時誇下的海口，如今非但一甲進士及第、二甲進士出身無名，就連三甲同進士出身亦無名，這不能不讓他感到羞愧難當。

怎麼會這樣？才高八斗、自命不凡的柳三變，少時便以綺麗的文辭、出眾的才情令天下仕林側目，為什麼首次參加殿試便被無情地淘汰，且連三甲末榜都未能躋身？是他的詞賦寫得差強人意，還是命運不濟使然？要知道，能不能高中可不是他一人的事情，他身邊有那麼多人始終默默關注著他，就盼著他進士及第、金榜題名的一天，可他居然落榜了，現在，又該如何向雙親交待，向在家中盼他捷音的妻子雲衣交待，向楚楚、謝玉英、蟲娘，還有愛他慕他的眾伎人交待呢？

落榜了？是的，落榜了！躑躅在街口，他失魂落魄、舉步維艱，竟不知該去向何方。回家？去告訴盼他佳音的老父自己落榜了？不，父親對自己寄予了太多太多的希望，他老人家又怎能接受這無情的打擊？可是，這又能瞞得了多久，畢竟父親是朝廷命官，只怕早有人把他榜上無名的事遞進了柳府，這時候回去不是自取怨尤嗎？

那麼，去哪呢？去陳師師家？可那裡留下太多關於謝玉英的記憶，睹物必思人，思人必心傷，他又該如何面對陳師師糾結責備的目光？去找蟲娘？不，他負她太多太多，娶她過門的諾言尚在耳畔縈繞不絕，可他卻又和謝玉英膩在了一起，忍心背負了往昔的誓言，這時候去找她不是自取其辱嗎？無奈，徬徨，寂寞，憂傷，抛下一地的心碎，東京城的各個角落裡，孤單落寞的他從清晨徘徊到午後，又從午後徘徊到夜晚，才踏著滿地銀輝，悄無聲息地回到柳府大院，直接溜進自己的臥室，伏在床上，揪著被褥，痛哭失聲。二十六歲了，眼看即將步入而立之年，大好青春不再，可第一次參加殿試即鎩羽而歸，叫他有何面目面對父母雙親和所有對他寄予厚望的親眷好友？

十年寒窗苦讀，母親的諄諄教誨，都刻在歲月的印痕裡，點點滴滴，都是溫馨，都是溫暖；數載花前月下，妻子的溫婉叮嚀，都烙在柔情的心底，每個字都能觸動心弦，那樣情深意濃。然，轉身之後，他又拿什麼回報母親的溫情與妻子的嫻淑？

流金歲月，時光匆匆，望著紅塵中來來往往的痴男信女，望著那些高中進士的舉子，心，有些溫暖的疼痛。回眸，望不穿的春水，看不到邊的幻影，終是走不出的心夢！都云舉子痴，誰解其中味？水中月、鏡中花，如此執著的憧憬，誰懂訴衷情？

所有的期盼，所有的希冀，都在一回眸間轉瞬成空。惶惶，惆悵，憂鬱、失落，孤寂瀰漫進肺腑、融入血液，此時此刻，又怎能清閒幽靜處把思念的琴弦撫動？再回首，時過境遷、塵緣若夢，太多的人、太多的事，都漸漸消逝在眼眸中，曾經有過的心動，亦已在風中淡化，那曾經如杏花一般鑲嵌在心空的記憶，卻一如既往地執著，一如既往地清晰。

傷心時，又想起了她，他的蟲娘。好久不見，是真的刻骨思念了。然，又叫他有何臉去見她，有何心去念她？憶往昔，盛開的杏花，在她窗前映出她絕世的芳容，剎那間便在他心底烙下永恆的美麗，然，別離後，誰又是她的過客，他又是誰的歸人？蟲蟲，妳還會要我嗎？妳還能原諒我嗎？蟲蟲，妳是否還記得我們曾於窗下許下的諾言——今生，執子之手、與子偕老？可知，我並非負心，而是愛得太多？可知，我並非無情，而是太過濫情？可知，我的心，如月，為妳而柔？可知，我的心，若太陽，為妳狂熱？因為念想，我的心空會為妳下起陣陣相思的雨，那雨落滿東京城的各個角落，妳是否能感覺到那飄落的，點點滴滴都是我念妳的心？

他知道，是他負她太深，所以不敢前去驚擾她。落榜後的日子裡，他習慣了一個人面對她的方向靜靜地傷；習慣了一個人默默為她久久凝望；習慣了一個人深夜為她柔情滿懷；習慣了一個人想她落淚成霜；也習慣了一個人為她抒寫無盡的惆悵。倏忽間，相思憂傷了午夜，無眠時，只有杏花在窗前無聲飄落，思憶綿綿，亦唯有涼風知他，即使滿城浪漫杏花飄舞，她不在，他依然感覺無限寂寞。

都說男兒有淚不輕彈，為何與她輕別，牽掛她的淚總是模糊他的視線，隱約中看到的都是她夢中消瘦的身影？無數次踏碎這傾城杏花，在她樓下徘徊，卻猶疑著不敢貿然闖入，於是，只好走進人潮擁擠的街頭，希望在匆匆的人流中瞥見她明月般的倩姿，然而，每一次步行尋她，收穫的都是無盡的失望，到底，要到哪裡將她偷偷窺視？

蟲蟲，妳就是如此這般的折磨我嗎？為什麼不肯來找我，不肯來見我？妳知道，我是沒臉去見妳的，可是，妳為什麼不肯給我一個臺階下呢？是因為我金屋藏嬌，徹底傷了妳的心，還是因為我榜上無名，妳才執意將我忘懷？絕情的妳喲，怎就不懂我憐香惜玉的心思，怎就不明白，我愛妳的心從來未曾更改？多想，驀然回首時，妳就在那燈火闌珊處，與我四目相對、情深款款；多想，與妳心手相牽，在下一個杏花微雨的季節，只看這傾城杏花，只為妳綻放；多想，每當時光翹首在季節的尾巴上時，妳依然不會忘記叮囑我一聲：歲月有情，且行且珍惜；多想，唸一聲妳的芳名，將那些記憶的細沙藏進心裡，輕輕舉杯，斟酌獨飲月下，念妳安好。然，無論時光怎樣變遷、世事怎樣輾轉，我還是無法將你忘懷，思念的心，總在夜深人靜時，為你輕輕彈起那首〈長相思〉，只是，悠悠絃音掩蓋不住心中的哀傷，悽悽月夜誰懂我心？萬千心緒，在指間傾情流出，絲絲縷縷盡是念妳的清歡，每根顫動的琴弦，都是心中想妳的傷。也許，真是塵緣若夢，夢醒依舊，空城依舊，等妳依舊……

想她，念她，思她，愛她。枕著她美玉般的容顏入夢，心，依舊惶惑不安。難道，就這樣與她擦肩而過？難道，就這樣放她離去？難道，就這樣與她訣別？不，他不甘心。謝玉英已經離他而去，他又怎能再失去心心繫唸的蟲娘呢？佛說：每一次綻放都是前塵，每一棵芥子都是世界；每一種情愛都是良緣，每一次輪迴都有糾結。那麼，他又有什麼理由不去向她懺悔，求得她的原諒呢？此時，庭前杏花飄散，散落著縱橫的牽絆，他和著兩行清淚，用天涯為誓、海角作盟，對月念情，唯願蟲蟲還記得曾經的約定，記得那杏花伴蝶飛舞的花圃，有他在靜靜等她。

於是，在一個薄暮黃昏的日子，他抬頭數著杏花的浪漫盛開與飄落，緩緩走向了有她的花街柳巷，任思緒幻化成一抹檀香為橋，於雲中翹首，張望她孤清寂寞的內心世界，守候她再為他嫣然綻放情意纏綿的笑靨。回眸，四目相對，卻是默然無語。數月的離別，早已換得她滿臉的冰霜，他亦已做好任其唾棄指斥的準備。然而，轉身過後，她卻望著他痴痴笑出了聲來，這一笑，更讓他心生驚悸，唯恐被她轟了出來，豈料，原本在心裡想了千遍萬遍的落荒而逃的情景竟然沒有發生，她只是伸手如筍般的指尖在他腦門上輕輕一點，嬌嗔著說了句：「冤家，怎麼到這時候才把奴家來看？」

「蟲蟲……」

她輕輕瞥他一眼，立即吩咐侍女溫了佳釀端進來，親手替他斟滿一杯，看他一口飲盡，才輕輕數落起他說：「怎麼，奴家這裡不比陳師師家中寬敞，還是奴家比不得謝玉英溫柔可人？」

「……」他一時語塞，急忙低下頭去，囁嚅著嘴唇說：「蟲蟲，我……」

「奴家倒是想知道，到底是謝玉英強過奴家，還是奴家強過謝玉英？怎麼她一來，官人就把奴家忘了個一乾二淨？」她替自己斟上酒，一口飲盡，漲紅著臉「咯咯」笑著說：「奴家自思，才思容貌都不遜於謝家姐姐，為何官人竟為了她忘卻了與奴家昔日的恩情，莫非是官人當時許下的諾言都是逢場作戲而已？」

「不……蟲蟲……」

「那是什麼？要不是那樣，官人怎麼數月不登奴家之門，是嫌棄奴家比不得謝玉英貌美，還是官人心裡壓根就沒有蟲蟲的一席之地？」

「我這不是來了？」

「若不是謝玉英棄官人而去，官人只怕這輩子也不會再流連於奴家之門吧？」

「蟲蟲……」

「好了好了，不跟你這個沒良心的掰扯這些。」她又替他斟上一杯酒，舉起來，親手遞到他嘴邊，待他就著自己手中將酒飲下，才正色說：「官人自是負心的漢，奴家可不是負心的人，過去的就讓它過去好了，只是日後……」

「日後怎樣？」

「官人得把心思用在正途上才是，切不可再流連於花街柳巷，貽誤了性情，把大好的功名耽擱。」

他不敢相信地瞪大眼睛覷著她：「蟲蟲，你……」

「男兒當以建功立業為己任，難道官人只想做個成天沉湎於酒色花叢中的風流鬼不成？」她斜睨著他，語重心長地說：「奴家都聽說了，官人並非文才不及他人，此次殿試黜名，皆因平時不務正業，語涉輕浮，所以才落得如今這個下場，如果還不及時懸崖勒馬、回頭是岸，只怕……」

「怕什麼？今生但得蟲蟲你這樣的知己，柳三變夫復何求？」

蟲蟲搖手說：「官人此言差矣。今聖上於正月庚午有詔：『讀非聖之書，及屬辭浮靡者，皆嚴譴之。』官人雖然學富五車、才高八斗，可惜平日所做文章皆流連秦樓楚館、沉浸溫柔鄉之綺語，非但市井無不傳誦，就連士大夫族亦皆耳聞，安知此次除名不與之相關？奴家之計，何不從今兒個開始，就棄了這份閒心，好好做些正經道德文章，也不枉柳老爺養育之恩？」

他沒想到平日裡溫文柔弱的蟲娘居然能說出這番道理來，不禁心生愧疚，輕輕嘆道：「我一向恃才傲物，本以為今季必能金榜題名，高中進士，不曾想，連末榜都未能附名，想來愧不難當，只是，今朝有酒今朝醉，又何必拘泥於科舉之業？」

嘴裡雖這麼說，可此時此刻的柳三變還是因為意料之外的落榜而變得鬱鬱寡歡，不過，他很快就找到了排解之法，那就是繼續穿梭於秦樓楚館，倚紅偎翠，用酒精麻醉著那顆千瘡百孔的心。蟲娘因為深深痴愛著他，看他為落榜而揪心痛苦，亦只好睜隻眼、閉隻眼，由著他的性子胡鬧罷了。她知道，無論他變成什麼模樣，愛她，或是不愛，負她，或是不負，她都會在這無垠的杏花微雨裡，為他無悔地守候，一生一世、生生世世，只因為愛了，就要愛他的全部，無論他的好，還是他的不好。

蟲孃的溫婉柔媚，加速了柳三變在情場上的放縱。一時間，陳師師、心娘、佳娘、酥娘、瑤卿等一班伎人再次闖入他多情恣意的生活，任他沉浸在虛無的幸福感裡，用文字，為她們搖曳下一闋闋目炫神迷的傾城之戀，為她們抒寫下一段段功名佳人兩難全的心聲，於是，一闋浸著他無限風流、染著他憂鬱惆悵的〈如魚水〉便展現了後人溫煦的眸光中：

帝里疏散，數載酒縈花繫，九陌狂遊。良景對珍筵，惱佳人自有風流。勸瓊甌，絳唇啟、歌發清幽。被舉措、藝足才高，在處別得豔姬留。

浮名利，擬拚休，是非莫掛心頭。富貴豈由人，時會高志須酬，莫閒愁，共綠蟻、紅粉相尤。向繡幄，醉倚芳姿睡，算除此外何求。

——柳永〈如魚水〉

「帝里疏散，數載酒縈花繫，九陌狂遊。良景對珍筵，惱佳人自有風流。」漫步東京城中，自東往西、由南及北，執意流連於燈紅酒綠之地、沉醉於美人們的溫柔鄉之中，他無處不至，數年如一日，不論寒來暑往，不分日昇月落。

心，終被眼前的良辰美景，還有身邊這無數風韻嫵媚的佳人撩撥得無法自拔，又哪裡管得了什麼功名利祿？且醉酒，且高歌，且炫舞，且鋪箋，且賦詞，只為她們的鶯鶯燕燕，只為她們的唇紅齒白，只為她們的風流體態，只為她們的溫柔可人。

「勸瓊甌，絳唇啟、歌發清幽。被舉措、藝足才高，在處別得豔姬留。」衣著光鮮的麗人們，在身邊來回穿梭，輕啟朱唇，一邊唱著悅耳動聽的歌曲，一邊舉起手中的美酒勸其滿飲盡歡，那語調，嬌嬌滴滴，若黃鶯輕唱，若琴聲悠揚，美得無法用言詞描述。

回眸間，那眼前的嬌俏佳娃卻是個個風情旖旎，個個柔媚窈窕，若他不是被眾人公認推舉為藝足才高的士子，又怎能處處都能特別得到美女的眷顧挽留？然，此是他幸，或是不幸？整天流連於百花叢中，自是不能個個兼顧，難免厚此薄彼，該如何才能讓那些才情風流的女子都不對之心生懊惱？

「浮名利，擬拚休，是非莫掛心頭，富貴豈由人，時會高志須酬。」美人們自是美得無以復加，加上蟲蟲的善解人意，這段日子，他的生活過得無比愜意瀟灑，那些如同浮雲的名利又怎能與眼下的風流快活相提並論？這輩子，只要有美相伴在側，便拚卻舍了功名利祿又能如何？回眸，盯一眼蟲蟲溫婉可人的眉眼，心中湧起無限自得之情，罷了，罷了，從今後，是非莫須掛在心頭，只盡情尋歡作樂便好。

然，對於落榜，他還是耿耿於懷。才高八斗的他怎麼就這樣被除名了？憑他的才情，即使不能高中狀元，也不至於連三甲也榜上無名。或許，一切皆是天命，榮華富貴又豈能聽命於人？不過，又安知他沒有時來運轉的那一天？或許，到那時，他高遠的志向一定能夠實現，那麼，那一天，他還要等待多久？

「莫閒愁，共綠蟻、紅粉相尤。向繡幄，醉倚芳姿睡，算除此外何求。」擁著蟲蟲溫香軟玉的身軀，輕輕嗅著她飄香的秀髮，四目相對，唯有淺淺淡淡的笑意掛在嘴邊。不就是落榜了嗎？三年之後再次殿試之際，還怕不能把那狀元的名份攬入懷中？

今夜花好月圓，莫再無端惆悵，且與佳人把酒共歡、傾心相戀，聽她再為自己奏響一曲天籟之音，共同聆聽感動的旋律。蟲蟲啊蟲蟲，這輩子，得你一解語花，夫復何求？願只願，每個多情的夜晚，醉意闌珊的我都能擁著你溫暖的身子，在你華麗的閨房裡相擁而眠，除此之外，別無他求。回眸，案邊，還留有她熟悉的筆觸，輕輕，揀起那墨跡未乾的紙箋，歡聲笑吟，卻看到她不捨的目光，在他額間流連。蟲蟲，請相信我，這一生，縱是妳趕了我出去，我也不會再離開妳的，真的，除非天崩地裂，不敢與君訣。此後，我落筆的字，只為妳而作，而妳傾心的歌，亦只為我而唱，好嗎？

17. 就中有個風流．蟲娘．金蕉葉

厭厭夜飲平陽第，添銀燭、旋呼佳麗。巧笑難禁，豔歌無間聲相繼，準擬幕天席地。
金蕉葉泛金波齊，未更闌、已盡狂醉。就中有個風流，暗向燈光底，惱遍兩行珠翠。

——柳永〈金蕉葉〉

轉身，素指輕叩，斑駁緊閉的門扉緩緩開啟。凝目，在這清爽怡人的夜風裡，我彷彿看見，對面的朝代於眼前落了一場淅瀝小雨。是天青色的，含著一縷憂傷，猶如明瓷被施以青釉，植入月光，淡淡的，開成一抹闌珊的燈火。

有人說，這叫做人間四月天，是水墨底色上的一點留白，流蘇四綴，便泛起些微青色。輕輕，解開歷史的封印，站在綺麗幽雅的樊樓前，讓記憶回闖禁地，我不禁怔愣住了。哦，請原諒，請原諒我的冒犯，只因你是東京城遺落的畫卷、北宋才子吟詠的詩魂，我無法不在千年之後仍浸在那年的水色煙雨中，看桃之夭夭，看花事荼靡，只是，他又去向了何方？

我暗暗揣測，風流倜儻的他應是朝代更替中經久不語的深沉，一個不經意，便會凝結成一首輪迴的絕句。然後，我便看到，在那落了漆了的閣窗下，有個古裝女子依水而立，神態風雅、溫婉可人。凝眸，落霞映岑，斜暉凝睇，將暮色暈染得模糊而曖昧，蝶羽輕顫間，一種叫淚的水瀅瀅潺瀉，在她潔白的臉龐上湮渲成婉約的疼痛，恰似玉碎貞烈。

回首，天盡頭，有一青衫揚兮的男子，與她遙遙相望。他在注目，她在守候。天之涯、海之角，就這樣，無人眨眼，最終風化成望情石，任滄海桑田，逶迤成一段風花雪月。

我知道，那男子便是我仰慕已久的北宋詞人柳三變，也就是日後聞名中外的大才子柳永，而那女子便是他最摯愛的女人蟲娘。惆悵裡，紅塵開始靜默，浮世已然泛白，久而久之，於我眼底昇華為一簾青煙，正如檻內和檻外人對望，終隔了無形的意識，任他長眉似劍，任她薄唇似刃，但無論如何也挑不破、斬不開，只生生割斷了前世與今生的紐帶。

其實，愛之鍾情、情之真摯又何須明朗？於他一生，所見所聞，終將成為假相；於她一生，所作所為，終將成為姿勢。此去經年後，他不知她過往，她不辨他容顏，只如蓮禪定，扣指成蘭，指向虛無的塵埃。然而，此時此刻，樊樓之下的我卻在希冀、祈盼，但願能在茫茫人海中與千年前的他乍然相逢，哪怕擦肩而過也是好的。只是，我等了許久，直等到夜闌人靜，終未能與他邂逅，亦只能於輕描淡寫的文字裡去尋那一幅有他的秋水長天。

故人已隨輕風去。是的，他一聲嘆息，安靜如斯，甚至來不及道一句永別，便已長眠於壁畫，永失言語。然，他可知，站在歲月的這一頭，我將用畢生柔情萬種，來珍奠他的氣息，以一管竹筆，把他的眉眼山水深刻隱喻？忽然，很想很想跟他把酒問青天，然後，展一頁素箋，拾一縷情懷，將他細細端詳，嗅一嗅他蓑衣裡的淡青色衣襟襲來的江湖煙水氣息，只是，我瘦弱的筆體，恐怕無法描繪他最初的模樣，亦只能取一方景色，單薄亮相。

念著他，翻過歲月的書籤，看時光之手隨意點染，一抹桃紅，三分柳綠，再加六味明媚，我冷卻的心開始回暖，那汪暖意一下子便綠了身前的煙雨湖。湖中水，青碧如玉，突然明白，即使羽化成仙，他也不會是那畫中魂，亦不會老去，因為流光已騎不瘦白馬，時間於他已成為永恆的靜止。

離開樊樓，回到旅館，鋪開潔白的宣紙，我於窗下輕吟那年那月的黛瓦雨巷、蛾眉紅粉，又見他衣衫如雪，又見她袖底留香。於是，執著地在紙上畫下一葉絹傘，遮住她丁香容顏，卻掩不住他紫色的幽怨。茫然裡，惆悵又起，或許，我和他，都有著同樣的寂寞，有著同樣一份寂寞地愛著的靈魂，所以才能隔著千年之遙還生出如許惺惺相惜的感應，只是，他可知，昨天的昨天，是誰在雨中蹣跚著奔跑，呼喊著他的名字？可知，是誰在更深人靜時醒著想他，靜靜等他歸返？又可知，是誰在千年之後許他煙雨四月天，落盡一世浮華？

盼了千年，等了千年。昨日的人是她，今朝的人是我。再回首，開封城煙雨迷離，潤溼的古道，又印記著怎樣的回憶與糾葛？所有的所有，卻是如夢空花，無語再向花顏，唯有各自獨立，只道芳香依舊，黯然神傷。

愁緒問花，痴念，終究是離恨天的嗔怨。我依然固守在重重寂寞裡讀他，用心底最淺白的語言，只盼他便是生命裡的人間四月天。然而，輕輕一個回眸，歷史的重鎖便悄然落下，鎖住了過往與眼前所有的春色。塵世的我，再看不見他，亦尋不見他，只能浸在深深的憂思裡，靜倚門扉，雙手合什，以緘默的姿勢，淡看浮塵變幻，等待一場輪迴的青天煙雨，將詩魂畫魄，一起，斂於心中，用最原始的筆觸，寫下光影轉換的絢爛。

那些個年月裡，遭受意外落榜重創的他強忍著滿腔的悲憤，索性撇下功名利祿心，以紈褲子弟的形象整日出沒於花街柳巷，不是流連於這家，便是徜徉於那家，便是身為工部侍郎的老父親柳宜也禁不住他，只能一頓棍棒將他打將了出去。打吧，把我打死好了！反正在父親眼裡，他已是離經叛道的悖逆之徒，與其日夜面對父親的責備與哀聲嘆氣，還不如讓他死了的好！

「你就不能給我收收心，好好坐下來溫習功課，待下科再考嗎？」柳宜語重心長地斥問著他。

「皇上已經下詔了，兒寫的東西根本就入不了他們的眼，可他們說的那套仁義道德、之乎者也的東西，亦非兒所擅長，您就是把兒往死裡逼，兒也做不出那樣的文章來的！」

「那樣的文章？」柳宜氣得渾身發抖：「枉我柳家世代賢良，自爾祖父以降，我和你五位叔父，皆有科第功名在身，名重一時，柳家亦因此成為崇安世族之翹楚，怎麼到了你們這一代，竟沒出一個像樣的弟子？莫非，你想讓我們柳家從此絕了仕宦不成？」

「父親此言差矣。柳氏族人昌盛，光宗耀祖的事豈三變一人才能為之？遠的不說，大哥二哥年歲皆長於三變，他二人蹉跎至今不也未曾登科，為什麼父親偏要把光大門楣的事只寄予三變呢？」

「你……你明明知道，你大哥二哥才力不及於你，怎麼倒……你……」

「大哥二哥與三變皆工文藝，世人號為柳氏三絕，他二人尚未及第，何三變一人而能之？再說，皇上所下詔書，究竟什麼叫做非聖之書？難道天下只有孔孟之道才足以堪大任？」

「你！你為人輕佻、文辭浮靡，卻不知悔改，倒怪起聖上、疑及聖人不成？！」柳宜舉起家法，奮力朝他身上打去：「再敢頂一句嘴，就給我滾了出去！永遠都別再回來！」

「滾就滾！這個家我還不想回來了呢！」

一氣之下，柳三變終至離家出走，搬到了蟲娘的住處。從此，日日笙簫、夜夜彈唱，過著醉生夢死的生活，一日甚於一日，其浮蕩不羈的名聲也隨著他為那些伎人創作的豔詞長調，愈發傳播於市井之間，就連當朝聖上宋真宗趙恆都有所耳聞。然，那時那刻，又有幾人體會他內心的憂傷與不平？

其實，他就是一個心志尚未成熟的大孩子，他需要關懷，需要愛撫，需要理解，需要有人傾聽他的心聲，多少個日落時分，他一個人於昏黃的燭火下駐足，眺望天空的盡頭，看花開花落，空餘嘆息。壯志難酬，空有滿腹才情，卻得不到當政者的認可，那種痛苦與憤懣猶如被刀割肢解般令人無法消受，於是，他只能將整個身心一股惱兒浸在蜂蝶之中，不需要百花成蜜，唯願隨花飛向天盡頭，無法自拔，亦無力更改。

厭厭夜飲平陽第，添銀燭、旋呼佳麗。巧笑難禁，豔歌無間聲相繼，準擬幕天席地。
金蕉葉泛金波齊，未更闌、已盡狂醉。就中有個風流，暗向燈光底，惱遍兩行珠翠。

——柳永〈金蕉葉〉

「厭厭夜飲平陽第，添銀燭、旋呼佳麗。」那年那月，無數個圍城之夜，燭火燈影裡，彩雲伴歌、玉笛流韻，酒盞深處，印下她紅色的蝶吻。窗外，煙花璀璨，窗內，群芳爭豔，一場場曠世空前的盛宴帷幕，正被那一雙雙纖若柔荑的玉手徐徐拉開。

回眸裡，琴箏悠揚、笙簫悅耳；酒醉處，重添銀燭、流光溢彩。而香塵動處，一隊隊粉捻香搓的佳人已然閃亮登場，隨之響起如潮般的掌聲，更是響徹雲霄、震撼環宇。剎那間，明眸皓齒，紅裙翠袖，一處處風起雲湧。歡呼聲，排山倒海，驚魂未定時，麗姝們已碎步盈盈，款款而來。

「巧笑難禁，豔歌無間聲相繼，準擬幕天席地。」她裙裾飄飛，起弄六腰之舞，展露踏波履水的玉足，輕靈曼妙，行走在雲霧之中，巧笑難禁；她華姿嬋媛、身段婀娜，一曲綺歌，和著連綿不斷的樂曲聲，搖曳下一世愛美的信念，博得臺下聲聲喝采。而他的蟲蟲，卻於窗下端坐，十指纖纖、脆臂細細，悠悠擺開長琴，譜一曲高山流水，彈瘦一地的月光。十里圍城，思緒綿長，商弦切切，羽音錚錚，如瓊珠墜下瑤臺，若漣漪蕩漾湖心，那一刻，脈脈荊巫，洞簫絕愁，一曲未終，已沉醉了跌宕的平仄。

酒不醉人，人自醉。沉浸在她曼妙的琴音裡，卻是觥籌交錯、逍遙萬分。面對這場盛世華宴，所有在場的人似乎都打算一醉方休，只把那天穹當帷幕，只把那大地當床蓆，樂淘淘。

「金蕉葉泛金波齊，未更闌、已盡狂醉。」回首，又一佳人緩緩走近，但見她眉掃春山、眸含秋水，手持薰香書卷，言語間更是談吐大方、知書達理，想必出自名門。望向她，他縱情高歌、把盞盡歡，媟笑間，手中所持金蕉葉酒杯已然又溢滿金波美酒，只好就著她的玉臂再次飲盡。還未到更深夜闌，他已然喝得狂醉，怎一個興字了得？朦朧間，又聽她燕語呢喃，更令他心旌搖盪。

轉身，又一位貌美如花的女子，宛如雪蓮，裊裊娜娜飄至他身邊。只見她舉止文雅秀逸，一支情歌，鑠石溶金，甫一出場，便襲來繾綣春意，彷彿林中彩鳳，頓引百鳥迴翔。可是，還沒等他回過神來，卻又走來一位素體溢脂、柔骨蘸雪的女子，且胸羅錦繡、口齒珠璣，詩詞歌賦，無一不曉，琴棋書畫，無所不精，一顰眉，便可將少女情懷研成淡墨，一頷首，便可將花季風齡煮作清茶，道不盡的嫵媚，訴不完的旖旎，不禁看得他目瞪口呆、神魂顛倒。

「就中有個風流，暗向燈光底，惱遍兩行珠翠。」可是，這其中，最是誰風流呢？是她，還是她？是蟲娘，還是那些剛剛認識的歌舞伎人？看，遠處又走來一柔質坦蕩、風情萬種的女子，在她身後，尚跟著一位矜持典雅、卓爾不群的歌女，還有，在窗下，在蟲蟲身邊，那個看上去溫文賢淑、機敏聰慧的女子又是誰呢？

管她是誰呢。他醉眼朦朧，對酒高歌，肆無忌憚地大笑。除了他，這裡還有誰能與之一爭風流？是啊，座中最是風流的人自然非他柳三變莫屬，且趁著佳人微醉不備，悄悄潛入燈光暗處，將之一一調戲，哪怕惱遍兩列翠羽明璫，又奈之若何？今朝有酒今朝醉，且向夢裡行，與花低語，與月同眠，再看她風清雲淡，再看她萬般傾城。

18. 殢人含笑立尊前・蟲娘・玉蝴蝶

誤入平康小巷，畫簷深處，珠箔微褰。羅綺叢中，偶認舊識嬋娟。翠眉開、嬌橫遠岫，綠鬟嚲、濃染春煙。憶情牽，粉牆曾恁，窺宋三年。

遷延，珊瑚筵上，親持犀管，旋疊香箋，要索新詞，殢人含笑立尊前。按新聲、珠喉漸穩，想舊意、波臉增妍。苦留連，鳳衾鴛枕，忍負良天。

——柳永〈玉蝴蝶〉

光陰如瀾，深秋的夜，靜謐迷人。一個人獨坐如水的夜色下，聽遠處琴聲悠揚，如霓心事不禁穿過層層密密環繞的音律，倏忽間撥動心底深藏的思念。於是，注目，輕嘆，今夜，穿越記憶的柵欄，我一定要去尋找，尋找他曾經來過的蹤跡。

月色撩人，我在如煙的夜色中想他——柳三變。相遇是緣，我時常慶幸，在文字的際遇裡，不早不晚，能夠有幸遇見他，遇見他那一闋闋口齒生香的情詞。儘管，他的出現，彷彿夜空中一顆流星，璀璨而短暫，在我的生命裡劃過一瞬間的美麗，但留下的，卻是我一生一世的眷戀。

起風了，我在蕭瑟的風中念他。沒人能告訴我思念的緣由，也沒人能告訴我思念的歸期，我就像是飄蕩在風中的一粒塵埃，知道有他的存在，藉助風的力量，一路尋找他，跟隨他。天涼了，風冷了，因為念他，心卻是暖的。

下雨了，我在連綿的雨中念他。我的心，終究是放不下他的，他就像那細如髮絲的雨滴，輕輕的，滲入我如渴的生命裡，不管我在哪裡，都渴望見到他。他的朦朧，他的飄逸，他的瀟灑，他的倜儻，他的空靈，甚至，他那結著丁香一樣的憂鬱和惆悵，都深深地，扎根入我的心田。多想，做他生命裡那一把油紙傘，將他永遠守護在我的睛空之下。

落葉了，我在飄零的秋葉中念他。知道，我與他，終究是要分別的，就像他的到來，從來都不是為了我，就像那枚飄飛的落葉，終究要脫離枝杈的懷抱，去追求它旖旎的舞步。葉的離開，不是樹的不挽留，而是風的追求。儘管，今生，我站成一株蒼翠的大樹，卻也無法為他遮風擋雨，最後，只能孤獨地看著他，就像千年前那些紅粉佳人，含著熱淚，任由他作最後的飄零。

飄雪了，我在飛舞的雪花中念他。看，那雪的潔白，那雪的曼妙，像極他俊秀的容顏。天地一片蒼茫時，我念他的心愈發熱烈，然，他又在哪裡？他穿梭過的那一座座城池是否也飄落下同樣的雪花，而他，有沒有感應到我的存在？天是冷的，我念他的心卻是熱的，因念他而燃燒，可知，如此靜美的時光，我是多麼地想，和他一起，靜靜圍爐而坐，青梅煮酒、把盞言歡，看窗外的雪花扯棉搓絮般漫天而下。

我念他，可他在哪？何時會歸來？花開了，夢未完，星光滿載；花落了，夢已醒，星光依舊。我在夢裡等待花開，任憑蝴蝶飛不過滄海，一次次為他落筆寫情，那一綑情深，卻始終抵達不了有他的終點，最後，只能是天涯兩茫茫。

念他是苦，念他是累，更是一種甜蜜和無奈。我知道，他不屬於這個世紀，不是今朝的雨，亦不是眼前的落葉與飄雨，他只是千年前一陣吹拂而過的輕風，倏忽來去，風過了無痕。亦明白，風是不會停留的，是沒有方向的，是自由的，可我不希望他是風，更不希望他是一陣自由的風，只盼他是那一片雲，哪怕只是一片停在半空中的雲，儘管他的高潔讓我無法觸碰，但是，只要遠遠地看著他、望著他，就會心滿意足。

也曾經，想把他輕輕放下、徹底忘卻，然，明明知道放棄也是一種美，可無數次的忘記，卻讓他更深地植入我心底最柔軟的地方。想他，念他，想他的一顰一笑，念他的悲歡離合，每每此時，心，便會隱隱作痛。如果，他是三分鐘熱風，此刻，他又將吹向何方？我只想讓風兒告訴他，一千年後，有一個人，一個喜歡他文字的人，在遙遠的星空下念他如藍。

輕輕，懷想；淺淺，思慕。背轉過身，我在失去他蹤跡的世界裡，研一水秋波，繫一葉蘭舟，臨風揚帆，脈脈無語之際，於疏煙淡香裡臨摹著他那一段段溫香軟玉的綺麗故事。

那時的他，還有她，都隱身在案上的水韻墨畫裡。隔著時空的距離，依稀裡，我仍然能夠聽到一曲曲繞梁不絕的幽雅之音，只想執握一掌寧靜，借一顆靈犀，看劃滿紙的心語淺淺，讀懂他們的愛恨情仇。

低首間，感動於那些曾經的溫暖，又感傷於那些久遠的潸然。把那一闋闋或清雅、或靡豔的詞箋捧在手心，小心翼翼、虔誠禱念，感覺有股無法言說的靜然和溫暖溢遍周身。抬頭，看天上流光傾瀉，破碎成一地的琉璃，叮咚在心頭的舊時傾訴，聲聲慢嘶，又哀婉得讓心發疼。

琴音婉轉流曳，寂寞的影子裹著微寒，瀰漫的氤氳瞬間淋溼世間滄桑。他撫琴唱風流，看流雲斷成霜月，望紅塵幻成一隻蝶，飛出心間；她起舞弄清煙，任隱在清寒裡的思念，在軒窗外流連，頻頻回首。清冷月，梨花雪，生命中那些逝去的片段，那些悵惘的美麗，皆淡淡掠過彼此的指尖，倏忽間便穿越了輪迴，只由著摯愛的墨香淹沒了想念，淹沒了玲瓏相思，淹沒了婉婉私語。從此，各自冷暖，各自永恆。

悄然，宋時的弦上奏響今日心語一曲，於低眉間流入那一片清朗的月色。千年之後的我，總想藉著他一闋舊詞，枕著她一曲清歌，在喧囂的時光裡尋得一絲靜謐，將一捧月色掬在手裡，讓清幽凝成手心裡的寒霜，任舊時模樣，於眼底活色生香、搖曳生姿。然，那時的悲歡，那時的離合，已無心去探對，一曲，一闋，只是蹣跚著追思的痕跡。

回首，空庭人靜，那一縷遠古的琴弦，撫的是誰的悽婉，寄的又是誰的閒愁？嘆著曾經的風花雪月，映著今夜的滿地霜華，錦書難寄，卻是寂寞人不見。歲月悠然，那些老去的記憶，也順著流年的腳步飄落成身邊的花絮，獨留芬芳一縷，香飄漸遠。

漫步書苑，獨對寒窗，佇立，看一寸又一寸的光陰流去，更不知，那年那月，款款的腳步，究是跨越了多少錯過？回眸，月色裡盈滿相思，我的寂寥，終是他孤徑上踽踽獨行的流霜，淒涼來去。轉身，把他的名字烙在心底，借一支清詞瘦筆，描盡東京繁華，讓沾染了玲瓏月色的古詞古韻，瞬間跨越萬古悲喜，對月賦閒愁，憑欄長相思，那些銘記著的、淡忘了的經年舊事，便都在回眸的瞬間散落。

天之涯，水之湄，看千帆過盡，紫陌清寒，經年夢深遠；高山怨，流水嘆，新題依舊隔歸程，一棹古今擬真幻。夢難留，書不寄，長空浮雲月不繫；吐心語，字字結，箋墨詞賦錯一闋，更與誰人說！

月上西樓，夜色悠然，聽一曲〈採桑子〉，讀一闋〈玉蝴蝶〉，靜靜地，我舉頭，將那月凝視。然，那些個遠去的日子裡，卻又是誰，在沉寂裡展開情的蝶翼，任那一縷飄香的心緒，在她的冰清玉潔的盞裡醉眼朦朧？是他，是他，還是他，那個自稱白衣卿相的絕世才子柳三變！

誤入平康小巷，畫簷深處，珠箔微褰。羅綺叢中，偶認舊識嬋娟，翠眉開、嬌橫遠岫，綠鬢嚲、濃染春煙。憶情牽，粉牆曾恁，窺宋三年。

遷延，珊瑚筵上，親持犀管，旋疊香箋，要索新詞，殢人含笑立尊前。按新聲、珠喉漸穩，想舊意、波臉增妍。苦留連，鳳衾鴛枕，忍負良天。

——柳永〈玉蝴蝶〉

「誤入平康小巷，畫簷深處，珠箔微褰。羅綺叢中，偶認舊識嬋娟。」那年那月，他日夜出沒於有她的花街柳巷，沉浸在幸福的溫柔鄉裡，欲罷不能。為她，他任心在紅塵中泅渡；為她，他任心在百花叢中飄搖，無怨無悔。

愛她，他願用一生來賭，哪怕拋卻功名利祿，哪怕此生再與科舉無緣。曾記否，初遇她時，他無意間闖入伎人聚居的平康坊小巷，而她，就在那雕梁畫棟的青樓深處，由眾位穿著羅衣的小姐妹簇擁著，將那門前的錦繡珠簾微微撩起，望著他莞爾一笑。

便是那一笑，頓時醉了他的心扉，然後耐下性子，腆著臉皮四處打聽她的芳名，才知她便是他初來東京，於城外踏青時所邂逅的眾女子中的一個。原來，眼前的嬌娃本是舊日相識，想必三生石上亦早就將他倆的名字刻在了一起吧？蟲娘，她叫蟲娘，多標新立異的名字，可他習慣擁著她喚她蟲蟲，一遍又一遍，只想將一片痴心深深烙入她的額間心尖。

「翠眉開、嬌橫遠岫，綠鬢嚲、濃染春煙。憶情牽，粉牆曾恁，窺宋三年。」注目，看她翠眉舒展，嫵媚可愛，彷彿橫臥在遠處的峰巒；看她綠鬢下垂，濃密凝厚，猶如被染上春色的雲煙，儘管相守數年，他的心，卻仍是歡喜無限。憶往昔，情如金，她就像那位因愛慕而攀上牆頭偷窺宋玉三年有餘的楚國女子一樣，為他付出了真心，付出了青春，卻從不曾有過任何怨言。

這是多麼深厚的一份情意啊！此生，叫他如何報答了她？親愛的蟲蟲，可知，我亦是如此如此痴心地眷戀著妳，愛妳一百年，太短，愛妳一千年，依然太短，如果有一天，妳突然不在我身邊了，那麼，那無邊思念的歲月又叫我如何獨自徘徊？

「遷延，珊瑚筵上，親持犀管，旋疊香箋，要索新詞，殢人含笑立尊前。」時光，走過幾載風雨，讓他們的愛，從稚嫩變成牢不可破，才明白，原來曾經所有的等待，亦是今日最溫暖的牽念。回首，她徘徊在俊才雲集的宴席上，親手持著犀管製作的新筆，又摺疊好染香的花箋，緩步朝他走來，含笑婷立於案前，裊裊娜娜、儀態萬方，只為向他索要一闋新詞。

不就是一闋新詞嗎？為她，他願付出所有，哪怕生命，亦是在所不惜。窗外，冬日的陽光傾瀉而下，整座城池都因她的明媚突然變得溫暖起來，凝神，暗揣，難怪有人說，相愛的人在一起時，心靈便會交會成悠揚的樂符，只要她在，就不會有冬天，亦不會有寒冷的侵襲，唯有明媚的微笑和舒心的閒適始終伴隨左右。

「按新聲、珠喉漸穩，想舊意、波臉增妍。苦留連，鳳衾鴛枕，忍負良天。」她巧笑嫣然，隨即拿著他賦好的新詞，和著曲譜，一展歌喉。歌聲漸漸工穩，如同珠落玉盤般的清脆悅耳，她似波蕩漾的臉上也愈發增添了妍麗，陡然升起一片紅雲。注目，他輕輕淺淺地笑，想必她定是憶起昨日與他流連床笫間的繾綣纏綿，才如些羞赧吧？

一曲歌盡，又是一曲。如此循環往復，直唱到日落西山，直飲至醉意闌珊，在座的客人才勾肩搭背地次第離去。月又升，銀燭添，諾大的屋子裡又只剩下輕狂的他和嬌媚的她。佇立風中，他伸手挽住風中一抹清涼，竟要去赴另一場浮生的約會。怎麼，你又要走嗎？她輕輕咬一下嘴唇，苦苦挽留，喝了這麼多酒，等天明再走也不遲啊！

他知道，她想他留下，可是，她又如何知道，他只是想聽她一聲聲挽留，根本就無意離去。面對那繡有鳳凰與鴛鴦圖案的被衾和香枕，他又怎忍心辜負這眼前的美好時光？蟲蟲啊蟲蟲，不用問我對妳的愛會有多久多長，當你占據我整顆心房時，阡陌紅塵深淵裡的思念都會被長久長久的延續，直至天荒地老。

請相信我，蟲蟲，相信我，因為愛，我願意，願意為妳，篩選出世間最最靜美的花箋，綰起青絲，放心香一瓣，採一束馨芳，將所有醇美的記憶裝訂在有妳亦有我的每一年、每一月、每一天裡，生生世世，此心不改，哪怕歷經輪迴，也依然記得彼此曾經擁有的溫暖。

傾耳，聆聽他千年之前的心語，無語，默然，轉身，站在千年之後的我，懷著滿腹思慕，在月輝冰瑩的回首裡，望天上一路飄過的風輕雲淡，看屬於他和她往昔的溫言，以及泛黃的昨天，在年輪裡次遞逝去，更送與他一聲聲親切的呼喚，任四季的顏色都因之而明媚、而生姿。

情調4：且恁偎紅翠

19. 楚榭光風轉蕙．雲衣．女冠子

淡煙飄薄，鶯花謝、清和院落，樹蔭翠、密葉成幄。麥秋霽景，夏雲忽變奇峰、倚寥廓，波暖銀塘，漲新萍綠魚躍。想端憂多暇，陳王是日，嫩苔生閣。

正鑠石天高，流金晝永，楚榭光風轉蕙，披襟處、波翻翠幕。以文會友，沈李浮瓜忍輕諾，別館清閒，避炎蒸、豈須河朔。但尊前隨分，雅歌豔舞，盡成歡樂。

——柳永〈女冠子〉

繁華落盡，又夢到和她在一起的日子。雲衣，他的妻，他今生最初傾心的女子，然，時過境遷，因有了楚楚，有了謝玉英，有了蟲蟲，他早將她拋諸腦後，鮮少憶起，但每次夜深人靜之際，便又想起當初與之十指相扣、漫步溪畔的點點滴滴，是那樣的溫暖，是那樣的溫馨，又是那樣的柔情萬種。

已是西元一〇一一年，宋真宗大中祥符四年，屈指數年，年屆二十八歲的他已離開家鄉整整九個年頭。曾幾何時，她對他說，十指相扣是同心扣，這樣牽過手的愛人永遠也不會分開，於是在記憶中搜尋，總是短暫相守的他們彷彿沒多少牽手的機會，又何來十指相扣的緣分？緣深緣淺，命運早已注定，他和她彷彿守在銀河兩端的牛郎織女，彼此觀望，卻無法走近。是緣盡了，還是自己對她負了心？驀然回首裡，才發現，她的一腔痴情，卻換得他的一片淡然，無論她怎樣相思、怎樣渴盼，哪怕她等待的身影幻化成一尊雕像，哪怕她內心猶如波濤洶湧的思念慢慢變成小河，最終乾涸，他依然只固執在河的彼岸，不發一言，亦無動於衷。

是愛死了，還是自己太過忍心？難道，這就是骨子裡那個真實的柳三變嗎？無情、冷漠、刻薄，甚至絕情？他的善良和柔情去哪了？難道，九年燈紅酒綠、花街柳巷的浮蕩生活就此徹底改變了他曾經為她付出的真心和眷戀嗎？不，不是的！他不是真的淡然，亦不是真的無動於衷，只是，他實在不知道該如何去面對雲衣，十九歲那年，與她悵然離別，說好金榜題名時便回去接她，誰料想這一去便是整整九年？她為他在遙遠的南國耗盡青春，她為他苦苦守候、痴心不改，她為他歷經春夏秋冬、經受酷寒炎熱，然，夜夜笙歌的他又為她做過什麼？

說什麼試場蹉跎，未能高中進士，沒有顏面回去見她，終不過只是一句堂而皇之的藉口罷了。難道，這輩子考不中功名，他便不再回轉家鄉了嗎？那裡還有他白髮蒼蒼的母親，還有看著他長大的無數親眷故交，難道他都不惦記不想念了嗎？藉口！一切都是藉口！輕輕，嗟嘆，莫非與她三年的恩愛纏綿終究敵不過秦樓楚館走馬看花的誘惑，還是他愛得太多要得太多，抑或是遊蕩的生活讓他移了往日性情？夢醒時分，兩行濁淚打溼憔悴的臉龐，想要忘記她，忘記時間，倏忽間卻又回到了現實，撕碎了夢境，對她的思念也變得愈來愈厚。

和她的那一段相遇，那曾經讓他以為真的擁有了愛情的感覺，居然那麼短暫、那麼倉促，很多時候都讓他覺得那是一場夢境，一場由他自己編織的美夢，甚至懷疑這世界上是不是真的有她存在，懷疑她是不是真的來過他的世界，走進過他的心。或許，一切都只是春夢一場、穿越一場，當他從夢境中醒來之際，一切又都變得了無痕跡，諾大的世界裡亦只剩下孤獨難熬的他。

對他而言，與她的愛情終究只是一場絢如煙花的美夢，激情過後留給他的只有無限期的空白，唯一殘餘的，便是夢境裡她用笑容掩飾的心疼，和在等待中蒼老了的年華。他的心不再為她一人停留，亦不再為她一人傷情，離開她後，他一路走走停停，一路風花雪月，見上一個便愛上一個，楚楚、謝玉英、陳師師、心娘、佳娘、酥娘，還有她摯愛的蟲娘，哪一個不曾讓她愛得如痴如醉、欲仙欲死？他也曾那麼那麼的痴痴眷戀著他的妻，那個叫做雲衣的女子，也曾為她發下毒誓，今生定不相離棄，然而在遠去她的日子裡，他對她的思念究竟又添了幾分？

默然、搖首、不語、傷魂。他知道，他已將她遺忘得太久太久，甚至在某些時候，曾經拚命地行走在山間的小路，拚命地攀爬在險峻的山崖，只是想要忘掉她滯留於心中的影子，只是想要把她忘得一乾二淨，彷彿她已成為他記憶裡最大的負擔。可是，更闌酒散後，即使有蟲娘相伴，他還是會莫名地想起她來，還是會為她心動，為她傷神，甚至會想起婚前婚後對她說過的每一句話、寫過的每一闋詞。路，越走越遠，山，越爬越高，腿很疼，心更疼。清風吹過，眼裡早已是溼潤一片，方明白，所有的掙扎都只是徒勞，亦明白，無論他在外面如何花天酒地、偎紅倚翠，內心深處，還是無法將那個叫做妻的女人剔除。

夢裡，他於案頭燈下問她恨不恨他，她卻衝他嫣然一笑，告訴他，她很愛他，於是，淚更加的多，心更加的痛。他分不清這到底是不是愛情，可每一回想起她、夢到她，即使沒有甜蜜的感覺，也會痛徹心髓，如果這不是愛情，那他的眷戀又會是為誰？是蟲娘嗎？回過頭，她倚著他的手臂睡得正香，看到她便會心花怒放，又怎會為之心痛？是謝玉英嗎？是楚楚嗎？儘管也會在夜深人靜時想著她們不能入睡，但他明白，讓他心痛的只是雲衣，只是他遠在遠方的妻。九年了，九年沒有相見，沒有相擁著說一句知心的話，她對他的思念該是多麼的深多麼多麼的濃？可他居然徹底忽略了她，甚至想把她忘記，不再留戀，這不是負心又是什麼？

他食言了。他沒能將成親時在她耳畔親口許下的諾言兌現，更沒能給她一份安定甜美的生活，可他知道，在他一個人獨自於大雨紛飛的深山裡默默徘徊時，遠方的她定然會守在窗下為他擔心，亦知道，當他蹉跎科場失意悲傷之際，也唯有她會枯坐石畔心疼他的無奈，然，這些年，他又為她做過什麼？他只是把她當作·個可有可無的道具，只是把她當作替他在家奉養母親的工具，又何曾真心將她當作自己摯愛的妻？

夢裡，她問他過得好不好，可他卻忘了問她過得開不開心。九年的光陰，於日夜穿梭於花柳叢中的他而言，只是彈指一揮間，而對日日守候家中苦苦等他歸來的她來說，每一分、每一秒，都是度日如年的痛苦煎熬。瞪大眼睛，夢醒後的他再也看不到她往日柔美嬌俏的容顏，看不到她今日哀傷幽怨的表情，此時此刻，唯有兩行渾濁的流水肆意流淌在他日漸消瘦的面龐，卻是傷心難禁。

九年了，是該回去看一看了。武夷山，那片青蔥欲滴的仙靈世界，那片孕育出雲衣那樣彷若天仙般麗姝的土地，他已經離開得太久太久，無論如何，也該是起身返程的時候了。只是，他的雲衣能理解他原諒他嗎？她會不會怪他回來得太遲，會不會恨他對她無情？哦，雲衣，請原諒我未能做一個好丈夫，可是，我真的不知道自己是怎麼了，也許我的確太過多情，甚至濫情，但起初的起初，我真的未曾把妳忘記，只是，後來的後來，我沉醉在燈紅酒綠的世界裡無法自拔，一日，兩日，三日，一年，兩年，三年，遊蕩至今，整整儿個年頭，我就這樣一路走了過來，甚至連我自己都不知道是怎麼了。或許，是我經受不住美色的誘惑；或許，是我從來都不是一個只會對一個女子付出真心真意的男子；或許，是多年科舉的蹉跎才讓我一味沉湎於酒色；或許，我只是想用酒色來麻醉自己試場上的失利，或許……

雲衣，妳知道嗎？柳氏一門世代書香，父親和諸位叔父都是科舉出身，仕途順暢，可自小便有神童之稱的我非但未曾高中進士，甚至連三甲榜尾都無緣捷足，又教我情何以堪？父親、母親都對我寄予了深厚希望，我又有何面目承歡膝下？大丈夫當以功名為重，而今，我已年近而立，卻是一事無成，又該如何自重？我沒臉回家去面對父親大人恨鐵不成鋼的目光，更無顏回鄉面見母親大人，所以，我只能年復一年、日復一日的流連於煙花之地，然，我心裡的苦，又有幾人能夠明白？

落榜了，一切希望終成泡影，還能有什麼會比沉醉於歌舞伎的溫柔鄉里更能令人釋懷？那些個失意的日子裡，我和妳一樣度日如年，受盡煎熬，每一天、每一夜，都在失魂落魄中度過，是那些如花女子給了我繼續活下去的勇氣，也是她們，才讓我對生活重新燃起了激情，可是，這讓我離得妳更加遙遠，愈來愈遠，甚至只有拿起當初為妳畫下的小像才能看清妳的模樣，但是很久了，我不敢再翻開那只珍藏妳小像的錦盒，因為不想碰觸那份遙遠，更怕控制不住自己的眼淚。然，妳模糊的影子依然在我腦海裡閃爍不定，我只能告訴自己，暫時放下妳，放下思念，讓自己累，讓自己疲憊，然後拚命的笑，拚命的想要快樂起來，拚命的告訴自己沒有了妳，我依然可以開心的笑，無所謂的生活，甚至可以假裝我們從未相逢過，相愛過。

但，他還是錯了。每當看到蟲娘牽著他的手，臉上洋溢著幸福笑靨的時候，那份純真與醇美便襯出他內心真實的孤獨。他知道，那份孤獨緣自於雲衣，於是，蟲娘的每一次笑，都增加一份他對雲衣的愧疚，加劇他心的疼痛。凝眸，汴河的水一如既往地朝前流去，絲毫不在意他的憂傷，幾片花兒在河面上漂浮，卻是落花有情、流水無意，只怕他有心把家歸去，也無法挽回她遠去的目光。如此負心的丈夫，又該叫她怎樣傾心相待？是要她用一個刻意的微笑掩飾住所有的悲涼與傷怨，還是假裝鎮定，當作什麼也沒發生過？

九年的歲月悠然而過。即使她付出再多，亦不曾留住他離去的腳步。然，他行色匆匆、四處奔波，卻不是為了諾言裡深深相愛的她，而是為了那些她叫不出名字的青樓女子，這於她而言又是多麼大的諷刺？雲衣，妳的付出我都知道，妳的煎熬我都懂得，可是，我卻把妳遺忘了那麼久那麼久，又叫我如何償還妳經年的痛？多少次，挽著蟲娘的手臂，都會情不自禁地想起妳來，我知道，我在想妳，在卑微裡等待，等待妳如花的笑靨洗去我臉上的憂愁，樂此不疲，然，我卻是那麼的不爭氣，每次想妳，都會一任淚水從臉龐流到心底，又從心底將回憶淹沒，只換得痛不可當。

回家。站在汴河碼頭前，在蟲娘、陳師師、心娘等人溼潤的目光裡，他終於撩開白色長袍，踏上歸去的路程。汴京、揚州、潤州、姑蘇、杭州，花舫一路迤邐而過，那些曾經寫下他風流韻事的繁華盛地，他沒有多做停留，一顆心早已飛到故里崇安。那裡有風光秀麗的武夷山，有痴情糾葛的大王峰與玉女峰，有清純嫵媚的採茶女，還有他白髮斑斑的母親和終日盼他歸來的雲衣，又怎容得他將歸期再次耽擱？

近了，近了。遠遠眺望過去，那白雲深處不就是他日思夜想的武夷山嗎？駐足，輕風在他耳畔傾訴著歲月滄桑，微雨傾瀉在他染指流年的時光裡，眼前的一切美得令他心曠神怡、宛若仙境。此時此刻，多想用一盞墨香，書寫武夷山的清秀容顏，儘管孤夢相隨、獨影相伴。回眸，她的世界，柔滑在斑斕的歷史中，笑，是一聲悅耳的清脆，哭，是一種憂鬱的琴音，而那個倚門盼他歸去的女子卻執著著遙扶著年輪的柵欄，舉眸相望，一切的一切都令他賞心悅目，只恨不能插上翅膀飛上雲端。轉身，嘆一息流沙曼舞，贊一眉霓裳薄紗，白雲瞬即醉在了武夷山的風華正茂裡，而清風卻相思在藏身在白雲之後的雲衣的如花笑靨中。

淡煙飄薄，鶯花謝、清和院落，樹蔭翠、密葉成幄。麥秋霽景，夏雲忽變奇峰、倚寥廓，波暖銀塘，漲新萍綠魚躍。想端憂多暇，陳王是日，嫩苔生閣。

正鑠石天高，流金晝永，楚榭光風轉蕙，披襟處、波翻翠幕。以文會友，沈李浮瓜忍輕諾。別館清閒，避炎蒸、豈須河朔，但尊前隨分，雅歌豔舞，盡成歡樂。

——柳永〈女冠子〉

「淡煙飄薄，鶯花謝、清和院落，樹蔭翠、密葉成幄。」眼前，輕煙漫隨清風飄渺，鶯花飛謝，清和四月的驛館院落裡，一低首的回眸裡，卻是春日已遠，以雨為別。

安然的，於窗前落座，伴一盞茶，獨享夏雨綿綿。細雨飛花，吹老了容顏，望窗外，翠綠的樹葉密整合蔭，宛若布帛圍起來的帳幕，好一派南國風光。側耳，聆聽，微寒中，有細碎的聲音在葉片間輕敲，卻是淺韻流瀉，風聲雨影裡，回首裡，處處是恬淡。

轉身，聽零落的聲音叩響著季節的門扉，他輕佻雨簾，望向不知盡頭的氤氳，才發現，相思已染白了華髮，思念亦憔悴了容顏，無盡的寂寞裡，唯有她是他難以忘卻的回憶。他不想再於回憶裡看到她等待的辛苦和迷茫的淚眼，因為他已經懂得兩情相悅遠勝於獨自等待，當心裡牽掛一個人時，恨不得時時刻刻都會與之相偎相依，那種感覺很美很美，遠遠勝於孤單的等待。

「麥秋霽景，夏雲忽變奇峰、倚寥廓，波暖銀塘，漲新萍綠魚躍。想端憂多暇，陳王是日，嫩苔生閣。」他知道，漫長的等待裡，昔日的山盟海誓終究只是一個遙不可及的夢，亦知道，這些年，她始終在夢中搖曳相思，卻看不清他的模樣，只能任傷感無限蔓延，而那顆破碎的心，也慢慢變得蒼老不堪，猶如垂暮的老人，苟延殘喘。

抬頭，麥秋四月，雨後景色清明，夏雲彷若奇峰般變幻出各種形態，依傍著湛藍的天空。遠處，清澈明淨的池塘漾起層層波浪，溫暖而耀眼，水面上，瀰漫著新生綠萍，魚群歡快頻躍，一派溫馨寧和的景象，然而，他卻又想起了那些個離別的日子，傷感難禁。就快到家了，眼前的景象一日美於一日，可他卻沒有心思遊玩，就像陳思王曹植初喪應、劉二友的日子一樣，無復遊娛，以致亭閣綠苔生、芳塵凝，沒有雲衣相伴左右，他又如何忍心獨自賞芳？

「正鑠石天高，流金晝永，楚榭光風轉蕙，披襟處、波翻翠幕。」想著家中的她，腳步兒匆匆，無奈那夢中憶了多時的武夷山卻是可望而不可及，輾轉多日，還是未能置身其中。一路走來，春去夏來，正值鑠石流金、天高晝永的酷熱天氣，望楚地臺榭，天霽日明，微風奮發，動搖草木，皆令有光，充實蘭蕙，芬芳益暢，然，此時此刻，孤身一人枯守窗下的她又如何與她共享這良辰美景？

時光靜走，唯恐驚擾了那一灣流水，行得不動聲色，抑或是怕驚擾了季節最後的那一抹顏色。披上外衣，站在翠色帷幕前，眼前是一片波光粼粼，微微的風，在暮色深處傾訴著心寒，讓心思也變得薄涼起來，回眸，悄然輕問，遠處的她，還記否，曾經，流轉的紅塵裡，有他攜手倚著相思而眠？還記否，曾經，靜走的時光裡，有著最真實的安逸？轉身，歲月無痕，悄然在指尖飄落成絮，一個人行走在路上，為她，淡然地在素帛上抒寫著表情，痛苦也好，歡笑也好，只是回首時，墨跡裡已擱淺了太多的前塵舊事。

「以文會友，沈李浮瓜忍輕諾，別館清閒，避炎蒸、豈須河朔，但尊前隨分，雅歌豔舞，盡成歡樂。」季節的枝頭，日子輕輕滑落，牽一絲細雨，在紅塵的素箋上塗塗抹抹，將那些零星的飄落融入茶盞，淡淡的入喉，暖暖的收藏。再回首，不忍輕易許諾，那以文會友、沉李浮瓜的消夏樂事，只想與她花前月下，卿卿我我，淺斟低唱。凝神裡，客館清靜悠閒，避開暑熱燻蒸，何須去黃河以北？只需在酒宴上，與她牽手，隨己本分，當為即為，吟雅詩、觀豔舞，都是歡樂。

可是，她在哪裡？她還在悽清院落裡倚著窗臺守著黑將他默默等待嗎？憶往昔，無意中與她目光相交，於是，這顆寫滿柔情的心，便傾倒在她的薄裙之下，然，冥冥注定之中，卻又與她失散於前世的焦灼情感裡，不知今夕之後，還能否與之相守今生，與之攜手到天荒地老、海枯石爛？

20. 嗟少年易分難聚‧雲衣‧鵲橋仙

屆征途，攜書劍，迢迢匹馬東去。慘離懷，嗟少年易分難聚。佳人方恁繾綣，便忍分鴛侶。當媚景，算密意幽歡，盡成輕負。

此際寸腸萬緒，慘愁顏、斷魂無語，和淚眼、片時幾番回顧，傷心脈脈誰訴？但黯然凝佇，暮煙寒雨，望秦樓何處。

——柳永〈鵲橋仙〉

秋，總是讓人流連。

衣上漸漸染塵，站在季節的路口，聽風的聲音，一絲涼意上身，才發覺，原來夏天已走了那麼遠。聲聲的蟬鳴，伴著一絲徹骨的微涼，幾隻南飛的鳥兒，在風輕雲淡的天空裡杳然而去，心也變得有些雀躍。天邊，幾朵雲絮染上了紅豔，直落入眼底，亮麗得明澈。遠處，層林盡染斑斕，似一幅水墨，置身於暮色中，彷若靈魂也怡然而通透。

循著小路，靜靜地走，心情也變得閒散。一片落葉，劃著憂傷的弧線，如蝶般的飄落著秋的寂寥。路邊的菊，晚秋裡依然開得妖嬈，蝶戀花姿已菊霜，那一抹顏色，沐著暖陽，就像是母親的手，暖暖的，與世無爭。

回眸，一朵雲影，慵懶地望著那一鋪蒼野，季節更替，黃葉飛飛，曾幾何時的蔥翠，瞬間染滿了秋色，笑著飄搖陌上，也妖嬈著落葉時節。

小橋湖畔，曾經的楊柳依依挽留不住歲月的腳步，在季節的身前悠悠轉身，將滿懷清愁傲慢地丟入秋水，唯留一份鉛華落盡的素淡。秋水長天共一色，那一灣秋水，彷若柔美的女子，未施粉黛，卻是靜美而安然，這樣的秋色，明媚著視野，帶著蕭瑟，卻是燦爛了心境。

站在千年之後的時光隧道裡，我再次看到了他，還有他的妻。西元一〇一一年初夏，柳三變回到闊別已久的家鄉福建崇安五夫里，終於見到了他曾經許諾終身相守的妻子雲衣，那一夜，她笑著輕輕唾他一口，任由醉了的他抱著閃入冷寂了許久的閨房，相依而睡，沒有一句怨言，更沒有一絲戚容，彷彿所有的離別與煎熬都為等待那日遲到了的溫情。我知道，那時那刻，她是幸福著的，卻又是憂傷著的，剎那的聚首之歡，怎抵得過九年的分別之痛？然而，她什麼也不說，什麼也不想，只是緊緊偎在他疲憊的懷裡，想把體內所有的溫暖都送給他，不讓他心生半點愧疚。

那些個日子裡，他總是喜歡緊握她手，在花園裡散步，看月亮，看星星，看她蒔弄的花花草草，而她總會在看似不經意的時候提醒他不要太過勞累，更不要把功名利祿看得過重。低頭，托起她日漸清瘦的香腮，他內心湧起一陣陣暖意，酸澀的淚水，早已悄然而落。為什麼，如此善良大度的女子，他卻辜負了她那麼久？

「雲衣，妳真的不怪我？」他微蹙著眉頭，不無歉疚地盯著她：「我離去了這麼久，妳當真一點也不怨我？」

她抬頭望著他抿嘴一笑：「七郎，你是我的夫君，妾身怎麼會對你心生怨念？」

「可是，我在東京，我……」

她伸出手，輕輕捂住他的嘴巴：「官人現在不是回來了嗎？還說那些陳年的芝麻小事做什麼？」

「可我，」他輕輕嘆道：「可我還是要走的啊。明年又是大考之年，我……」

「雲衣明白。」她點點頭，用微笑掩飾住內心的失望：「考中了，你就會回來的，不是嗎？」

「我……」

「官人不用再說了。妾身知道，大丈夫志在四海，當以建功立業、光耀門楣為重，公公年紀一天天大了，妾身和婆婆又都不在你身邊，出門在外，萬事都要學著自己照顧自己，吃好穿好，千萬不要委屈了自己。只是……」

「只是什麼？」

「只是妾身青春不再，婆婆一直唸叨著想要抱孫子，可我……」

「雲衣……」他一下子哽住了：「是我對不起你，我……」

「你沒有對不起我。」雲衣忍不住落下淚來：「妾身知道，過了秋天，你便又要踏上征途，妾身只想，只想在這有限的日子裡，能替柳家傳宗接代，日後便是死了，也可以挺直腰去地下見柳家的列祖列宗了。」

「雲衣！」聽著雲衣字字泣血的悲悽話語，柳三變的心裡彷若被擱了一塊堅冰，透涼透涼。九年了，婚後十二年，他卻拋卻了她整整九個年頭，此時此刻，縱是說再多的甜言蜜語，亦不能挽回她經歷的種種苦痛與折磨。輕輕，拭去她眼角的淚花，他惆悵莫名，注目裡，只想抹去她心裡的傷痕，溫暖她所有的疼痛。

轉身，寒蛩之聲，冷然地響在四處，凝眸處，軒窗之色也變得清冷。蟬兒在低鳴，那一抹秋色便在不經意間沉入秋水，潺潺地透著寒涼。淡薄的衣，已擋不住襲上身的寒意，只能緊握著她的纖手，貪戀著那一點點溫暖。放眼望去，到處都是疏離的枝丫，冷風穿梭，拂過秋水，拂過楓紅，撩撥著別樣的寒涼。偶爾隨風飄飛的落葉，亦在晚秋的風裡悽婉而舞，許是懷念，念著那曾經的碧色，曾經的繁華。

回眸，一陣冷風陡然吹過，肆無忌憚地穿過他的胸膛，侵襲著他的周身。雙目緊閉，聽著凜冽的風從耳邊呼嘯而過，分明有種撕心裂肺的疼痛蔓延在心間。數月相守的時光，終究是太短太短，有些留在腦海的記憶，還未曾來得及回味，便又注定要被塵封，怎不讓他心痛難禁？一路走來，一路執著，相遇與別離，無需刻意，然她微微一笑間，他又看見了她不捨的目光，眼前的風景便都如昨日重現般，善感的心瞬時多了一絲摸不透的迷離。

嘆，那麼多的時光，就這樣婆娑地從歲月的枝頭掉落，只留下一些零零落落的記憶。一季的來臨，表著另一季的收場，然而，秋盡卻不是歸宿，只是輪迴，心縱然還眷戀著菊花漫開的暖秋，歲月的腳步卻是一步一步，無情地前行，吹皺了一池秋水。

曾經的懵懂，只在歲月的門楣上留下一道若隱若現的痕，舊日的誓言，亦在落葉凋零的時節，隨風逝去無痕，心也姍姍地飛到了時光的那端。惆悵裡，他只能緊擁著她的身子，看庭院內蕭條的樹葉，看它們被風吹得漫天飛舞，看它們旋轉的速度與轉身一樣，毫無還原餘地，看它們落下、吹起、再落，最後直至不知隨風去了何方。然，落葉可以追尋風的方向，攜著自由，漂泊天涯，那麼，他可不可以永遠追尋著她的腳步，陪她一起看春暖花開、日昇月落？

他不知道。他只知道，和她短暫的聚首之後，便又是長長久久的離別。既然無法為她稍做停留，那就拾取一片紅葉，權作是對她的留戀吧！轉身，輕揉雙眼，前方是一望無際的山巒，蔥郁的樹林鋪蓋成一張無形的網，一直延伸開來，他卻無法觸控它的靈魂。就像有些記憶，不去觸動，便不會想起，只是在同一個時間，眉頭盡顯的憂傷是筆尖臨摹不出來的心酸。驀然回首裡，她的眼角又多了一抹溼潤，而他卻在彎腰拾取紅葉之際，深深淺淺地嘆，或許，明朝推窗之時，入目之處恐怕又要多了幾分秋色和憔悴吧？

捨不得，但終究還是要走。坐在時光背後，冷冷的晨風逾過千年的距離破空而入，掠過書房裡正在敲打鍵盤的我的雙手，乍然回首，突感一陣冰涼，彷若三千年未動的冰石玉雕，於是，起身，推窗，看天光微亮，才發現，竟是寒冬入境，冷了幾回人心。驀然裡，我彷彿看見，那一個飄雪的日子裡，雲衣和白髮斑斑的母親一直把他送到渡口，儘管心中藏著一萬個不情不願，卻終究未曾說出口來。他知道，她是世上少有的嫻慧女子，這一生，他注定要負於她，可，這樣的日子究竟還要持續多久？他和她，真的注定只能隔著重重山巒，遠遠相望嗎？

屆征途，攜書劍，迢迢匹馬東去。慘離懷，嗟少年易分難聚。佳人方恁繾綣，便忍分鴛侶。當媚景，算密意幽歡，盡成輕負。

此際寸腸萬緒，慘愁顏、斷魂無語，和淚眼、片時幾番回顧，傷心脈脈誰訴？但黯然凝佇，暮煙寒雨，望秦樓何處。

——柳永〈鵲橋仙〉

「屆征途，攜書劍，迢迢匹馬東去。慘離懷，嗟少年易分難聚。」正是情意繾綣、難捨難分時，為了來年春天的科舉試，為了家族的希冀，他不得不再次攜書劍，踏上東去汴京的路徵。

問世間情為何物？直教人生死相許。望著她愁紅慘綠的面龐，他亦是心傷難禁，卻只能強忍著悲痛轉過身去，將淚水深藏心底，暗自嗟嘆。抬頭，仰問蒼穹，為什麼少年夫婦總是易分難聚，莫非，這就是命中注定？感情在心裡糾結，卻不想放下，當初冬的落葉在眼前四處飄零的時候，他內心的傷感也到了極致。

「佳人方恁繾綣，便忍分鴛侶。當媚景，算密意幽歡，盡成輕負。」情到濃時，卻是纏綿悱惻，可還是沒有辦法不忍下心來與她分別。雲衣啊雲衣，不是我不想為妳停留，只是我身上背負了太多太多的擔子，如果考不中進士，走不上仕途，丟的不僅是我自己的臉，還有父親和柳氏家族的顏面，儘管不是為了妳我將來的幸福，我也得將科舉試進行到底啊！

是啊，他沒有辦法。在以科舉試為入仕唯一途徑的時代，他只能咬緊牙關，一次一次地參加科試，然，又有誰知道他內心的苦悶與煎熬？值此良辰美景，本該與年輕的妻子在閨中曲盡歡暢，卻終是為了功名利祿輕負佳期，惹她心傷難禁。到底，功名和愛情，哪一樣才是他心中最為看重的？

回首，滿紙的文字難以訴愁腸千絲萬縷，他知道，即使抒盡所有痴情感懷，任堆砌的斷章累積成一座座大山，他也不能兩全其美，於是，只能對著影子的方向，將她默默惦念珍重。

「此際寸腸萬緒，慘愁顏、斷魂無語，和淚眼、片時幾番回顧。」想她，念她，卻是思緒紛亂、愁腸百結。深夜月寒，獨眠驛館的他全身上下都失去了溫度，只能任由冰冷的身子守著幽藍的光線直至天明，如此循環往復地度過每一寸沒有她的光陰，似乎每過一天，便是一個世紀。他亦試著，想要遺忘她所有的好，所有的美麗，甚至抹去關於她的一切念想，以為這樣便可不再想起、不再心痛、不再清醒，然而，在那個冬季的初端，當他收拾著曾經的諾言信箋，看到模糊的字跡還深深印著她的名字時，心口卻是無聲裂開，只換得愁容滿面、失魂落魄，無法言語。

她的身影一次次闖進他的腦海，她的容顏一次次閃入他的眼簾，卻無法平定他心中的幽怨，更無法放開過往的依戀。悵嘆裡，終明白，優雅或憤然都只是一種姿態，困惑與哀愁、執拗與堅硬亦都是心底的一種執著，而對她的思念卻是筆下抹不去的墨跡，到底，什麼時候，他才能擁著她溫香軟玉的身體，不再為功名利祿奔波忙碌？

和著淚水，一次次回望家鄉的方向，傷心裡，卻慶幸自己此生能夠娶到如此溫良的女子為妻。許多時候，他不言，她不語，他們亦能從彼此的眼神裡想起曾經的曾經，只是，她可知，有她的芳辰卻是他最深最厚重的祈願？

「傷心脈脈誰訴？但黯然凝佇，暮煙寒雨，望秦樓何處。」佇立風中，伸手挽住風中一抹清涼，亦如挽住了散落在歲月裡的目光。人都說年華若水，會稀釋舊日裡所有痛苦徬徨，但願若水時光，能夠沖淡她的憂鬱和惆悵，和他無奈的哀傷，只換做淡定自若、睿智瀟灑、豁達飄逸的模樣。

然，想她的時候，終是擋不住冬日漸深的聲音，徒然換得黯然神傷人憔悴。孤館裡，終不知該對誰傾訴衷腸一片，只好在暮煙寒雨裡，神情沮喪地凝望遠處有她的秦樓，卻又是鏡花水月、無影無蹤，空抱得滿懷茫然。輕輕，回首，這片渺茫的世界，終是寄託不了他的幽幽情懷，冷得讓他只想退回千里之處，於是，只能起身闔上窗，將滿庭寒影蕭疏的樹影關在心門之外，於歲月的杯盞中，為她斟滿甜美的嚮往，捋一縷清輝入夢，醉傾千里月光，唯盼紅塵有愛、相擁有期。

21. 花謝水流倏忽・雲衣・離別難

花謝水流倏忽，嗟年少光陰。有天然、蕙質蘭心，美韶容、何啻值千金。便因甚、翠弱紅衰，纏綿香體，都不勝任。算神仙、五色靈丹無驗，中路委瓶簪。
人悄悄，夜沉沉，閉香閨、永棄鴛衾。想嬌魂媚魄非遠，縱洪都方士也難尋。最苦是、好景良天，尊前歌笑，空想遺音。望斷處、杳杳巫峰十二，千古暮雲深。

——柳永〈離別難〉

轉身，住在紅塵深處，心早已穿過萬丈深淵，而那些追尋不回來的記憶，便又隨著時光和他遠去的身影，模糊了歲月，浸透了憂傷。回眸，歷史的斷牆殘垣裡，開封的微雨落了一千年，開封的柳絮飄了一千年，而那一首輓歌亦是被他唱響了一千年。

柳三變，那個活在宋詞中的可人，你可知，一千年後，我在遙遙相望裡見證著你的愛情？又可知，我常常仰望蒼天，為你千年等待的痴情落淚？在這古色古香的開封城裡，你曾枕著經書唸了她一年又一年，要用你生命的綠蔭替她遮擋世俗的風雨；你曾用一闋闋悼詞鋪成通向她幸福的小徑，只為不讓愛情空化作幽怨的淚水，唯願汴河的一泓春水滋潤她的青春活力。當時，悽清冷落的屋內空餘漆白的牆、昏黃的燈火，只有你獨自一人，綣縮在案榻邊，茫然端起案前那杯冒著熱氣的香茗，細抿幾口，試圖用來溫暖孤單的心房；而今，在這繁華綺麗的開封城裡，我似乎又看見她踏著如蓮的足音，輕輕向你走來，只是那一低頭的溫柔，便驚豔了前塵後事的輪迴。

戀她千年，紅塵相伴。她是你心底最柔軟的深情、永不凋謝的夢。那些個日日夜夜裡，你一直在等她，只想舉杯對月，綴幾行平仄的詩文，溫習唐時風、宋時雨，在水的深處描繪一抹微藍，在雲的天空馳騁繁花的夢，與她痴情相望。

彷若是千年前種下的緣分，今生裡，我才能踏著你的足跡尋夢而來。那些曾經的心靈碎片，一直悸動著我的心靈，從未遠離，此時此刻，無需言語，眉間縱有淡淡憂傷，我亦能感悟到你和她曾經的深愛。輕輕的，一個回眸，我又看到你掬水月在手，弄花香滿衣，輕攏幸福如花，任那些浪漫如雨的如蓮心事、唯美相思，剎那間破繭成蝶，拉響了往事的風鈴。

不想問，永遠有多遠，海角天涯，心相牽，你的心事有我願意聽。只是，請你記得，一定一定要幸福，卻又怕轉身過後，終是聚少離多，空冷落了她芳心如水，只能用一顆纖巧玲瓏的素心，在千年後，為你們祈禱，只願月嬋娟、人長久。

回首裡，淡淡墨香，滋潤了汴河兩岸的整個秋天。我彷佛又看見他悵立窗下，提筆，在舊了的紙箋上，緊接著將要消失的字跡，重新鐫刻下一段深厚的情愫。他看上去還是那麼蒼涼，柔情依舊如水，佳期卻無奈成夢，陳舊的往事融於墨跡中，兜兜轉轉，竟只剩下她的矢志不渝和他的兩行清淚。在這裡，我體會著他最後一次單屬於她的深情，心莫名的惆悵，只想穿越時光的隧道，給他們送去一片溫馨的撫慰。

抬頭，開封城裡，時間一直在我頭頂的上空掠過，默默注視著曾經的無奈。相遇匆忙，那片湖光山色都已被他笑忘，只留下一個寂寞的眼神，瞬間纏綿悱惻了整個北宋。我知道，他一生的深情暈開了一個盛世，只是，夕陽斜映裡，我看到的卻是兩個長長的背影，而那背影一拖便是千年，冷冷地埋葬著他和她經年的回憶，更讓人傷心難禁。

浸著滿心的憂傷，孤獨地走過古樸的小橋，心裡陡地升起一絲念想。千年前的他也曾走過這座橋嗎？驀然回首裡，是否也能看到他那襲消瘦的身影？低頭，凝視，眼前只是破橋一座，滿目瘡痍隱約流露出歲月的深沉與哀傷，而那石板斷裂的紋隙可是他千年思盼中流盡的淚痕？千年的悠恨，千年的哀怨，不盡，幾乎伴隨了他一生，然而，又有誰懂他過往的深情？

煙花落盡繁花去，愛仍在。側耳，聆聽，她說，難怨，難願；他說，如花美眷，此恨綿綿。然，此後的她，會在誰的身邊，只是夢斷、香消，有怨、無言；此後的他，又該如何將那離思鋪陳，終落得在街市瘋歌墨顛、落魄天涯，一切皆如流水東逝，永不回歸。

無言獨上西樓，黃昏裡，我在開封城憂傷著她的憂傷，惆悵著他的惆悵，心思早已放飛，飛到西元一一〇二年的秋天。那一年，是宋真宗大宗祥符五年，二十九歲的柳三變因瑣事纏事，未能參加春天的科舉試，而就在同年十月，宋真宗於延恩殿設道場祭祀聖祖趙玄朗，並稱「天尊下降」，大事慶賀，這便又給了他一個變通的機會。

原來，有宋一代，士人除了透過科舉試進階，還有一條特招的途徑，那就是「獻頌」，換句話說，就是結合時政，給皇帝寫一些歌功頌德的作品，一旦被皇帝看上了，就會賜他進士出身，給他一個官當當。柳三變知道，自己文風綺麗浮靡，與當政者的道德觀格格不入，所以縱是不斷參加科舉，亦難以有飛黃騰達的一天，甚至還會面臨再次被淘汰的命運，既然科舉路不通，那就抓住這千載難逢的機會，給當今聖上寫一闋獻頌詞吧。

寫獻頌詞，柳三變不是第一次。

宋真宗景德元年，即西元一〇〇四年，遼聖宗耶律隆緒與蕭太后率領二十大軍南下攻宋，在宰相寇準的堅持下，真宗勉強御駕親征，但卻在宋軍士氣方振、戰局對遼不利之際，以每年輸遼歲幣銀十萬兩、絹二十萬匹的屈辱條件，在澶淵同遼國簽訂了和約，開創了以輸歲幣求苟安的惡例。真宗原以為這是一樁值得自豪的功業，很得意了一陣子，不料有一天，參政王欽若卻對他說：「城下之盟，《春秋》恥之。澶淵之舉，以萬乘之尊而為城下盟，沒有比這更恥辱的了！」王欽若的話，本來是要貶低寇準的，但卻同時給愛慕虛榮的宋真宗當頭潑了一盆涼水，從此後便變得怏怏不樂。

王欽若是個善於察言觀色、逢迎邀寵的馬屁精。他看出真宗這人是既好大喜功，又害怕戰爭，就找了個機會假意向真宗提議說：「陛下若出兵收復幽、薊兩州，就可以洗掉澶淵之盟的恥辱了。」

真宗不無憂慮地說：「河北的的百姓剛剛免除了戰爭之苦，我哪忍心再挑起戰爭？還是想點其他辦法吧！」

王欽若趁機說：「那就只有封禪可以鎮服四海、誇示外國了。但自古封禪，都得有天瑞出現才行。當然，這『天瑞』不是說要就有的，前代之所謂『天瑞』者，有些是人為搞出來的，只不過人主把它當真的崇奉起來，並以之昭示天下，就會同真的一樣了。古代傳說的『河出圖、洛出書』，難道真有這麼回事嗎？那不過是聖人以神道設教罷了！」

真宗聽了，當然心領神會，但又擔心地說：「王旦也許不會同意這麼做吧？」

王旦是當時的宰相，因此前寇準已被排擠出朝，所以真宗首先要考慮王旦是否肯附從。王欽若說：「我去向他暗示這是出於聖意，估計不會不同意。」果然，經過王欽若說項，王旦同意了。但真宗心裡還是不踏實，就把王旦召來宴飲，正當喝得高興的時候，命人取出一樽酒來賜與王旦說：「帶回去同老婆孩子一起享用吧！」王旦回家後開啟酒樽一看，哪裡是什麼美酒拿裡面盛的全是美珠！從此，王旦成了封禪拉拉隊的領頭羊，於是，由王欽若導演的鬧劇便開演了。

西元一〇〇八年，即大中祥符元年正月，經過一番密謀，宋真宗把朝臣召集起來，詐稱有「天書」降於承天門，並授意一班吹鼓手如副宰相陳堯叟、三司使丁謂等人以經義加以附和，一時間，舉國歡騰、熱鬧非凡，在全國上下迅速掀起了一股「爭言祥瑞」的熱潮。

同年三月，又由王旦牽頭，動員文武百官、藩夷僧道及耆壽父老等二萬四千三百餘人，連續五次聯名上表請求真宗封禪。真宗召丁謂問了經費事宜後，即命翰林及太常詳擬封禪儀注，又任命了主要負責官員，其中王旦為封禪大禮使，王欽若為封禪度經制置使，丁謂負責計度財用。

六月初，宋真宗派王欽若為先行官，赴泰山籌辦具體事宜。王欽若一到乾封即上言：「泰山醴泉出，錫山蒼龍現。」不久，又遣人將自己偽造的「天書」馳送京都。真宗再次召集朝臣說：「五月丙子夜，我又夢見上次的神人對我說：『來月上旬，將賜天書泰山。』即密諭王欽若等凡有祥瑞立即上報，現在果然應驗了……」王旦等又是再拜稱賀。接著將泰山來的「天書」奉迎至含芳園正殿，仍由陳堯叟啟封宣讀，文曰：「汝崇孝奉吾，育民萬福。錫汝嘉瑞，黎庶成知。祕守斯言，善解吾意。國祚延永，壽歷遐歲。」於是群臣表上真宗尊號為「崇文廣武儀天奉道寶應章感聖明仁孝皇帝」。

不久，王欽若又獻芝草八十本，趙安仁獻五色金丹、紫芝八千七百餘本，各州獻上的芝草、嘉禾、瑞木之類更多得無法紀計。九月，「令有司勿奏大辟案」，又詔建玉清昭應宮，以備專門供奉「天書」。上述種種無非是為封禪氣氛加溫，同時也把對真宗的歌功頌德浪潮推上了一個新臺階，也就在那時，初入汴京、年輕氣盛的柳三變亦不能免俗，很快便寫下〈巫山一段雲〉詞，稱頌其事：

> 琪樹羅三殿，金龍抱九關。上清真籍總群仙，朝拜五雲間。
> 昨夜紫微詔下，急喚天書使者。令齋瑤檢降彤霞，重到漢皇家。
>
> ——柳永〈巫山一段雲〉

第一次獻頌，柳三變的詞章並未受到宋真宗的青睞。那時那刻，宋真宗正沉浸在自己製造的迷幻中無法自拔，又哪裡會拿正眼端瞧一個名不見經傳的士子的頌詞？然，僅僅四年之後，西元一〇一二年十月，繼「降天書」、「封泰山」、「祭后土」等事件之後，好大喜功的宋真宗又開始做夢了。這一次，他詐稱「聖祖」趙玄朗「降聖」延恩殿，於是，舉國上下再次陷入瘋狂的崇拜中，爭著奏祥瑞、獻頌歌，期冀獲得恩賜的柳三變自然不甘落後，於是，兩闋歌功頌德的〈玉樓春〉詞便在這個時候橫空出世：

> 昭華夜醮連清曙，金殿霓旌籠瑞霧。九枝擎燭燦繁星，百和焚香抽翠縷。
> 香羅薦地延真馭，萬乘凝旒聽祕語。卜年無用考靈龜，從此乾坤齊歷數。
>
> ——柳永〈玉樓春〉

鳳樓鬱鬱呈嘉瑞，降聖覃恩延四裔。醮臺清夜洞天嚴，公宴凌晨簫鼓沸。
保生酒勸椒香膩，延壽帶垂金縷細。幾行宛鷺望堯去，齊共南山呼萬歲。

——柳永〈玉樓春〉

有了第一次的獻頌的經驗，這一回他更是文思如泉湧、下筆如有神助，構思、用典，都無不竭盡心力。只可惜，前後兩次獻頌，才思不可謂不敏捷、文采不可謂不華美，卻始終沒能得到真宗的青睞，亦無緣躋身特招行列，而就在這個時候，從家鄉崇安偏偏傳來噩耗，剛剛為他生下兒子柳涚的妻子雲衣在武夷山去世了。

怎麼會？雲衣死了？去年冬天還活蹦亂跳的雲衣就這麼死了嗎？不！他不相信！或許，她只是睡著了；或許，她只是病了，可母親和大哥捎來的家信裡，為什麼要說她死了呢？他無論如何也不敢接受這無情的事實，昨日的歡笑仍然凝在她香豔的嘴角，怎麼說去就去了呢？

記得，初相逢時，她的美貌驚豔了他的筆墨，從此後，他的文字世界開始變得清新柔和，處處浸染著唐風的飄逸、宋詞的婉約。那年那月，吟一曲柔情繾綣的纏綿，那幽幽的情思都為她躍然紙間，而滿滿蒹葭《詩經》的氣息，亦都在她溫柔的笑靨裡，和著他的愛戀，輕吟淺唱、呢喃細語。再回首，人去屋空，空靈的字跡，卻是穿越了千年的眷戀，涼透了三生石烙刻的塵緣。

鏡中花顏，紅線是誰牽，卻又被誰剪？抬首，看片片落花飛紅、暗香盈袖，往昔的點滴，歷歷在目，幽幽的思緒，淡然恬靜。挽兩袖春風，撣去塵世的鉛華與滄桑，只想把過往煮成一杯清茶，和著祈願飲下，唯願銀河當空，十二峰下，水月輕顰輕舞出她人生的精采。然，失去的終究不會回來，留下的唯有那些青澀懵懂的回憶，只是，轉身過後，那永不褪色的記憶卻如同鮮活的畫面一一浮現於眼前，是那樣的明豔，那樣的絢美，又是那樣的哀傷，那樣的濟然，貫穿著他整個生命。

此時此刻，唯有和著兩行熱淚，斟滿真誠，傾心傾情，用真心為她寫下第一闋美侖美奐的悼詞。可是，她還能看到他的心聲淚痕，還能聽到他的痛哭失聲嗎？蝶吟相思，花已離枝，悵立窗下，想她素衣勝雪、清顏若仙，念她優雅婉轉、風情萬種，自是心傷難禁。雲衣啊雲衣，妳怎麼都不等我回去看妳最後一眼，就這樣毫無留戀地走了？我們的兒子才剛剛出世，妳又如何忍心撇下他不管不顧了呢？然，佳人已然作古，再多的悲傷亦是無濟於事，於是，只能為她執筆吟哦，寫盡暮色晨曦、情海痴天。

花謝水流倏忽，嗟年少光陰。有天然、蕙質蘭心。美韶容、何啻值千金。便因甚、翠弱紅衰，纏綿香體，都不勝任。算神仙、五色靈丹無驗，中路委瓶簪。

人悄悄，夜沉沉，閉香閨、永棄鴛衾。想嬌魂媚魄非遠，縱洪都方士也難尋。最苦是、好景良天，尊前歌笑，空想遺音。望斷處、杳杳巫峰十二，千古暮雲深。

——柳永〈離別難〉

「花謝水流倏忽，嗟年少光陰，有天然、蕙質蘭心。美韶容、何啻值千金。」渡盡紅塵，筆韻憂傷執著，人間何處不了情？心底鎖著一個永遠的名字和不忍觸控的憂傷，卻是驚鴻一瞥、凌波照影，落紅胭脂，滿紙紫陌盡香風。

深深的庭院，涼涼的石桌。眼前，依然是昔日熟悉的酒壺，依然是昔日精巧的杯盞，還有依然故我的他。聽到雲衣去世的消息，他馬不停蹄地從東京匆匆趕回崇安奔喪，此時此刻，和衣坐在石凳上，撫摸著杯盞，睹物思人，只是杯盞依舊，人卻不見，不禁悲從中來，兩行清淚簌簌落下。

想起那一年，出門遠遊，雲衣不捨，在白雲深處的庭院裡為他擺下小酒踐行，含情脈脈。那時年少，意氣風華，只急著走出門去，一覽天下美景，全沒顧得上妻子「君須去，且早回，莫負妾之心」的叮嚀。沒想到，再次歸來，再也聽不到她往日溫柔的呼喚，再也看不到她款款走動的身影，取而代之的卻是祠堂裡供著的那塊冷冰冰的牌位。

雲衣，我回來晚了。望著她的牌位，還有丫鬟懷裡抱著的兒子，卻是相顧無言，淚眼潸然。少年時，與她兩相盟約，發誓相伴到老，那時的他們是多麼甜蜜、多麼恩愛！多少次，在這庭院裡，在這石桌旁，他笑著飲酒，她緩緩吟唱，唱的是他寫的歪詞，跳的是她自編的舞曲，琴瑟和諧、于飛相伴。那時的她是那樣的美麗，那樣的蕙質蘭心，絕代的芳華，縱使千金買她一笑，他也毫不猶豫、毫不後悔。可是，為什麼，韶華如此易逝？少年光陰如許短暫？恰似花落水流，轉眼間便消逝得無影無蹤？

「便因甚、翠弱紅衰，纏綿香體，都不勝任。算神仙、五色靈丹無驗，中路委瓶簪。」暗嗟嘆，心傷難禁。老天爺啊老天爺，你為什麼非要將她從我身邊奪走？他不知道，到底是何緣故，轉瞬的工夫，她就臥病在床、翠衰紅減，更不明白，為什麼她這樣容易便撒手人寰，難道，神仙的靈丹妙藥都不能將她解救回來嗎？在他心裡，她就是九天仙子再世，可仙子都是神通廣大的，為什麼她卻不能讓自己醒過來，睜大眼睛再看他一眼呢？

所有的深情，都無法將她挽留，可他不明白的是，為什麼夫妻情緣才到中路，她便棄他而去？中路委瓶簪！瓶簪，瓶簪，瓶沉簪折，瓶沉簪折啊！瓶沉難再覓，簪折難再合，自此一別，竟然難再相見！從今往後，只任淚眼沉迷、看朱成碧，亦只能和著滿心的失意把盞狂飲。

「人悄悄，夜沉沉，閉香閨、永棄鴛衾。想嬌魂媚魄非遠，縱洪都方士也難尋。」庭院靜寂，月涼如水；酒盞還依舊，舉杯獨一人。她已不在，香閨深閉，鴛衾永棄，卻邀誰來與他共把盞？暗自揣測，她的香魂一定就在他的身邊，於暗中悄悄看著他，關注著他的一舉一動，可他卻看不見她，舉起酒杯也得不到她的回應，想來縱然請來洪都方士，也難以將她喚出，再於他眼前輕歌曼舞了。

滾滾紅塵裡，隔著彼岸闌珊觀望，驀然回首，一縷心香巧研。此岸彼岸，承君靈犀，此份情誼深深銘記。今朝雲淡風清、素月澄明，何不趁良宵吉時，掬一捧月光，將千千心語，在梵音輕唱中，穿越廣袤的蒼穹，飄過狹長的古道，香凝成真誠的祝願，但願她一切都好？

「最苦是、好景良天，尊前歌笑，空想遺音。望斷處、杳杳巫峰十二，千古暮雲深。」世事多變，最痛苦的莫過於在良辰美景裡徒然念著她昔日的歡聲笑語、溫柔叮嚀，卻無法將她輕擁入懷。抬頭，睜開迷離的雙眼，呆呆望著無邊的天際，但見月圓依舊、光華璀璨，只是，那月亮後面奇形怪狀的雲層，怎麼愈看愈是像極了傳說中的巫山十二峰？

巫山十二峰，巫山十二峰。回想著她的一顰一笑，孤獨傷魂的他一遍遍喃喃唸叨著。巫山十二峰是冶豔神女出沒的地方，難道，他的雲衣也是去向了那裡？儘管武夷山與巫山隔著千山萬水，遙不可及，可他還是想去那裡尋她覓她，見她最後一面。然，魂兮魄兮，暮雲深深，又該從哪尋覓起呢？賞心悅目誰家事？良辰美景奈何天！仰望蒼穹，亦只能舉杯狂笑，任淚流涓涓，一飲而盡。

22. 空只添憔悴・蟲娘・慢卷紬

閒窗燭暗，孤幃夜永，欹枕難成寐。細屈指尋思，舊事前歡，都來未盡，平生深意。到得如今，萬般追悔，空只添憔悴。對好景良辰，皺著眉兒，成甚滋味。

紅茵翠被，當時事、一一堪垂淚。怎生得依前，似恁偎香倚暖，抱著日高猶睡。算得伊家，也應隨分，煩惱心兒裡。又爭似從前，淡淡相看，免恁牽繫。

——柳永〈慢卷紬〉

風，掃落了黃葉，拂起了塵埃，勾出了那些有關風月的紅塵過往。

記不清多少次，一個人，輕倚西窗，安靜地遠眺被鉛色覆蓋的蒼穹，灰濛濛的天際，留下的只是沉悶與壓抑。回首裡，愁，卻在那一刻輕展，帶著一縷孤單、一縷清閒，在漂浮的思緒裡游離、暢想。

一些有關往事的陳詞，如影相隨。惆悵裡，暗自嗟嘆，有時，能夠憶起是一種幸福，但有時，能夠憶起卻是一種感傷。總是不能抓住自己時常失控的心，時而迷離，時而清醒，時而徬徨。時光宛若靜止，可一切又彷彿在彈指間，流逝的夏之夢，驀然回首，散落的是殤；那些言不盡的淒情，那些淌不完的清淚，陌上寒煙，只能，孤芳自賞。

雨，輕薄淺落，絲絲縷縷，幽幽怨怨。不知從何時起，他細膩的心居然莫名地愛上了這片連綿的陰雨天。也許，雨天是思念的風鈴，雨飄下，鈴便響，她便會婀娜而來。然，伸出薄涼的手掌，看雨滴落於掌心，遠遠望去，望不見她，卻有涼意遍布全身，於是，懷念頓時張開了翅膀，眼角早已感到溼潤。

轉眼間，已是西元一〇一三年，宋真宗大中祥符六年。這一年，柳三變已步入而立之年。雲衣的早逝，給他內心帶來無法彌補的痛，那時那刻，足不出戶的他唯有和著兩行追悔的熱淚，徘徊躑躅在東京城柳府宅院，日復一日地緬懷她、思念她，將案上的經書翻了又翻，心卻亂了又亂。

雲衣走了，蟲娘亦被他遺落在紅塵的角落裡。從崇安回到東京後，他再沒去找過蟲娘，只為懲罰自己對雲衣的負心與涼薄。然而，遠去了蟲娘的日子裡，看風，看雨，看晴，在渾濁的淚水裡似乎都永恆成了一種冷淡的心境，談不上憂，也談不上愁，卻是找不到點滴可以讓自己感到快樂的理由。日子，宛若握在掌中的水，無論握得多緊，最後還是會漏得一無所有，而他只能跟著日子的步伐，每天循規蹈矩地生活著，平湖似的心再也激不起一絲澎湃的漣漪。

蟲娘，輕輕念著她的名字，心一如既往的沉痛。莫非，只因對雲衣的愧疚，他便要永遠拋卻對蟲娘的許諾？所有的錯都是他一手造成的，與蟲娘又有何干？如今這般冷落於她，難道不是另一種傷害嗎？這些年來，他傷了太多女子的心，雲衣、楚楚、謝玉英，難不成還要再加上蟲娘？他不知道，到底該怎麼做才是對的，他只知道，睜眼閉眼之間，獨處的日子裡，對蟲娘的思念卻是與日俱增。已有大半年沒去她那裡走動了，她會不會也像雲衣那樣，在樓前將他悄然等待，日復一日、年復一年？傷心裡，又想起她靚麗的容顏，那一頭烏黑的秀髮，那一雙彎彎的睫毛，那一對清亮的眸光，那高挑的鼻梁，那圓潤的臉龐，那潔白如玉的貝齒，還有那泛紅的嘴角時常掛著的淡淡微笑，無不令他心醉神迷。只是，她微笑的深處卻時時氾濫出淺淺的憂傷，似有所思，又似有所夢，到底，她心裡又藏著怎樣的悲傷與悽楚？

她天生一副天籟般的嗓音，又習得一手好琵琶。記得情好繾綣之時，在每一個月色朦朧的夜晚，她總是懷抱琵琶，輕移蓮步，邁步於樓後的六角小亭，望著習風而坐的他，目展幾絲清純之靈氣，巧用一雙纖纖素手，彈起一曲綿綿軟軟的〈長相思〉。環指輕彈間，那曲調如涓涓晶瑩的細流，似潺潺散碎的光陰，在那些個清風徐徐、月色柔和的夜晚，倏忽升起了一樹的相思，散落了一地的惆悵，欲摘不能，欲拾不得，別有一番神韻在歷史的塵埃裡蜿蜒流淌。回眸裡，佳人已遠，昔日清清的琴音卻仍繚繞在如縷的月色裡，宛若痴痴的怨愁悽婉而哀鬱，只是，兜兜轉轉，到今日，誰又能彎腰拾起那散落了一地的眼淚與枯黃？

再回首，又聽到她清麗的歌喉宛轉在朦朧長夜裡，纏纏綿綿，似顫抖得被寥落了一地的相思，那種欲與之長相廝守卻未能如願的淒涼與無奈，又有誰人能夠解得開？心痛，悵然望向窗外，夜空闌靜，依舊蒼白得無力，憂傷亦如影隨形，在氤氳的夜色裡肆意蔓延，淺聲絮語間、塵世輪迴中，他的寂寞便在那個黯然神傷的夜晚被籠罩、被儲存、被長長的記憶封包，無法釋然，只能和淚望著萬家燈火明明滅滅，沾一指相思，在紙箋上輕描淡寫，任呈現的文字成為他生命裡的紅顏知己。

轉身，憂傷的淺影，被漫漫的黑夜拉長，拉長到他記憶的彼岸，只是，彼岸是否花開正濃？彼岸是否有他的歸宿？彼岸是否沒有料峭的寒冬？彼岸的她是否還在將他默默等待？他不懂，亦不想懂，或許他和她的彼岸已然相隔得太遠、太久，遠得他已忘了時間的距離，久得他已忘了歲月的永恆，於是，唯有把那些解不開的情結、訴不完的情愫，化作一闋清麗的長調，抒寫出隱匿在心裡的塵煙。

閒窗燭暗，孤幃夜永，攲枕難成寐。細屈指尋思，舊事前歡，都來未盡，平生深意。到得如今，萬般追悔，空只添憔悴，對好景良辰，皺著眉兒，成甚滋味。

22. 空只添憔悴・蟲娘・慢卷紬

紅茵翠被，當時事、一一堪垂淚。怎生得依前，似恁偎香倚暖，抱著日高猶睡。算得伊家，也應隨分，煩惱心兒裡，又爭似從前，淡淡相看，免恁牽繫。

——柳永〈慢卷紬〉

「閒窗燭暗，孤幃夜永，攲枕難成寐。」窗冷燭暗，夜長幃孤，庭前菊花開得如火如荼，夾雜著深秋的寒意，卻是暖了惆悵、冷了心房。回首，記憶歸千塵，往事已如煙，思念的空間裡，散亂著夢的碎片，星星點點，只是她已不在身旁，倚枕不成眠，終是舊日如塵、舊境若夢，舊人難尋、舊事難憶。

再美好的記憶，也許都會抵不過時間的遺忘，誰還會站在原地傻傻地等待？是他，還是她？轉身，他依然孤獨地站在一個人的陰暗角落裡，苦思冥想，那冥想與苦思，愁開了花朵翩翩，又愁敗了花落飄飄，他的相思已然飄零在悽美的流年歲月裡，他的淚水亦已流連在記憶的溝壑中。

「細屈指尋思，舊事前歡，都來未盡，平生深意。」屈指，暗尋思，往日的痴情不改、纏綿繾綣，都未盡平生深意，輾轉過後，只留下一身的孤寂與落寞，無與言述。她已遠去了他的世界，而當他用渾濁的眼神再去回眸恰當風華時那一抹淡淡的傷懷清愁時，卻發現對她的思念仍是那樣深那樣濃，讓他只想用盡一生，去追尋屬於她的所有美好與記憶。

「到得如今，萬般追悔，空只添憔悴，對好景良辰，皺著眉兒，成甚滋味。」花開是一季的光景，花落是一年的開始。他知道，對她的思念斑斕在花開的季節裡，亦會淹沒在似水流年裡，經年過後，終會化作一絲微不足道的塵埃，墜入阡陌的滾滾紅塵中，隨風而散，隨雨而去。然而，他還是捨不得，捨不得就此將她忘懷，想起前塵舊事，更是萬般追悔。為什麼，為什麼要把自己對雲衣的愧疚變作對蟲娘的冷漠？雲衣已矣，難道自己還要繼續傷害無辜的蟲娘嗎？不，他不能，然，他又能挽回些什麼？想她念她，只不過空添憔悴罷了！

抬頭，於昏黃的燭光裡望著眼前的良辰美景，卻是緊蹙著眉頭，別有一番悽楚在心頭。轉身，欲從傷感的世界逃離至文詞的桃園，豈料僅有的淨地也已被現實的浮華侵蝕，一路跌跌撞撞，風生水起，散淡了文詞曼妙悠悠的純潔情懷，一襲戀舊的心性唯餘薄涼，只能挽幾朵詞花銘記與她的遇見，書幾行文字驅趕清冷的風，任豐盈一季的雪花，在剎那間永恆。

「紅茵翠被，當時事、一一堪垂淚，怎生得依前，似恁偎香倚暖，抱著日高猶睡。」曾幾何時，她為他鋪好紅茵翠被，與他攜手入帷，曲盡綢繆、恩愛異常。往事一幕幕湧上心頭，她種種的好一滴滴沁入他的靈魂，憶著昔日的歡聲笑語，怎不讓之悽然落淚？而今，她已不在，他又怎依得從前，能再與她香閨中偎香倚暖，日上三竿時還相擁著沉浸在甜蜜的夢鄉里？俱往矣，看著寫下的文詞背後那嬌作虛秀的靈魂，他心痛莫名，難道，除了這些香豔的文字，他再也不能給她點滴溫暖了嗎？

回眸，披著一路風塵，他只想於對她的思念裡留住所有的情感，不再與之疏離；只想遠去庸常的瑣碎，將所有的溫暖與感動鋪敘成文，棲於紙上，在每一個斜陽的餘暉裡殷實成暖暖的溫柔，在文字的阡陌裡，為她低吟淺唱。然，那一張張用心鋪成的素箋，那一筆筆用淚蘸成的文字，又怎能訴盡他心中萬般柔腸？一紙墨香，終只換來縷縷閒愁，從今往後，又叫他如何取捨？

「算得伊家，也應隨分，煩惱心兒裡，又爭似從前，淡淡相看，免恁牽繫。」時常在夢中，枕一夜相思而眠，想她、念她，卻不料凝眸裡已然迷失在那一場久別了的風花雪月裡，憂傷過後，只任愁腸滴滿一張張紙的空白，而後卻又在淺吟低唱裡淚如雨下。花月下，戲人生，夢裡春境開不盡，清醒空恨白頭人，遠去她的日子裡，憂傷的他唯有將眼角的殤輕埋淺葬在心底，讓過去的愛恨聚散都落花成塚，好讓今後思念重憶時，靈魂至少會有個去處。

緣已盡，莫追憶。對月訴閒愁，依舊是滿腹惆悵。只是，那在水一方的蟲娘又真能將他徹底忘懷嗎？不，不會的。他知道，他不在的日子裡，她對他的思慕亦如他對她的念想，未曾有過絲毫間斷。見不到他，她心裡充斥的只是煩惱，只是憂傷，只是無法排遣的離情別緒和對他長長久久的牽掛。可他不要她煩惱，不要她憂傷，他要她快樂，要她高興，而今這樣兩兩相望、兩兩悲戚的淒涼，又怎如從前緊緊握住雙手在窗下淡淡相看的種種溫暖？

那時那刻，雖沒有太多豪情壯志，亦沒有太多驚天動地的舉措，但那種相濡以沫的溫潤卻時時暖著他倆易感的心扉。良辰美景是何日？再回首，往事如煙，當雲端再次飄來她和著琵琶絃音的旖旎歌聲之際，他只想這一生都枕著她的溫柔，與之在相念相望中守候，在輪迴的季節裡相守。只要能免她刻骨牽念，哪怕天涯相隔，哪怕為她忍受再多的苦痛與煎熬，他也心甘情願。

23. 更不輕離拆．蟲娘．征部樂

雅歡幽會，良辰可惜虛拋擲。每追念、狂蹤舊跡。長祇恁、愁悶朝夕。憑誰去、花衢覓。細說此中端的，道向我、轉覺厭厭，役夢勞魂苦相憶。

須知最有，風前月下，心事始終難得。但願我、蟲蟲心下，把人看待，長似初相識。況漸逢春色，便是有，舉場消息，待這回、好好憐伊，更不輕離拆。

——柳永〈征部樂〉

抬頭，喧鬧的白晝，在眼底停止了腳步，輪迴了幾世的明月，於天青色中舞陌流沙，那些抓不住、匆匆而逝的流年，都在百轉千迴中落至原點，擱淺在辛酸的心頭。夜色朦朧，捻開過往的時光，於月下，和淚彈一曲相思，任一幕幕相依相偎的溫馨畫面，烙在心頭的記憶裡，徘徊，不去，那些深藏在記憶裡最美麗的風景，倏忽裡，便穿過月光尋他而來，彷彿五顏六色的風鈴下藏著的萬千故事，懸掛在歲月的窗前，無法抹去，只輕吟低唱。

站在時光的罅隙裡，輕嘆光陰如水，繁華過往，終是輕染了流年。轉身，踏碎一地的溫柔，在這寂靜的夜晚，梳理過去的旖旎風景，卻是痛了夢境，依舊無法抵擋他固執尋覓遠逝的情長。漫一曲吳歌楚聲、舞一曲生命絕響，一弦〈長相思〉，唱斷紅塵路，多少風花雪月都成殤事，在平淡的歲月裡默默上演，才明白，原來所有的紅塵遇見，都恰似一場花開，隨著悠揚的旋律緩緩遊蕩，轉身過後，便又是花謝燕飛，只留得清影孤燈前，將他萬丈紅塵一一埋葬。

回眸，攏一彎清愁如煙，喚醒封存的記憶，記錄往事滄桑。愛已走遠，錦瑟年華掐指算，數不盡的相思，只任一人在夜裡細語低喃，那無邊的孤獨和哀愁，恰似落花流水，將他擊打得狼狽不堪。悵嘆，那些前塵舊事終究都成了過眼雲煙，迷失成歲月的淒涼。碧水長流心寂寂，念一闋〈相見歡〉，沉醉了那年、那月、那時光，再回首，攢滿了的相思，落在眉間心頭終成殤，到如今，亦只能把嘆息裝進行囊，淚眼看，為她糾纏著朝朝暮暮的溫柔在春風裡輕舞飛揚。

憶往昔，書苑紫墨飛揚，與她攜手，日夜不倦，趣讀宋詞倚寒窗；而今，案前揮墨，但見窗前歸燕翩飛、結伴花叢忙，唯獨不見紅袖添香，柳絮紛飛裡亦未曾瞄見她舊日模樣。簷下，紫色風鈴迎著輕風清唱，草長鶯飛的旖旎風光裡，留給他的只有痛斷肝腸的一曲獨奏、葬盡紅塵的離歌絕響，還有倚遍闌桿的聲聲嘆息。

曲曲離殤，敲碎他經年平靜的內心，在筆下譜成斷魂音律，演繹成遙遠的心傷。凝眸，楊柳青青，芬芳灑滿庭院，卻是一朝相逢一夕醉，試問，眉間那傷，究竟有誰人能懂？站在流年的路口回顧，流失的季節，皆隱退於寒水枯草的深處，一切早已物是人非，歲月之下，卻是捨不得遺忘，只能靜守著一份流年的安好，於花前月下，放飛心中的牽掛，任那些塵封已久的記憶，在揮手間拂落滿地憂傷。

總是，為她憂鬱；總是，為她惆悵。年復一年，日復一日。倦倚窗前，且歌且行，月光依然在流年的葉尖上跳舞，那些銘心的話語，還縈繞在耳畔，那些溫柔的笑靨，還浮動在眼前，卻是誰在他曾經的過往裡拈花淺笑？瑟瑟的寒風，輕輕吹過他單薄的身影，孤寂的人唯有藉著一片潮溼的夜空靜守紅塵，攬一縷清風、掬一輪明月，把婉轉心事捻成絲絲縷縷，寄予靈魂深處，將她默默懷想。嘆只嘆，那些同行的歲月，那些曾經的戀歌，終究逃脫不得飄落的宿命，不管是地上，是水中，是天涯，還是海角，那都是相思最後的歸宿！

疏影搖曳，紅塵阡陌中，只想，拈一朵相思的花，讓脈脈柔情穿越黑夜，一路踏歌，為她綻放，卻不知遠處的她，能否將這傾城淺笑、刻骨相思，靜收心間？流動的時光從青春的眉間掃過，消逝的歲月從飄渺的雲間掠過，一切彷彿都已遠去，而他依然於愛的角落裡靜守時光，為她輕捻祝福，為她默默祈禱，安靜等待，與她執手、兩兩相看。

歲月靜好，無論是笑吟流年，還是淚眼潸然，心若相連，縱天涯也在咫尺。他不怕時間的流逝，亦不怕歲月的消融，然，他不在她身邊，她能否照顧好自己？身心疲憊時，少了他肩膀的依靠，心會不會覺得更累？一縷思念一縷牽掛，幾多相思幾多愁，失去她愛憐的目光，萬丈塵埃之下，可還能埋葬他千年傾城的詞魂？隔簾望，花凋零，月悽清，她如昔的嬌顏，依舊隔著舊時軒窗，任風弄鬟雲，任痴心如夢，只是，那寂寞的星空，那寂寞的長夜，還有那婉約如蘭的心思，皆和著渾濁的淚水，隨月影輕輕搖曳，依舊是剪不斷，理還亂。

抬頭，夜空還是那樣的深邃，那婉轉的琴聲，依然穿梭在孤寂的時空長廊裡，頓時惹起滿腹愁腸，只黯然憔悴。回首，花飄舞，夢難尋，人難覓，所有的溫暖，皆若二月的春風，偶然染紅一樹相思，卻驚起綠營中一時無章的慌亂。是時，是誰，於樹下盈盈拂琴，擾動心弦，飛舞水袖？是時，是誰，於爛漫的時節，芳染著心扉，吟著真情兩依依，吟著人間聚散誓難離，捧一泓潺潺流水，對月清歌？是時，是誰，剪翠妝紅欲就，折得清香滿袖，淺淺的笑靨，穿越夜曉天明，用千年的時光，只為等待他一次回眸的淺笑？是時，窗外星光閃耀，明月給大地披上銀裝素裹，又是誰停止思念，欲把月光做成嫁裳穿在身上，與他永相共？

是她。他的蟲蟲。那年那月，她於樹影裡輕舞水袖，借一滴淚的晶瑩，守候一季又一季的花香，輕訴落寂芳華，於花前月下飛舞。紅塵幾許，夢難平，千絲萬縷的相思，在她周圍飄溢著暗香，然，揮手之際，那些深深的依戀，卻是風殘紅落，旋於夜的舞臺中央，不能再共。回眸，紅塵深處，有著太多細微的回憶，於他而言，卻是流年易逝、夢難訴，遺失了純真，亦錯過了良緣，只是，那心裡曾有的暗香如今又飄落在何方？

低頭，滿腹的淚水和著淺淡的文字交輝在冷白的月光中，曾經的悲歡離合瞬間湧動至筆墨間，都化為他宋詞裡的幽怨。只是，那些散逸著歷史遺香的文字裡，有過多少過客半途夭落？散去了一季的芳菲，又有過多少故事沒有綴上理想的結尾？自古多情恨別離，紅塵深處，往事翩躚，風過處，飛花幾片，揮灑著輕舞飛揚的青春，風過後，卻勾起一串串眷戀，留下幾縷暗香沉澱，浸在舊時的春花秋月裡，只供寂寞的他，任孤寂的身影澆溼心愁，為她倚窗書寫下一段段眷戀離殤。

心痛，望斷西樓。清冷月下，撫過時光裡的浮華，漫過紅塵裡的滄桑，看年華逝去，眼前只剩流觴滿箋，徒然換得他黯然神傷。淺淺的清愁，影落燈殘月上窗，哀傷裡，舊年的眷戀拉開了夜色裡的淒涼，微風中梳理一段深情，若干年前的記憶，若干年後的回憶，幾度入夢，皆於惆悵裡化作縷縷沉香舞落在窗臺，翩躚起落，蕩去塵埃，舞盡惆悵，卻是誰道相思夢中尋，寂寥幾許嘆炎涼？

嘆，多情自古空遺恨，只是當時已惘然。碎影難拾往事的過程裡，一切皆如夢中幻景，那一闋闋詞，那一行行字，都彷若被風襲去遠方，那些曾經蕩漾在秦樓楚館的詩情畫意，更不知昨夕是何年。現如今，常相思，常相憶，唯願待得殘舟歸去時，那些藏在眉間的心事，能和著幽怨的琴聲，將她緊緊封印在心底，哪怕為她沉澱多年的困惑，哪怕為她把滿腔幽怨舞落成文字的殤，亦是心甘情願、無怨無悔。

> 雅歡幽會，良辰可惜虛拋擲。每追念、狂蹤舊跡。長祇恁、愁悶朝夕。憑誰去、花衢覓。細說此中端的，道向我、轉覺厭厭，役夢勞魂苦相憶。
>
> 須知最有，風前月下，心事始終難得。但願我、蟲蟲心下，把人看待，長似初相識。況漸逢春色，便是有，舉場消息，待這回、好好憐伊，更不輕離拆。
>
> ——柳永〈征部樂〉

「雅歡幽會，良辰可惜虛拋擲。每追念、狂蹤舊跡。長祇恁、愁悶朝夕。」夜未央，淚偷垂，惆悵離情。寒夜裡的思念，一絲絲，一縷縷，揮灑不盡。一別如斯，他忘了對她說，在他寥落的心底，永遠裝滿她的身影，裝滿她的笑容，裝滿她的聲音。有了那麼多的她，黑夜不再漫長，有風有雨的日子不再害怕，心中一朵等待的花兒，只待流年綻放。

綠水東流，青山依舊，驀然回首的剎那，才發現，與她執手以來，無論喜悅、悲傷，抑或幸福、痛苦，分分合合，亦已牽手走過十餘個年頭。回眸，捻開過往的時光，一幕幕相依相偎的溫馨畫面，一句句柔情似蜜的話語，還有至死不渝的三生約定，都在一瞬間鋪天蓋地襲來，那些一同走過的日子，亦已被刻在了地老天荒的路途中，年年歲歲。

23. 更不輕離拆．蟲娘．征部樂

惜只惜，大好的青春年華那樣白白浪費在與眾歌伎飲酒作樂、幽會調情之中，卻未能把每一個春暖花開的日子都贈於心底最眷戀的她。每當追憶起過去放蕩不羈的生活，便覺得長夜漫漫只孤寂，空添了朝夕間的愁慮煩悶。

「憑誰去、花衢覓。細說此中端的。道向我、轉覺厭厭，役夢勞魂苦相憶。」早春二月，料峭的寒風，一縷一縷從窗前掠過，再次抬頭仰望那一輪如水的明月，他依然是素顏淡淡，思唸成殤。夜色依舊，月色依舊，只是少了她在身邊的溫情，心有些許酸，眼有些許澀，輕聲呢喃裡，卻不知她的夢裡可否還殘存有他的身影？

夢中驚醒，無法入眠，唯有把一徑心事，寄託在這滿箋零零落落的字跡裡。然，對他而言，執她之手、與她偕老，真的不會輾轉成一個永恆的夢嗎？一別經年，此時此刻，誰能去花街柳巷，替他將她尋覓，細細訴說他思慕她的萬般痛苦？誰又能告訴她，他的憔悴，他的憂鬱，他的哀傷，他的心痛，他的煎熬，他的萎靡不振，皆只因對她魂牽夢繞的苦苦思念？

「須知最有，風前月下，心事始終難得。但願我、蟲蟲心下，把人看待，長似初相識。況漸逢春色。」花開幾度，歲月更迭，世間百媚千紅，他只對她情有獨鍾，只要她高興，他仍願手持玫瑰，等她於千里之外為他涉水而來，與之執手千年。然，他真的還有機會走進她的世界嗎？要知道，人杳杳、思依依，風前月下、良辰美景裡，玲瓏心事最是難成全，惆悵裡，只盼能傾他萬縷柔情，共她一簾幽夢。

凝眸，霧薄花殤，長相憶裡，幾許清寒，寫滿歲月裡回望的斷章。窗外，明月閃爍著斑然星光，只餘下幾點交錯的星輝，流落於塵世，在庭前蕩漾，心莫名的疼痛。驀然回首，歲月已悄然流逝，如果時光可以倒流，他想，他必不再忍心，讓她淚溼紅箋似雨飛，與她淚別紅塵相思路。轉身，輕叩記憶的門扉，十指緊扣，幾許思念，幾許牽掛，如夢、似花，落在眉間，容入相思，溶進感傷，飄蕩於心房，那便是前世桃花今生劫麼？或許，此生他未曾看破紅塵，不明白縱然意相通、夢相同，結局依然是無奈的分離，只容他於月下孤單的徘徊。

駐足處，花瓣雨，悄悄落，注目時，淚已成行。親愛的蟲蟲，妳可知，此生唯有妳才是我紅塵裡不息的牽掛？又可知，光陰荏苒，在我記憶深處，依然有你溫暖的綿綿絮語，而那一段似水流年裡的相遇相知，更醉了我年復一年的眸光？噢，蟲蟲，等妳是一種美麗，為此，我願等妳在天之涯、海之角，如果雲知道，今夜，便讓我傾萬縷柔情，共妳一簾幽夢吧！若妳，遇見夢中明媚的歡顏，那便是我，效蝶舞翩躚夢雙飛，只為踐那一場，於人間三月天，與妳共醉芳菲的約。

只是，我不在的日子裡，鴇母逼妳接待那些輕薄客人時，妳一定要保持初相識的懵懂模樣，不要陷得太深，不要付出真心真意，不要為他們哭，不要為他們笑，更不要為他們鬧，因為在不遠的地方，還有我，還有我在思念著妳、守候著妳，況且，妳還是那麼青春，那麼嬌美，那麼光華四射，就更得好好珍重，不要讓自己再受到半點委屈，明白嗎？

「便是有，舉場消息，待這回、好好憐伊，更不輕離拆。」眨眼的工夫，已是西元一〇一五年，宋真宗大中祥符八年春，這一年，柳三變已經三十二歲了，可依舊未曾擺脫白衣書生的身分。為了參加這年春天舉行的科試，他愣是改了往日風流性情，把自己關在柳府書房內，足不出戶，一心一意攻讀經書，把那兒女情長的心思都淡了幾分。

然而，每個孤寂的夜裡，他還是會無可救藥地想起她來。三年了，雲衣去世後的三年內，他不曾再走進她的閨樓，不曾再出現在她的眼前，可對她的思念卻變得與日俱增。蟲蟲啊蟲蟲，不是我不想妳，更不是我不愛妳，我只是不能，只是迷惘，不過，請妳相信，我對妳的心意從未更改，不信，顰眉處，試看妳額角深藏的淡淡憂傷，那裡有我們抹不去的深愛印記，是那麼的濃重，那麼的深厚，無論歲月如何變遷，都不曾被任何浮華浸蝕了痕跡。

歲月無情，滄海桑田成流年，愛依舊在心裡蕩漾。她不在身邊，憂傷裡，他只能隔著斑駁了的窗櫺，收攏著流年細碎，向漆黑的天幕訴說一場場別離的憂傷，訴說一番番懷才不遇的輕愁，用真心書寫下一闋闋美侖美奐的浪漫往事。蟲蟲，妳可知，妳不在了情還在，我卻只能於無奈中，任由子夜冰冷的月光濾盡所有的悲喜，為妳伏案沉思？又可知，那些飄在風中有妳的記憶，依舊時時感動著我的心懷，時時為妳無聲地奏響夜的篇章？再回首，滿目悲憫，浩瀚紅塵裡，我心依然，唯盼月下拉長的影子，能夠追憶夢中的淵源，只為妳流連，再流連。

不要難過，不要哀傷。三年一度的科舉試馬上就要開始了，這一回，縱是命運蹉跎，想必透過一番苦心準備，縱是不能高中狀元，也不會再次名落孫山吧？妳放心，待得金榜題名時，我便會重新回來，回到有妳的溫香軟玉的柔情世界裡，好好愛妳，好好憐妳，再也不會輕易與妳分離了。只是，我還沒有回來的日子裡，請妳不要再對著空鏡痴問永遠有多遠，只須記得，天涯海角，心相牽，妳的心事有我願意聽，便好。

24. 忍把浮名，換了淺斟低唱．蟲娘．鶴沖天

黃金榜上，偶失龍頭望，明代暫遺賢，如何向？未遂風雲便，爭不恣狂蕩。何須論得喪？才子詞人，自是白衣卿相。

煙花巷陌，依約丹青屏障，幸有意中人，堪尋訪。且恁偎紅翠，風流事，平生暢。青春都一餉，忍把浮名，換了淺斟低唱！

——柳永〈鶴沖天〉

回眸往事，潮起潮落，讓湖浪拍打著心的岸，每一朵浪花就是往事一件，那溼漉漉的溫潤，瞬時便串成記憶裡她項上美麗的珍珠鏈。窗外，雨，還在下著，已經蕭蕭了幾夜，卻是紅了櫻桃，綠了芭蕉，迷了微星，燻了弦月，滴醒了乳燕，淋醉了思人。落寂的夜裡，想起她，更是染落了紅淚，瀲灩了濁醪，卻也溼盡了簷花，瀟瀟漣漣。

推開窗，探出頭，大口呼吸雨的味道，那氣息總能讓往事如薄霧般浮出腦海，而那種若即若離、悵然飄渺的感覺最是美好。似陳釀一般，耐人尋味；若清茗一般，愈品愈香。總忘不了那些個日子裡，在雨中輕輕拉著她的手，漫步在小園裡看雨賞花的溫馨，那時候他們都踩著積水，撐著雨傘，當目光定格在相觸的一剎那，於是便有了之後樊樓的傾訴衷腸，有了共剪西窗紅燭的溫柔，有了舊情追憶的雨夜。

都說千年修得共枕眠，為什麼卻有那麼多別離苦，將他生生折磨？三分鐘熱風，一場夢，總是在黑夜

裡執著地等她，究竟，什麼時候，他才能再次牽她的手，一路歡歌？轉身，思緒穿越深深的輪迴，化為旖旎，於眼前漫漫攏起，駐足心閱，窗前那抹落紅是否深諳往日的情愫？煙花落盡，朱顏且黯，彼岸的嫣然與若紅仍是如水相依，十年的蒼茫到底又改變了何種風情？還有，那悄然的風如何滑過她如玉的指間，又如何凝成他含蓄的憂傷？再回首，終是天羽華舞，舞終人散；臨月鳴簫，曲罷離歡！

落花無語，在水面化成一個個信箋，載著一份份祕密，漸漸沉默，和著那天際的流星，一同落成滿心的黯然。到底，還有多少耳畔的絮語未曾消亡，尚能伴他獨守落寞的天闕？彈幾曲落花殤，懷一種浮生涼，看蝶影翩躚，且落入塵世的惆悵；聽囈語纏綿，亦飄至天斕的深淵。心，莫名的惆悵，不知她是否依舊守在窗下，和著相思淚水，自唐風裡來，從宋雨中走，用香墨點出東京城油油的酥雨？

月華流淌，恰似一絲絲的凝嵐，一絲絲把他的心凌遲。她送他的萱草在深幾許的庭院裡終是無聲的敗了，小園香徑上也覆了亙古的青苔，唯有月光，亦如之前的摸樣，舞弄清影，提醒他恍如隔世的昨夜已然逝去。她不在了，所有的往事都如同煙雲般，淹沒在淺淺的月光裡，然，往昔青絲的爛漫依然在他眼前飄繞不絕，她的音容笑貌、舉手投足，都彷彿在張開的紙箋上被輕輕渲開，卻又與他永隔了一層羅幕的輕寒。

淅瀝的雨滴在昨夜夢裡凝固了瞬間的歡悅，又在今夜帶來了永恆的痛苦。憶往昔，與她爭執時，彼此都在雨中沉默，撐著傘，流著淚，當淚水溶在雨水中的那一刻，彼此便讀懂了愛情，於是又有了綿綿無絕期的相恨，有了滄海為水的悲痛，有了潺潺流入的煎熬。而今，睹物思人，連綿的春雨淋開他迷離的記憶，所有的悽楚都於眼底化作無盡的傷懷，埋葬在流光溢彩的背面。輕撫容顏，哀憐銅鏡中閃出的碎碎淚光，沉沉落滿案臺，那浮游的思念，何時才能串成深紅的線繩，穿越羅幕的輕寒，將他與她相連，從此不再分離？

回眸，淚水依然冷在手背上，恍若被藏了千年百年。踽踽獨行裡，看桃花紛飛，讓落紅輕吻著心的泉，每一片花瓣就是景緻一片，紅酒般的馨香，瞬時醉倒了憂傷的情懷。雨絲仍在身邊縈繞，是否每一行都蘊藏著昔日的滋潤？掬一捧清水洗卻淚痕，卻如何洗盡她的字跡、她的氣息？

可知，多少個在鵲橋邊煢煢獨立、顧影自憐的身形，願覓得一絲天機，得知下一次的相會之期？踏著滿地的零碎，他驀然轉過身，只想把一顆哀怨的心碎成千萬片，借一縷微寒的春風送至彼岸的那端，寄與她看。墨染琴韻，淺唱流年，瀟瀟的春雨依舊下個不停，解落了岸芷汀蘭，融化了百年痴夢，他與她，卻依然隔著一重羅幕的輕寒，只是，故園東望路漫漫，何處是歸路？不如，不歸！不如，不歸！

側耳，雨點墜落地上的聲音，清晰而悅耳；聆聽，寒風拂過耳畔的聲音，清涼而悽慘。無情的歲月，隨著時光的流逝，隨著清風的掠過，漸漸地遙遠，而寂寞，卻似一把鋒利的匕首，在他心裡刮出無數疤痕。靜靜，坐在窗前，望雨簾飄渺在眼前，模糊的視線裡，她的影像卻是清晰可見，而那飄搖在風中的雨滴，正如他對她牽掛的淚珠，一滴一滴地灑落在街角庭前。蟲蟲，此時此刻，你是否也會如我般徘徊在窗前，任珠簾伴著你的思緒起舞，一遍一遍地想我念我？又可知，你不在的日子裡，無數個晝夜，我總是滿懷期待地仰望天空，任思緒天馬行空的四處奔騰？

晴也好，陰也罷，無論是坐還是臥，是走還是停，總是隻有漂浮於天邊的雲彩與他作伴。湛藍的晴空，是他惆悵憂鬱的心情；漆黑如墨的夜空，是他書寫孤獨的帷幕，而空守香閨的她，是否曾在風中聽見他無語的祝福，是否也曾祈求風兒為她傳達情意？很多時候，當雨水淅瀝之際，他都會情不自禁的掛念她，讓種種牽念順著指尖劃過紙箋的聲音，從那些無聲的文字裡，流淌出他滴血的心，落成一行行悲傷的吶喊。是的，思念她，已成為他生活裡最重要的一部分，她的名字總是會在最不經意的時候從腦海中溜出來，坐落在他的文章詞賦裡，倏忽間，便想走到她窗前，問一聲長長久久的好。

孤寂的雨夜，肆無忌憚地彈奏著一曲悲泣的心血，委婉而深沉，當記憶被雨水淋得不留一絲餘地後，往事皆若積水中漂蕩的片片落紅，只餘下一地的殘破不堪。愈想珍惜，心就愈痛，痛得殘花往事化碧漣漪，痛得微雨傷情生惜愫，再回首，卻是雨籠慘月，雲瀰孤星。

抬頭，看櫻桃，紅了醉了；低頭，看垂柳，翠了睡了；轉身，看微雨，邊思邊泣；默然，看漪紋，邊追邊憶。蟲蟲，我在想妳，街道的轉角處，夜的闌珊處，都有我對妳無邊的思憶，妳知道嗎？我的心，被吊掛在那看不見的如鉤新月上，似風鈴，將串串的囑咐與掛念，遙送到妳的窗前，可是，什麼時候我才能回歸有妳的世界，才能將妳輕輕擁入懷中淺吟低唱？

許多要對她說的話，都藏在他的心裡。本打算金榜題名後就去找她，給她寫詞，聽她唱曲，倚紅偎翠、溫香軟玉，可這一次，他又落榜了，這個時候，該讓他拿些什麼去見她呢？希望終成泡影，顏面再次盡失，自詡才高八斗的他依然蹉跎於仕途之外，以後的以後，他又該拿什麼去愛她憐她？窗外，落花如夢悽迷，煙雨漸微，卻更添了心底愁緒，莫非，今生今世，他卻只能取那雨中的冷香殘絮半縷，繫念獨守空房的她嗎？

雨，漸漸停了；思緒，漸漸散了。花隨雨，雨陪花，共入春泥，卻是思一程、念一程，憶三更、傷三更。凝眸，今夜相思復幾許？終是殘香黯月，一半煙雨籠去。悵嘆，短短的幾個字可曾暖了她的心？一生守夢，終是半世滄桑！試場失意的他，只能躑躅在寂寂深夜裡，守著相思，捻一段時光，獨自舔嘗一抹炎涼，任那一顰一笑、一痴一念、一腸一斷，摒棄了臉上的冷若冰霜，也省略了心中的熱情似火。

恍惚間，青春已如煙花般美麗著消逝，只剩下蒼茫盈眶。曾經以柔情似水尋得那半世暖陽，如今卻要用刻骨柔情擔當那世態炎涼。世間情，起起落落，無非花開花落；人間事，跌跌蕩蕩，且當繁花惹千塵，又何必苦了素顏清瘦，在乎著是是非非、多多少少，或者她曾傾了誰的城？更何必一滴清淚化為琥珀，流傳千世只為傷？唯願，清風明月總相隨，神清氣爽終無悔！

黃金榜上，偶失龍頭望。明代暫遺賢，如何向？未遂風雲便，爭不恣狂蕩。何須論得喪？才子詞人，自是白衣卿相。

煙花巷陌，依約丹青屏障，幸有意中人，堪尋訪。且恁偎紅翠，風流事，平生暢，青春都一餉，忍把浮名，換了淺斟低唱！

——柳永〈鶴沖天〉

「黃金榜上，偶失龍頭望。明代暫遺賢，如何向？」盼啊盼啊，日復一日、年復一年，總指望著一朝金榜題名，替柳氏光宗耀祖，也給自己數十年寒窗苦讀一個體面的交待，可是到最後，黃金榜上依然沒有他柳三變的名字，怎不讓他傷心難禁？三十二歲了，下次入闈還得等到三年後，難道他還要一而再、再而三地繼續蹉跎下去嗎？考官們又拿他浮華奢靡的文風說事，可這次科舉所做的文章，他明明摒棄了以往的香豔風格，為什麼還是慘遭淘汰？整個東京城都在風傳他這次落第的事，甚至傳出主考官頗為輕賤他的為人，覺得他之前寫的那些豔詞俚曲大傷風雅，於是硃筆一揮，便將他再次黜落，然，這對他來說是不是太不公平了呢？怎麼能以他過去所寫的詞章來品評他試文的優劣呢？

罷了，罷了，不是都說「三十老明經，五十少進士」嘛，自己才三十二歲而已，還有大把的時間可以用來等待，難不成，五十歲之前，都沒有機會登上進士之榜嗎？他可是聞名天下的大才子柳三變啊，這次落榜，並不代表會永遠落榜，對吧？和著兩行熱淚，他不得不一再安慰自己，不就是偶然的失落嗎，有什麼？下一次，重頭再來，不就好了？這可是個政治清明的時代，君明臣賢，只是暫時將他這樣的賢才遺落，要怪就怪自己的運氣不好吧！

可是，再多的理由都不能掩飾他內心的糾結與煎熬。怎麼落榜的總是自己？那些才華遠遠不及自己的士子，甚至從來未曾聽說過名字的學子，都紛紛登上了金榜，為什麼唯獨就缺了他才情縱橫天下的柳三變？蟲蟲啊蟲蟲，這到底是怎麼回事？難道就因為我曾經寫了太多太多在他們看來庸俗得不堪入目的豔詞嗎？既然他們對我有了偏見，以後的以後，我又該如何是好？

「未遂風雲便，爭不恣狂蕩。何須論得喪？才子詞人，自是白衣卿相。」風雲不際，大好的機會再次讓他錯過，與其這樣蹉跎人生，看不到希望和光明，還不如繼續留連於花街柳巷，擁著心愛的佳人，吟風賞月、觀花看雨，終日飲酒作樂、恣意狂蕩的好！說什麼輕浮，說什麼放浪形骸，今朝有酒今朝醉的風流快活日子，總好過苦守寒窗二十餘載卻始終沉寂下僚的好，又何須輕論得失？每天偎紅依翠，做個穿梭於花紅柳綠中的才子詞人，和那些高居朝堂之上的仕宦乃至公卿宰相，又有什麼分別？

是啊，做個無官一身輕的詞人，並沒什麼不好的，而且還能騰出大把時間陪伴他的蟲蟲，又何樂而不為？白衣卿相，白衣卿相，多麼無助的自嘲啊，可是，只要她願意，即使一輩子只做個白衣卿相，他也心甘情願，只是，他的蟲蟲還願意接受一個沒有功名利祿的他嗎？

蟲蟲，妳可知道，如果情感可以丈量，我想我可能弄不清楚對妳的愛戀究竟有多深，更不知道對妳的牽掛到底有多長，但是，我知道，在每一個月圓月缺的時候，妳都會走進我的記憶裡，住進我的心裡，依然是那麼嬌美，那麼溫柔，那麼驚豔，那麼痴纏。或許，今生今世，我們再見已是無期；或許，時間可以癒合淌血的心；或許，孤單可以揉和垂淚的雙眸，再還我一個舉世無雙的妳，只是，心還是為著妳莫名的惆悵，莫名的哀傷，難道，今夜過後，妳便真的杳無音訊，從此消失在我的生活裡嗎？

「煙花巷陌，依約丹青屏障，幸有意中人，堪尋訪。」愁莫愁啊痛莫痛，科場的失意，令他更加思慕那秦樓楚館中深居簡出的她。想她，念她，耳畔又響起她婉轉旖旎的歌喉，只聽得那相思聲聲輾轉反側的曲調，漫隨夜華，把飛舞的霓裳輕輕綴成點點星光，唱絕夢想的繁華。回眸，微撫著沉睡千年的舊夢，月下，聽風竊竊的吟，舞著夢迴千年的影，舒緩著相思旋律，倏忽間，便醉了滿簾落花悠悠灑灑。

傾嘆，當時琵琶一曲，前世今生的眷戀、落滿埃塵的心事，都在此時伴隨著颼颼落紅於月夜裡隨風蕩起，千百次的回眸，卻原來只為祭奠那一場未了的憂傷。記憶裡，那是一條春光冶豔的煙花深巷，駐足間，只一個淺淡回眸，便能看到她香閨中擺列著的丹青畫屏，那可是她當日最為得意的畫作，上面還有他深情擁著她時即興題下的香詞。是去，還是不去？是敢，還是不敢？此時此刻，想必蟲蟲早就忘了對他的怨恨，那麼他又何必沒完沒了地糾結？是啊，那裡住著他的意中人，這個時候，不去尋她訪她，還能做些什麼？蟲蟲是善良的，是溫柔嫻淑的，她一定不會計較他往日的冷落，那麼，還有什麼能夠阻止他尋芳的腳步？

「且恁偎紅翠，風流事，平生暢，青春都一餉，忍把浮名，換了淺斟低唱！」彷若是千年前種下的緣分，他再次尋夢而來，帶著滿心的歡喜，步履兒匆匆，昂首低眉間，早已走進那間三年未曾涉足的深閨小樓。無需言語，他像一個做錯事的孩子溫婉地依偎在她依舊光彩照人的身畔，只想聆聽她的丁香花語，怎麼聽也都覺得不夠，而她，卻以愛憐的目光痴痴望向他，絮語綿綿，許諾要陪他摘下窗外滿天星辰，還他一份明媚陽剛的心情。不就是落榜了嗎？在你眼裡，蟲蟲就是一個趨炎附勢的女子嗎？她抿嘴笑著問他，三年了，你都不曾來過，我還不是一直在這裡固執地等著你回來？好了，什麼都別說了，她伸手捂著他的嘴，笑對窗外的流星雨，要他許下最最隆重的心願。噢，蟲蟲，這一生，該讓我如何報答你這份情深意重？望著她，幸福和感動都在真心相擁的那一刻瞬間蔓延，願只願，以後的日子裡，傾我萬縷柔情，為你擷一生花瓣雨，釀一世溫馨蜜，贈你一輩子纏綿繾綣，可好？

她默然無語，只是輕輕起身，將繡帷緩緩放下，嫣然滑入他溫暖的懷抱，然，四目相對時，卻又忍不住涕淚漣漣。別哭了蟲蟲，他輕輕安慰著她：「都是我不好，我不該這麼久都不來看妳，甚至都沒給妳傳遞過片言隻字，可是妳要明白，我愛妳的心從都未曾改變，我只是不敢，只是害怕，只是……噢，好了好了，從今後，我都會陪在妳身邊，不讓妳難過不讓妳傷心了，好嗎？」

真的嗎？你真的不會再離我而去，真的不會再不辭而別，真的不會再杳無音訊了嗎？她緊緊擁著他，淚眼濟然地問道，生怕一個不小心，他又會突然從人間蒸發。不會了，再也不會了。他輕輕拭去她眼角的淚花，這輩子，就算永遠不能考中進士，我也不會再為了金榜題名而忍心將妳輕負了。你看，我努力了這麼久，付出了這麼多，到如今卻又得到過什麼？回過頭看，得到的不就是妳蟲蟲的一片真心嗎？既如此，我又有什麼好埋怨好惆悵的，從今往後，縱是放棄一切功名心，我也要始終伴妳左右，偎紅翠，盡情享受這美滿恣意的風流生活，以暢妳我平生之意。

你沒騙我？她顫聲望向他淚如雨下，欲言又止。不，這一生，縱是欺騙自己，我也不會欺騙妳的。蟲蟲，青春易逝，夢裡花開幾度，人生最最美好的年華只不過彈指一揮間，我又怎麼捨得虛度這大好光陰，惹妳寂寞難過？與其一味無謂的蠅營狗苟，把韶華浪費在科場，還不如拋卻浮名、抖落風塵，於婉約中，輕剪一夕流光，與妳攜手醉成月下的輕影，慢慢地飛、柔柔地舞、痴痴地望，把一切前塵舊事都換作花前月下的淺斟低唱！

情調5：更與何人說

25. 新詞寫處多磨・師師・西江月

師師生得豔冶，香香於我情多。安安那更久比和，四個打成一個。
幸自蒼皇未款，新詞寫處多磨。幾回扯了又重挪，奸字中心著我。

——柳永〈西江月〉

西元一〇一八年，宋真宗天禧二年。這一年，柳三變已經三十五歲了。春天，他和同樣蹉跎試場經年的大哥柳三復一起參加了科試，雖然大哥終於進士及第，但才情縱橫的他依然沒有改變落榜的命運。為什麼受傷的總是自己，為什麼才高八斗的他在試場上總是一敗塗地，難道，就因為放蕩不羈的生活把他徹底阻止在了仕途大門外嗎？

抬頭，悵問斜陽何處最銷魂？卻是樓上黃昏時。曾經，最愛看夕陽西下，那片片暈染的晚霞，埋藏了內心深處最深的香豔祕密，而今，越接近繁華，心越發覺得寂寞和浮躁，那觸動心弦的草色煙光，夕陽西照裡，無言誰會憑闌意？茫然裡，席地而坐，聽窗外悽風慢吹，吹過戰鼓迴盪的鏗鏘，吹過大刀長矛的揮舞，吹過金戈鐵馬的嘶鳴，吹過霸王別姬的殷紅，吹彎了花枝的腰，吹響了樹枝的葉，吹遠了孩童的風箏，心亦隨著和理想一起在風中飛，越過屋脊，越過汴河，越過那蜿蜒的城牆，不願有更多的停留，亦不願再回來。

回眸，輾轉於時光的縫隙裡深思徘徊，悵然思索間，又不知該懷有何種的心境來把往事感懷。一路走來，花紅柳綠、鶯歌燕舞，太多的美景迷幻了他的雙眼，可待到夜深人靜，悵然來把諸事梳理時，那種依稀著善感的情愫，那些曾一度令自己心生嚮往的美好，便都在自己的苦苦追尋中慢慢變得渺茫了。一直以來，習慣了用那些虛華的文字來點綴心緒，總感覺紛亂的思緒若經華麗辭藻的渲染，其結果一定可以婉約而盡顯淡雅，輾轉過後卻又發現，曾經追求的華美未免顯得有些虛幻，就像人的情緒，失落起伏之間並非人力就可操控，如若過多的干預逆轉，最終為之苦惱的終究只會是自己。

藉著午夜的星光，他把滿腹思緒付諸在一卷滿載憂傷的素箋上，感受著一點點的心事流瀉在了潔白的紙頁上，心中又是免不了有著幾分的觸動。也許已近枯竭的思緒不曾乞求太多，但在心間默念的，卻一直都是那份與文字有染的過往。總是無法逃離與文字相伴的歲月，在不似精采的人生路途中，真不知是何時迷戀上了用文字去鐫刻自己的故事，但感覺很是奇妙，因為在無憂亦無慮的青春年華裡，或許只因有了文字的相伴，真的就不曾感受到過孤單。可，為什麼，那些美麗的文字，那些曾經驚豔了無數絕色麗姝的奢豔辭藻，到最後卻一再蹉跎著他本應唾手可得的功名？

在他二十一歲尚未來到東京的那年，年僅十四歲的神童晏殊被宋真宗特賜進士出身；在他三十二歲第二次參加科試那年，與之文才不相上下的舉子范仲淹進士及第；在他三十五歲這一年，大哥柳三復更是蓋過他的風頭，輕易摘得進士桂冠，可為什麼只有他一而再、再而三地被黜落了呢？他想不通。自小就以神童聞名鄉里，二十歲那年更以一闋〈望海潮〉才名遠播的他，為什麼總是被阻擋在了進士及第的大門之外？就因為自己寫了那些在當政者眼裡被認作是淫詞俚語的慢調嗎？

可這能說明什麼？能說明他柳三變是個沒有抱負沒有理想的士人嗎？能說明他柳三變是個整日遊手好

閒、不務正業的浪蕩公子嗎？不，留連於秦樓楚館，並不代表他沒有一顆關心江山社稷的心，更不能說明他放蕩不羈、全無廉恥，他為那些歌舞伎寫詞賦曲，只因他從沒把她們當作下賤的群體看待，他不僅喜歡她們的年輕貌美，同情她們的悲苦遭遇，理解她們不得以為之的苦衷，而且發自內心的尊重她們體諒她們，甚至鼓舞她們以積極樂觀的心態去對待苦澀的人生境遇，難道，這一切倒是他柳三變的錯了嗎？

在他眼裡，男人與伎人，就像天空與雲彩。雲彩離不天空，天空沒有雲彩，便會失去它原有的美麗。他明白，自古至今，歌舞伎都是風流的載體，但他更願意將她們當作一件精美的藝術品來欣賞，於是才有了他終日留連於花街柳巷的身影。可這真的錯了嗎？無數的達官貴人有幾個沒有些偎紅依翠的經歷，又有幾個未曾涉足過紅樓勾欄，難道天底下便只有他柳三變一個與歌舞伎打得火熱的士子嗎？他打心眼底熱愛那些風華絕代的歌舞伎，願意為她們沉醉、為她們痴迷，願意為她們生、為她們死，願意為她們寫出更多更美的詞章、譜出更婉約更柔美的曲調，讓這世界因有了她們多出一份真實的美麗，少卻一份虛偽的世故，這又有什麼不好的呢？

夜幕降臨，沉浸在昏沉的暮色裡，周遭還是一如往昔般的沉寂。許是習慣了這種靜謐，所以當用心去感悟時，只覺風也輕輕、雲也淡淡，就連曾經一度不曾釋然的心懷，到現今也開始變得飄飄然了。低頭，穿過懵懂歲月裡的荒蕪海岸，再次撿拾起被擱淺了的小小心願，卻在忙不迭的回首之際，又看見那些倏忽消近了的絢麗青春畫面。在有文字相伴的午夜裡，雲衣、楚楚、謝玉英、心娘、酥娘、佳娘，一個個窈窕非常的身影在他眼前從容掠過，一幕幕的過往便又透過筆尖開始在腦海中儲存，而那些有關流年裡的一切關於，也只好在夜深之際，一個人，輕輕地將其封鎖在青春的記憶裡。

青春，對他而言是一個美麗的字眼，只因有了文字的陪伴，單調的花季才因此呈現出了幾多的美好。可在踽踽獨行的張望裡，是誰學會了用青春的彩筆把無可奈何渲染得如此深刻？又是誰點燃著寂寞的曲調，把悲傷的浪湧翻騰成了淚落的河流？

寂靜的午夜已在不堪的回望中來臨，而那些曾經遺失了的美好，也已一同沉沒在了青春的悲傷河流裡。現今，噙著那滴苦澀的淚水，任由思緒翻滾在午夜的靜謐裡，而他，也只好懷著對未來的殷切期盼，慢慢把悲傷揉捻成一曲耐人尋味的歌謠，然後在每個午夜來臨之際，一人獨守著青春曲調裡的寂寞，去靜靜地聆聽那一曲午夜所獨有的悠長……

不就是再一次落榜了嗎？考不中可以再考，再考不中還可以繼續再考，有什麼大不了的？故人也好，今人也罷，花開有時，淡然無期，曾幾時金屋藏嬌，最終卻是貽笑大方，褻瀆了愛情；王室也罷，圍城也好，功名利祿，兜兜轉轉，可否能固若金湯，又有誰能將王侯將相的頭銜帶進墳墓？罷了罷了，即使終身不仕又能如何？至少，身邊還有心心相印的蟲娘相伴，只要每天還能看到她的溫柔笑靨，聽到她的痴心叮嚀，這輩子又有什麼好值得遺憾的？

人生並不是只有進士及第才算完美，這世間所有的名利，到頭來終抵不過時光變遷，那些浮名最後亦都會碎裂成千片萬片，留不下絲毫痕跡。然，自己為什麼還要那麼悲觀失望，為什麼還要那麼傷心難禁？以後的以後，只要痴心不改，便可以永遠和蟲蟲相偎相伴，一起共對月色笑數星星，一起在黃昏裡執手漫步，在花前月下低低私語、互訴繾綣柔情，在漂泊的路上攜手共進，難道，這一切都比不上高中進士帶給他的歡欣與快樂嗎？

他不知道，不知道愛情和仕途，最想要的到底是什麼。或許，他兩樣都不想失去，於是，惆悵便在他心頭徜徉出一條永沒盡頭的路。三十五歲了，人生還能有幾個三十五歲？已經蹉跎了半生，難不成下半輩子真的要在老死白衣的日子中度過？儘管有美相伴，他還是不甘心，莫非，這一生，金榜題名注定與之無緣，注定他再也無法進士及第，注定他與仕途只剩下了天涯陌路嗎？

那一夜，他在撕心裂肺的痛楚中睡去，醒來以後，窗外已是陽光明媚。他換上一身素潔的衣裳，擦乾眼淚，滿懷憂鬱地走在陽光下，攤開手掌，讓飄舞的葉子落於手心，心，莫名的疼痛。到底該怎麼才能走出心的惡性循環？怎樣才能擺脫落榜給心靈造成的巨大陰影？他一再安慰自己，既然當政者和主考官不注重他不在意他，不欣賞他的才華，那為什麼還要自苦自傷呢？那不正好給了他們笑話自己嘲諷自己的機會嗎？不，他不能讓他們在背後指指點點的恥笑他，更不能給他們製造二次傷害的機會，所以，他要放自己一條生路，還自己一份明媚，讓幸福與快樂永遠都把握在自己手裡。

一定要讓自己幸福快樂起來，除了他，沒人能夠擊垮打敗柳三變的！是啊，再次落榜並沒什麼大不了的，就把它當作一闋沒寫好的詞好了。詞寫不好，還能重做，難道下一次科試，他還能繼續蹉跎不成？一切都會過去的。是的，所有的不幸與悲傷都是過眼雲煙，憂傷也終將過去，一如眼前飄落的樹葉，凋零只是為了新生，那麼此時此刻，又有什麼理由不讓自己過得瀟灑愜意一些呢？

想著想著，他緊蹙的眉頭終於舒展開來，額角的皺紋也被慢慢撫平。淺笑裡，他終於明白，往事已成過去，生命中，總有一些緣分會擦肩而過，也總有一些美麗是注定無緣承受的，既如此，那就勇敢地和過去說聲再見吧！此後縱是天涯陌路，與進士及第再無半點緣分，那也是命該如此，強求不得，眼下緊要的是便是依舊與那些心心念念的美人兒及時行樂，才不至於虛度了這大好年華啊！

師師。他想到了陳師師。自從謝玉英離開東京回到揚州後，他和師師的交往也淡了許多，何不趁著這個機會去拜訪師師，將那前緣再續？管他什麼功名利祿，管他什麼高官厚爵，他柳三變要的只是今朝有酒今朝醉，要的只是落盡風月都是愛，只要有愛，明天就依然明媚，只要有愛，再多的世事滄桑，也不能玷汙他內心的美好，只要有愛，就能摒棄一切紅塵煩擾，現如今還有那麼多的女子深愛著他，又有什麼理由不能消融心中的堅冰？

邁著輕快的步伐，他將所有的不快與鬱悶都拋諸腦後，任俊逸的身影彷若一陣清風飄忽而至，沒有任何先兆地出現在陳師師日漸冷落的門前。那一日，天空顯得格外的藍，藍得瑩潔透澈，彷彿伸手便能擰出汁來，風兒亦不似前日的料峭，微微籠著些暖意，如楊柳吹面，癢癢的心裡倏忽間便生起了一絲慵懶。

乍暖還寒的午後，陳師師正歪著腦袋趴在窗櫺上望著庭前的小溪發呆，任溪水潮溼的氣息撲面而來，心卻跟著溪畔婀娜的柳枝飛到了遙遠的江南。她從沒跟任何人提及自己的過去，亦從未曾在任何人面前說過自己是江南人，很小的時候，父母雙亡的她便被賣到東京妓館，然而每當一個人獨處時便會無可救藥地懷念起江南，一懷念，便是撕心裂肺的痛。她喜歡眼前的小溪，尤其喜歡它熟悉的味道，就如喜歡江南的春天那麼執著。記得小時候在江南，家門前也有一條緩緩流過的小溪，溪畔有各種叫不出名字的奇花異草，溪內有無數可愛的小魚，而母親幾乎每一天都會帶上她一起到溪邊浣紗，在那裡，留下了她銀鈴般的歡聲笑語，更把雋美的永恆記憶永遠烙在了她的腦海裡，可那是多麼久遠的事了啊，有生之年她還能再回到那裡走一走、看一看嗎？唉，她輕輕地嘆，回不去了，離開的時候年紀太小，已然忘記了家鄉的名字，又要去哪裡找回那兒時的記憶？

記得，那時候，她曾獨坐船頭，沐浴在微風細雨中，看碧綠的溪面上泛起一縷縷淡淡青煙，如夢似幻。雨纖纖，滴在溪水裡畫著點點的圓，恰似少女眼眸裡的夢，安靜、恬淡，在心底蔓延成一副優美的畫卷。回眸，搖曳的柳枝兒使安靜的水面多了一抹靈動的美感，優雅的姿勢幻化出春天的美輪美奐，若絲絃，似斷未斷的暈染出若即若離般流動的音符，韻律迴盪，悠揚中不失柔美之色。而今，遠離了江南，心卻未曾離開過片刻，於是，常常會想，如果可能，今生今世便是做個江南的採蓮女子，每日裡勞作嬉戲在水波細流之上，隨風蕩漾，看風生水起、潮生潮往，也不枉此生來世間走上一遭。然，她還有得選擇嗎？一入青樓深似海，無論如何也是回不到過去了啊！

喜歡柳三變，或許並不是因為他俊朗不凡的外貌，也不是因為他縱橫的才情，而是同為江南人的那份親近感。每次看到他，就彷彿看到來自遠方的親人，那真切而又模糊的面孔總給她帶來無盡的希望與感動，只要呆呆看他一眼，便覺得心裡都是明媚的陽光，只想跟著他義無反顧地走下去，從東京，一直走回江南。可是，她明白，她和他，儘管有著太多的心靈契合，但終歸不會成為廝守一生的伴侶，所以，從初相識起，她便刻意將他當作藍顏知己，不對他存有任何非份之想，更沒有像謝玉英、蟲娘那樣，只想將他據為己有。太過優秀的男人，總會成為眾多女人追逐的對象，她自知沒有傾國傾城的容貌，更沒有錦繡般的文才，於是，只想靜靜守在他身後，哪怕只讓她遠遠地看上他一眼，便覺心滿意足，所以，當他整天留連於花街柳巷，當他身邊的女人如走馬燈似地接二連三出現之際，儘管心裡有過淡淡的失落，但始終沒有心生怨恨。

他是屬於所有女人的。每次看到他與其她女子打得火熱時，她便默默坐在窗下，一邊於寂寞裡彈響一曲〈長相思〉，一邊輕輕安慰著自己。是啊，像他這樣出眾的男子，又怎會為哪一個女人做永遠的停留？與其為他傷為他痛，還不如與他保持一定的距離好，那樣即便他再也不出現她的門前，她也不會因怨意而對他恨得咬牙切齒。只要心中有愛，哪怕他永遠都不了解，又有什麼大不了？喜歡他，是她的心甘情願，只要他快樂，只要他幸福，縱是讓她陳師師一輩子只做他身後那抹孤單的影子，她亦是歡喜樂意的。

低頭，看無邊春色如水般傾瀉，目光漸漸從溪邊回落到窗前，但見窗外疏影橫斜，幾樹合歡花正開得濃烈，嬌豔不失柔弱、豔麗而不奢華，自有一番獨到的美，一顆惆悵了多時的心亦跟著莫名的歡喜起來。這時候，要是柳三變在身邊該有多好。輕托香腮，忽地想起久久不曾來過的他，心底陡地升起一股濃濃的失落。儘管不曾對他有過非分的要求，亦不曾想將他永遠留在身畔，可不知為什麼，分別久了，就是想他想得厲害，然，為什麼他從未曾過多地注目過自己？難道，自始至終，他只把自己當成生命裡一道可有可無的風景，或是一個無足輕重的擺設嗎？

嘆息聲裡，素手輕掀珠簾，看溪畔夾岸垂柳如綠色的幕牆披掛在堤岸，冷不妨，卻與他四目相對。頓時，淚光盈盈裡，他的雙手握緊了她的纖手，只一句淺淡的問候，便徹底融化了她心底的冷寂。是你嗎，景莊？她緊緊偎在他懷中，目不轉睛地盯著他略顯瘦削的面龐，不無激動地親切喚他的字，卻疑心自己恍若夢中。

「景莊，我不是在做夢吧？」她和著淚水緊緊盯著他，又望向窗外波光瀲灩的溪面：「真的是你？你，來了？」

「是我，師師！」他伸手拭去她眼角的淚水：「早就該過來看你了，只是……」

「我知道，我都知道。」她哽咽著望向他：「來了便好，就別說那些讓自個不痛快的事了，好嗎？」

「誰說我不痛快了？」他呵呵笑著：「今天過來，不就是圖一個樂字嗎？過去的事，就讓它過去，誰都不許提了。再說人生苦短，當及時行樂才對，今兒個我來了便不回去了，你要是學了什麼新曲，可一定不能藏著掖著。」

「學了新曲，自然少不了要在你面前班門弄斧的。」她盯著他，破涕為笑地說：「只是你好些日子沒過來，我這又門庭冷落得厲害，哪還有心情學什麼新曲？再說，即便有了新曲，少了你柳景莊的香詞，唱了又有什麼意思？」

「那我現在就給你寫一闋新詞？」他探過頭，輕輕吻著她的秀髮：「你說，填什麼調子？」

「要不就填〈西江月〉吧？」她不假思索地說。

「〈西江月〉？」

「嗯。」她點點頭，迅即從他懷裡掙脫開，為他準備好紙墨筆硯，微微笑著說：「我喜歡〈西江月〉的調子，唱起來更婉轉生動，別有一番風味。」

「好，那就寫〈西江月〉。」在師師溫柔的目光裡，他回頭望一眼窗外的小溪，於無限春光裡滌蕩去周身的塵埃，懷一顆湛然的透明，讓心慢慢空寂、慢慢沉澱，然後深呼吸，閉上眼睛，舉起飽蘸濃墨的湖筆，在紙箋上寫出兩個大大的「師師」。

「怎麼把我寫進去了？」師師輕輕啐他一口

「不算不算，這個不算！」

「怎麼不算？」他睜開眼睛，望向她輕描淡寫地說：「只叫我填〈西江月〉，可沒說過不讓把你寫進去。」

「哪有自己唱自己的？」她羞紅了臉說：「這傳了出去，勾欄裡的姐妹們還不笑話我半老徐娘的人了還在這賣俏？」

「誰說你半老徐娘了？」他伸手輕輕在她柔嫩的粉頰上捏一把：「瞧，這臉蛋潤滑得，十六七的姑娘都沒法子跟你比。」

「你呀，就會拿好話哄人家開心。」她斜睨他一眼，不無自嘲地說：「不會把在蟲娘妹子跟前討好的話都照搬我這來了吧？」

「瞧你，這些日子沒來，倒變得伶牙俐齒了。」他含情脈脈地盯她一眼，「今兒個我們只談風月，風月裡只有妳，只有我，多一個，少一個，都依不得的。」邊說，邊在「師師」二字後勾勒出「生得豔冶」四字：「這樣美妙的日子，就得有你這樣的美人相伴才是。」

「師師生得豔冶……」她瞪大眼睛覷著紙箋上新寫下的墨跡，輕輕推他一把，低聲嗔怪說：「哎呀，你越寫越不成樣子了，這詞傳出去，還不笑掉姐妹們的大牙？我都快三十的人了，還生得豔冶呢！」

「你本來就生得豔冶嘛！」他哈哈笑著：「難不成要把你寫成唐人傳奇裡拘謹嚴肅的老夫人？」

正笑鬧著，忽聞有人登樓聲。師師輕輕叫聲不好，說：「不知又是哪個死妮子坐不住，大白天的又往我這裡跑！」連忙給他使個眼色，示意他趕緊把紙箋藏起來。

「姐姐，我都聽到了。柳大官人在此，怎麼也不通知姐妹們一聲，倒學起人家金屋藏嬌起來了？」話音剛剛落下，樓梯角處便透出名伎劉香香的身影。師師剛要開口，劉香香便又咯咯笑出聲來說：「喲，柳大官人，我們姐妹天天盼你不來，倒先讓師師姐姐捷足先登了，趕明兒去蟲娘那裡告你一狀，保管你吃不了兜著走。」

「好妹妹，柳官人來了還不到一盞茶的工夫，可別出去亂嚼舌頭，要不別人打翻了醋罈子，我這斗大的地方可沒處可藏的。」

「連謝玉英那麼個大活人，姐姐你都藏下了，還怕藏不下一個柳官人？」劉香香笑著直接走到柳三變面前，一側頭，輕輕偎在他懷裡嬌嗔著問：「怎麼，柳大官人，見了我一句話也沒有，是不是覺得香香我擾了你們的好事，不高興了？要這樣，香香立刻就走，絕不攪了你們的興致。」

「死妮子，你一來就沒個好話。」師師輕輕瞪她一眼：「柳官人往日去你那裡時，姐姐何曾有過半句不中聽的話？」

「哎呀，我的好姐姐，這話不是要了香香的命嗎？」劉香香偎著柳三變的肩頭，瞟一眼師師，又低頭看一眼他沒來得及藏好的紙箋，脫口問道：「這是什麼？」

「沒，沒什麼。」柳三變用袖子輕輕遮住上面的字跡：「胡亂塗鴉而已。」

「沒什麼？」劉香香撇著嘴說：「沒什麼你藏什麼？」一邊說，一邊伸手去挪案上的紙箋，才看到師師兩個字，便撒嬌說：「還說沒什麼，人家都看見了！柳大官人，我們姐妹幾個平日都是侍候過你的，為丈夫的可千萬不能厚此薄彼，如今師師姐姐的名字已入詞中，怎麼也得把香香的名字也寫進去才成。」

「寫，怎麼少得了你的份呢？」柳三變盯著她抿嘴一笑：「只不過，你總得讓我好好構思一番吧？」

「那是自然。」劉香香撲閃著一對大眼睛，正要好好取笑他和陳師師一番，不曾想突然又聽到有人登樓之聲。三人面面相覷之際，卻見師師的好姐妹錢安安滿臉堆笑地走了進來。

「是安安姐啊！」劉香香嘆口氣說：「還當是誰來了呢，嚇死我了！」

「把我當成蟲娘了吧？」錢安安盯一眼劉香香，迅即瞟向柳三變，呵呵笑著說：「柳官人，今兒個是什麼風把你給吹到這裡來了，就不怕回去被蟲娘責罰嗎？」

「就先別蟲娘了，我這不正被你這兩姐妹責罰著嗎？」他回過頭，輕輕瞟一眼案幾上的紙箋，無可奈何地說。

「怎麼了？」錢安安瞥一眼他手底的紙箋：「莫非你們幾個在填詞？」

「可不是？」劉香香噘著嘴，伸手往紙上一指：「瞧，又被師師姐捷足先登了，柳大官人的新詞裡，第一句就把她給寫了進去！」

「是嗎？我看看。」錢安安踱到柳三變跟前，就著他懷裡盯一眼紙上寫好的詞句，輕輕念道：「師師生得豔冶……」邊念邊抬頭瞪著他，裝作不高興的樣子說：「這可不行！師師姐已經占了先機，難不成，在柳大官人眼裡，只有師師姐才生得豔冶，我和香香妹子倒都是黃臉婆不成？」

「誰也沒這麼說不是？」柳三變舉起湖筆，就要接著第一句寫第二句，可卻又被劉香香和錢安安拽住了手臂不讓他寫。

「這第一句已經寫了師師姐，第二句柳大官人倒是想我們姐妹中的哪一個？」劉香香歪著腦袋，不依不饒地問他。

「這……」

「我年紀比香香痴長幾歲，當然是先寫我了。」錢安安抿嘴笑著說。

「那也總得有個先來後到的順序才是，」劉香香不服地說：「我年紀雖小，可認識柳大官人的時間比姐姐你久了許多，況且今兒個又是我先姐姐到這裡，柳大官人這第二句一定得寫了我才行！」

「好了，都別爭了，」柳三變邊說，邊趁她們不備，飛速在紙箋上落墨，寫下「香香於我情多」幾個大字。

「柳大官人，你這也未免太偏心了？」見柳三變先於自己的名字寫下香香，錢安安老大不高興，連忙伸手欲援其紙：「不行，我比香香年長，理應把我寫在前頭。」

「欸，我這不還沒寫完嘛！」柳三變緊緊護住紙箋：「今天你就讓著香香，趕明兒我再單獨給你寫首。」

「我就知道你沒把我放在心裡！」錢安安忿然地瞪他一眼，居然轉身欲去，幸虧陳師師早在守在樓角處，一把笑著將她拽了回來，輕輕笑著說：「柳大官人不是說了嘛，趕明兒單獨給你寫，倒當真為了這點小事生悶氣不成？」一邊說，一邊回頭衝柳三變噘了噘嘴：「瞧你，還呆愣著做什麼？趕緊把安安妹子寫進去啊！」

「哪裡少得了她？」柳三變笑而覆書，就在陳師師勸慰錢安安之際，很快便續完了整闋詞。於是，一首被後人視為淫詞魁首的〈西江月〉便悄然出現在後世文人的案几上。

師師生得豔冶，香香於我情多。安安那更久比和，四個打成一個。
幸自蒼皇未款，新詞寫處多磨。幾回扯了又重挪，奸字中心著我。

——柳永〈西江月〉

「師師生得豔冶，香香於我情多。安安那更久比和，四個打成一個。」在他眼裡，師師自是生得豔冶、風華絕代，香香於他更是情多，各有各的風情，各有各的長處，然而打情罵俏、如水纏綿的床帷之歡又怎少得了風流冶蕩的安安？眼看著四個人打成一片，他心裡自是歡暢無比，這樣的日子要是能夠長長久久、永遠不變，該有多好。

「幸自蒼皇未款，新詞寫處多磨。幾回扯了又重挪，奸字中心著我。」三個女人為他爭風吃醋、明爭暗鬥，都想在他的新詞裡占得最顯著的位置，為此，大家爭來搶去，以至模糊了素箋上未乾的墨跡。扯來又挪去，恨不能將他手底的紙箋一股惱兒撕破，只為爭得誰先誰後，可見得他在她們心目中的位置是何其重要何其顯赫。

一句「奸字中心著我」，寫盡風流冶態，可意會，不可言傳，也正因此，柳永的詞才被歷代道德學家冠以「斯文掃地」，甚至不屑一顧。其實，這首詞，《樂章集》中並無蹤跡，而是出自《醉翁談錄》所載，是不是柳永所作尚無定論，且還有另外一個大同小異的版本流傳於世：

調笑師師最慣，香香暗地情多，婆婆與我煞脾和，獨自窩盤三個。
管字下邊無分，閉字加點如何？權將好字自停那，奸字中間著我。

第二個版本見於明馮夢龍的《喻世明言》之〈眾名妓春風吊柳七〉。但無論哪個版本，此詞都難逃媚俗甚至是庸俗的譴責，但就詞本身而言，倒也不失活潑俏皮，由此亦可見柳永的風流不羈。但風流又如何呢？風流本就是男人骨子裡的東西，又何必去苛求古人？千年後，我一邊吟著這闋豔情四射的〈西江月〉，一邊回視千年前他所走過的那條或婉約或豪邁、或柔情或悲壯的平仄之路，卻無法複製他的心路歷程。

畢竟，那是一段逝去已久的日子，那條路亦已鮮有人知。回眸裡，厚厚的塵土覆蓋著彎彎曲曲的紅塵古道，長亭短榭布滿了蛛網，昔日的馬蹄也早就不見了蹤影，而那偶爾路過一兩個穿著長袍匆匆而行的路人，我所能看到的只是他們沉重的腳步，卻始終不能夠替他們拂拭去身上積澱的塵埃。或許，那些人中便有一個是我心中念念不忘的他，然，這又如何？我不識得他，他亦不識得我，唯願，將殷殷歲月寄予書畫，將點滴婉約寫進宋詞，將款款真情賦予廝守的平淡，但祝他在千年之前，一切安好。

26. 無限狂心乘酒興・秀香・晝夜樂

秀香住桃花徑，算神仙、才堪並。層波細翦明眸，膩玉圓搓素頸。愛把歌喉當筵逞，遏天邊，亂雲愁凝，言語似嬌鶯，一聲聲堪聽。

客房飲散簾帷靜，擁香衾、歡心稱。金爐麝裊青煙，鳳帳燭搖紅影。無限狂心乘酒興，這歡娛、漸入嘉景。猶自怨鄰雞，道秋宵不永。

——柳永〈晝夜樂〉

多年來，我一直喜歡於月夜下靜思。當輕紗般的月光爬上窗櫺的時候，熄了燈，臨窗而坐，手捧一杯清茗，就想起柳三變的詞句來。我總是在這樣的靜夜裡想起他的靜夜。

已是乍暖還寒的季節，夜風中依然帶著些許涼意。時鐘的「嘀嗒」聲愈來愈清脆響亮，伴著我的心跳，震撼著我的耳膜，時光的腳步竟是如此的匆忙而急促。大千世界彷彿已沉浸於柔美的夢境，而我卻於此時讓他的故事在腦海中作了千百次的縈迴。

想他也曾有過充滿幻想的年華，那綺麗的夢想總是如同五彩的雲朵在瑩徹的藍天下飄揚，一如花蕾剛剛綻放，然而，世事變遷，他以滿腹才情盼來了掌聲如潮，盼來了美女如雲，盼來了鮮花遍地，盼來了琴瑟和鳴，卻終未能在最好的韶華裡盼來期待了幾十個年頭的金榜題名時。

西元一〇一八年，宋真宗天禧二年春，第三次參加科試的柳三變再次落榜，雖然他把所有的苦痛都用和煦的微笑和風流不羈的生活掩飾，但心底並沒有就此對仕途徹底灰心。才三十五歲而已，他還有機會，還有時間，既然不能透過科舉進階，那就把希望寄託在特招上吧！曾經，他不止一次地給宋真宗進獻頌詞，雖然每一次都沒有引起皇帝的青睞，但如果自己堅持到底，不停地寫下去，不停地呈進大內，想必總有一天會讓皇帝注意到他的吧？可是，進獻頌詞並不是他想呈送就呈送，前幾次寫頌詞，無非是皇帝一時高興，頒旨天下士人於舉國同慶之際進獻頌歌，而今，既非聖壽，又非佳節，皇帝又未頒旨，就算他柳三變才高八斗，亦是找不到用武之處啊！

別急，就在他惆悵莫名、不知所措之際，同年秋，真宗第六子，時年九歲的趙受益被冊立為皇太子，並被賜名趙禎，如此國家大事自然馬虎不得，更少不了一番熱烈的慶賀儀式，於是，柳三變便抓住這個機會，立即寫了一闋頌詞呈了上去：

星闈上笏金章貴，重委外臺疏近侍。百常天閣舊通班，九歲國儲新上計。
太倉日富中邦最，宣室夜思前席對。歸心怡悅酒腸寬，不泛千鍾應不醉。

——柳永〈玉樓春〉

詞寫得氣勢磅礡、獨具匠心，可謂文采斐然、才華卓著，然而，此次呈上去後還是擺脫不了以往石沉大海的命運，連一點響動也沒有聽到。宋真宗依然沒有注意到他，更沒有把他當回事，或許，他呈上去的詞章皇帝根本連看都沒看上一眼，又怎能祈望一闋詞便能改變他多舛的命運？其時，宋真宗正無以復加地寵愛著他的劉皇后，恨不能日日並蒂、夜夜花前月下，又怎會騰出空來理會那些無聊的頌詞？對宋真宗趙恆而言，文人和頌詞無非是錦上添花的東西，多一個不多，少一個不少，只有美色才是他最珍愛的，又怎會為了一睹頌詞的華美而忽略了美人的存在？

說起劉皇后，自是真宗、仁宗兩朝無法不提及的一位女性。劉皇后，單名娥，祖籍太原，生於西元九六八年，即宋太祖開寶元年，祖父劉延慶曾於後晉、後漢時任右驍衛大將軍，父親劉通亦曾於宋太祖跟前任虎捷都指揮使，領嘉州刺史，因此劉家舉家從太原遷至成都華陽。生劉娥之時，母親龐氏曾夢明月入懷，然而劉娥出生不久，劉通便奉命出征，戰死沙場，因無子，從此家道中落，龐氏只好帶著襁褓中的幼女寄居娘家。然而，劉娥雖然身為刺史千金，讀書識字，卻因貧困無依，不得不流落街頭，學會一手擊鞀（波浪鼓）的謀生技藝，鼓兒詞亦說得極好。十三四歲的時候，龐家把劉娥嫁給一個叫做龔美的銀匠為妻，不久，為了生計，她便又跟著龔美一起來到京城開封謀生。

龔美手藝出眾，又兼為人和善，善於結交朋友，尤其與襄王府裡當差的張耆交好，一來二去，劉娥跟張耆也混了個臉熟。張耆驚豔於劉娥的美貌，回王府後立即稟明瞭襄王，而襄王正是未來的宋真宗趙恆，那時他的名字還叫趙元侃，尚未被冊立為太子。趙元侃是個好色之徒，聽說天子腳下居然有如此美色，自然不肯放過，於是，喬裝打扮一番，便來到龔美的銀匠鋪前，費盡周張，終得一親芳澤，自此，該發生的發生了，不該發生的也都發生了。

很快，趙元侃便派人給了龔美一筆錢，並將劉娥接進襄王府，使其成為他名正言順的宮人。劉娥麗質天生，又兼聰明伶俐，甫一進府，便得到尚未婚娶的襄王萬千寵愛，二人整日如膝似膠，恨不能化在一起，由此引起襄王乳母秦國夫人極度不滿，認為劉娥勾引襄王走上歧路，勸說襄王趕緊將其逐出府去。襄王正愛劉娥愛得發緊，自然不肯將其放逐，視秦國夫人的話如耳邊風，繼續我行我素，淫亂宮闈，秦國夫人見苦勸無果，只好去宋太宗趙光義跟前打小報告，又加油添醋地說了劉娥許多不是，得到的結果便是宋太宗大發雷霆，立即將劉娥逐出襄王府，並不許她再踏入京師半步。

皇命難違，劉娥只得以淚洗面，倉皇中與襄王作別。不久，太宗改封十七歲的襄王為韓王，並將小他一歲的忠武軍節度潘美的八女兒賜婚於他，舉行了非常隆重的皇家婚禮。然而，趙元侃雖然迫於皇命把劉娥逐出王府，卻不願意就此與之訣別，於是對外宣稱已將其逐出京師，私下卻將其藏入張耆家裡，不時與之私會，只不過瞞了宋太宗一人而已。六年後，被封為莒國夫人的韓王妃潘氏因病去世，宋太宗又將時年十七歲的宣徽南院使郭守文的次女許配給趙元侃，初封魯國夫人，旋即又晉封秦國夫人。宋太宗至道三年三月癸巳日，五十九歲的趙光義病逝，遺詔傳位於已被立為太子兩年的趙元侃。

此時的趙元侃已更名趙恆，初登大統，自然是一派新新氣象，五月，妃郭氏被冊立為皇后，六月，追封潘氏為莊懷皇后，然而，縱是後宮佳麗三千，他卻始終未能忘情於因父皇阻撓而不得不以庶人身分與之偷情了十五年之久的劉娥。十五年啊，他把劉娥藏在張耆家中一藏便是十五年，叫他情何以堪？他不能再讓劉娥躲躲藏藏的了，他要給她正式的名份，他要向全天下的人宣告劉娥才是他最愛的女人，於是，他很快便以九五之尊的權威將曾被父皇下召逐出京師的劉娥風風光光地接進了皇宮，並於西元一〇〇四年，即景德元年冊其為四品美人。其時，後宮之中，郭皇后之下，唯有劉美人最為尊貴，連王府姬妾楊氏都只被封為五品才人，真宗對她特殊的寵愛可謂不言而明。

進封美人的劉娥，此時已非昔日擊鞀的小妹可比。她長年幽居張耆府中，得以博覽群書、研習琴棋書畫，早已學得滿腹經綸，雖不能與班昭相提並論，卻不失為一女中才子。甫入宮中，劉娥與郭皇后倒也相處得和睦，並無任何僭位之舉，更無恃寵生驕之態，對宮人也都禮遇有加，雖然萬千寵愛在一身，合宮上下，倒沒一個不喜歡她的。

然而，剛與劉娥重續前緣的宋真宗卻開心不起來，因為就在此時，他和郭皇后親生的兒子，年僅九歲的趙佑不幸夭折了，悲傷的淚水尚未擦盡，沒想到，僅僅半個月後，另一位兩個月大的皇子也跟著夭折，至此，年近四旬的真宗與後妃所生的五個兒子死得一個不剩，為防江山無人承繼，只好垂淚養宗室之子於皇宮內以備萬一。郭皇后前後共為真宗生下三個兒子，只有趙佑活到九歲，不想也不幸夭折，傷心過度之下，身子很快垮了下來，蹉跎至景德四年四月十六日，病薨，享年三十一歲，諡為莊穆皇后，後改章穆皇后。郭氏去世後，后位空懸，依著真宗的心思，自然想把自己最最心愛的女人美人劉娥冊為繼后，但群臣們卻堅決不同意，他們認為劉娥既無子嗣又出身低微，不足以母儀天下，要求真宗冊立十四歲的沈才人為后。沈才人雖是大中祥符元年才入宮的，但她出身高貴，是宰相沈倫的孫女，自然是皇后的絕佳人選，但真宗一心想立劉美人為后，面對咄咄逼人的大臣們，心中大為不快，索性讓后位空缺，不談立后之事。

一邊是心愛的女人無法順理成章地立為皇后，一邊是皇嗣後繼無人，宋真宗每天都活在深深的憂慮之中，無法自拔。此時的劉娥長年受寵，縱無皇后之名，也早已統領六宮，可謂貴不可言，然而，眼看著皇子一個個夭折而去，與真宗同齡的她也不得不為之焦慮煩憂。雖然真宗最希望她能產下麟兒，一舉兩得，既有了可承皇統的後人，又能堵住那些阻撓冊立她為皇后的臣僚的嘴，但畢竟歲月不饒人，就算她再想生，也是心有餘而力不足啊。無奈之下，為讓真宗早日解除後顧之憂，劉娥主動讓出侍寢的機會，讓真宗得以遍施雨露，就連自己身邊的宮人也都親自送到真宗床前承受恩澤。

皇天不負有心人，很快，侍候劉娥的宮人李氏有了身孕，真宗與劉娥喜出望外，立即派人全天侍候著李氏，只盼著她給皇家順利誕下皇子。李氏的肚皮一天天鼓了起來，為達到讓劉娥順利當上皇后的目的，宋真宗甚至想到了「借腹生子」的奇思妙構，命令知道李氏懷孕的宮人嚴密封鎖消息，並於李氏臨盆前三個月對外宣布劉美人有孕，特進封其為二品修儀，同時晉封楊才人為婕妤，打算讓劉娥頂替李氏，做孩子的母親。

西元一〇一〇年，宋真宗大中祥符三年四月十四日，李氏順利誕下一子，取名受益，也就是後來的宋仁宗趙禎。外面的人不知真相，都以為皇子是劉美人所產，爭相賀喜。然而，真宗冊立劉娥為后的道路走得並不順利，因為群臣一再阻撓，幾次欲冊立，劉娥都不得不固辭。事情延宕到大中祥符五年末，宋真宗覺得再也拖不起了，便一意孤行，勢要將立后進行到底，於十一月先晉封劉娥為德妃，同時晉封小劉娥十六歲的楊婕妤為淑妃，不久後，更於十二月丁亥日正式冊立四十四歲的劉娥為大宋王朝皇后。為堵住群臣的嘴，冊后禮儀一切從簡，既不讓官員進賀，也不搞封后儀式，封后詔書也迴避朝臣公議，只下令將詔書傳至中書省，自己家裡宣布一下便完事了。

事已至此，反對立劉氏為后的大臣眼見木已成舟，也都只得做了噤口的寒蟬。劉氏冒認皇子之母后，並沒有親自撫養，而是將其交給情同姐妹的楊淑妃撫養，而那誕下皇子的宮人李氏雖不能與子相認，卻也被封為崇陽縣君。不久後，李氏母以子貴，得到真宗的垂愛，很快就又誕下一女，得以晉為才人，正式進入嬪妃行列。不幸的是，小公主很快就夭折了，李氏對兒子的思念也與日俱增，但真宗執意不肯她與兒子相見，更無法與之相認，不久便憂鬱成疾，撒手人寰，追封宸妃。

其實這齣偷龍轉鳳的故事，早因為經典戲劇「狸貓換太子」而變得家喻戶曉，劉德妃與李宸妃，一個居心叵測、隻手遮天，一個溫柔嫻淑、忍辱負重，且言之鑿鑿，恨不能將劉德妃、郭槐之流打入十八層地獄，但歷史畢竟不是戲說，真實的劉娥並非惡毒女子，也不似其她嬪妃，終日只知道爭寵獻媚，她才華超群、通曉古今書史，亦熟知政事，每每襄助真宗，甚至真宗批閱奏章之時，她亦侍隨在旁，可以說，她是用無與倫比的美貌與卓越不凡的才情共同俘獲了真宗，讓真宗寸步都離她不得，與戲劇中描繪的另一個她根本就是大相逕庭。

駐足窗下，千年後的我回望那段生塵的歷史，無法洞悉所有的真相，更無從知曉，柳三變那闋頌詞究竟有沒有傳送到宋真宗手裡，我只知道，那年月裡，宋真宗最最在意的人只有他眼裡美得無以復加的劉皇后，什麼才子風流，什麼道德文章，就讓它們通通見鬼去吧！他要的只是終日與劉娥攜手觀花、倚樓望月，除此之外，他什麼都可以不在意，什麼都可以不關心，何況是已在士大夫中聲名狼藉的柳三變寫的一闋頌詞呢？

宋真宗可以不在乎他，可他卻不能無視自己的存在。為什麼？為什麼參加科舉考試總是無法進士及第，獻頌詞又不能引起皇帝的側目？莫非，他柳三變真的是自恃過高，那些所謂的才情亦終不過只是浪得虛名而已？回眸，月光如水，漫過微攏的窗簾，輕輕漫進我的臥室，霎那間，灰暗的屋裡似乎亮了許多，而我的心仍然沉浸在他千年之前的淡淡憂傷裡，無法自拔。在這幽深的夜裡，恍惚中，彷彿又聽到有歌女在汴河畔，用圓潤的歌喉將他的情詞唱了又唱，欲罷不能。傾耳，聆聽，卻是一曲〈晝夜樂〉，一曲抹著他惆悵心緒的眼花撩亂。

秀香住桃花徑，算神仙、才堪並。層波細翦明眸，膩玉圓搓素頸。愛把歌喉當筵逞，遏天邊，亂雲愁凝，言語似嬌鶯，一聲聲堪聽。

客房飲散簾帷靜，擁香衾、歡心稱。金爐麝裊青煙，鳳帳燭搖紅影。無限狂心乘酒興，這歡娛、漸入嘉景。猶自怨鄰雞，道秋宵不永。

——柳永〈晝夜樂〉

那一年，他依舊衣冠楚楚、風流倜儻，看慣了風月，冷落了眉眼。機會再一次失去，一切都於眼底惆悵成了辛酸往事。他知道，不能再沉浮在往事的回味中一蹶不振，也不能對未來抱有太大希望，一切，都得從頭開始，從頭再來。然，心還是迷惘，路究竟在何方？春天又在哪裡？等待嗎？期盼嗎？還是慢慢適應這難以排遣的失落，以無所謂的心態，去笑迎秋風、賞落花、觀塵沙？

月上西窗，一遍遍地彈唱著〈長相思〉，一次次地讓自己心痛莫名。聽著那纏綿婉轉的曲調，踩著那沙啞撕裂的音符，思緒不覺走出心中的伊甸園，條忽裡便又想起撒手離他而去的雲衣來。只是，那一段離散在歸期裡的相遇，那一季鳶飛蝶舞的盛夏，流轉至今，還有誰會記得那一年煙雨滄桑的依稀？再回首，曾經的誓言早已掃盡疑惑懸念，蕩氣迴腸的旋律裡，她再也回不來有他的天堂，他的世界亦只冷落得剩下一座末世的空城，徒留得默然流淚、轉身嘆息。

或許，留戀過去是一種過錯，更是一種折磨。傷心裡，風兒多情，雨兒多淚，卻是浮雲難定，人生幾何！然，誰又不曾有過孤孤單單對著一輪明月輕說一段思念的故事，再孤孤單單一個人獨睡的經歷？或許，紅塵裡眾多的紛擾、流影，本就與他無關，又何必執著於今生？幸福和理想就像散落一地的珍珠，誰都不可能一一撿拾回來，聚散隨緣、來去如意，鏡花水月裡，半簾憂傷、蝶衣紛飛，終是留不得、捨不得、求不得！既如此，何不藉此良辰美景，放開胸懷，去勇敢接受這世間所有的無情，繼續沉湎於花街柳巷中溫香軟玉、偎紅倚翠呢？

人生，總是經不住似水流年，逃不過此間少年。風雨過後的明天，是否彩虹就一定會出現在眼前？既然無法把握明天，為何不珍惜今日的良緣，再譜寫一闋愛的誓言？這時候，唯有女子才是他的解語花，亦

26. 無限狂心乘酒興 · 秀香 · 晝夜樂

唯愛痴愛纏綿，才是他活著的真諦。落寞裡，他想起了她，那個叫做秀香，家住桃花徑的妙齡女子。已經很久沒去看過她了，何不趁著秋寒不深的季節再與她把盞言歡、笑談風月？

今朝有酒今朝醉，還管得了什麼功名利祿！揮一揮手，輕輕拭去眼角的淚水，腳步兒匆匆，帶著淺淺的笑容，終於步入她的香閨。秀香，噢，秀香，怎能把她忘了呢？燭影搖紅裡，他擁著秀香綿軟的身軀，只一杯淡酒，便忘卻塵世所有煩惱，只希望這場絢美的夢一直開到永遠，不再醒來。回首裡，青燈影，素墨點香，一捲風月，幾番秋色，猶似夢，怎道是，心思靜無言，墨香自開落，於是，手心便又癢癢起來，急不可耐地取來筆墨紙硯，為她寫下一闋抹著鳥語花香的〈晝夜樂〉。

「秀香住桃花徑，算神仙、才堪並。」秀香的家住在桃花深處的桃花徑，一到春天，萬花齊放，宛若神仙境界，也唯有秀香這樣美得勝過天仙的女子才配住在這種地方。然，時已深秋，花瓣流逝，倚窗望輕裊殘煙，心事如箏，冷月下雕欄玉砌，訴不盡的，仍是一江秋水般的淡淡憂愁。

纖手相凝，聽一聲落花，捻一瓣心香，縈一寸柔腸，互訴一夜瀟湘。秉著一縷落花的優雅，他橫笛臨風，如花照水，她纖裳玉立，飄飄似舞，涉水迢迢間，只為纏綿那一段蒹葭如雪的暗香時光。回眸，看芳華悄然逝，聽寒風葬花聲，他揮灑筆墨，看庭前瘦了的枝丫上平添幾份冷落，暈開一卷金黃，卻不知今生的她，是否亦為尋那前世燭光而來？

「層波細翦明眸，膩玉圓搓素頸，愛把歌喉當筵逞。」看宣紙逐漸融化的墨痕，他的記憶也隨著滲透的溼潤模糊了，就像繪在沙粒上的畫，風一吹，便如同水般風乾了痕跡。此時此刻，他忘了雲衣，忘了蟲娘，眼裡只有玲瓏嬌媚的秀香，彷彿她的一笑一顰、一言一行，都是為著他精心釀製。注目裡，看她似水明眸宛若秋波微漾，看她勝雪素頸彷彿美玉般圓潤，自是愛她愛得無以復加。秀香還很年輕，自是比蟲娘、師師等老相識又多了一份溫婉可人的妙處，然而這還不是她最可愛的地方，為了讓他高興，她總是想盡一切辦法哄他笑哄他歡心，甚至為給他唱歌取樂忘了吃飯的時間。她還是個孩子，是的，她就是個孩子罷了，可是為什麼他這麼大的人了，卻要讓一個孩子時時刻刻地哄著他呢？

「遏天邊，亂雲愁凝，言語似嬌鶯，一聲聲堪聽。」她美妙的歌喉和出眾的美貌不相上下，有時候竟分不清，喜歡她，究竟是為了她的歌聲，還是為了她的容貌。每次聽她唱歌，總是響徹雲霄，令行雲凝滯，字字句句，嬌若夜鶯，聲聲堪聽，即便是夜深人靜，他亦不忍打斷她，樂得沉醉其中，早把一切煩憂拋到九霄雲外去了。

「客房飲散簾帷靜，擁香衾、歡心稱。」夜風徐來，明月入懷，又到飲宴散時，客房裡只剩下他和她相對而坐。四目相對，簾帷靜悄，他繼續揮筆潑墨，描驀她的美豔，然後，輕展畫扇，於風中搖曳她月下的繾綣。痴痴，凝眸，她的三千青絲，在他眼底緩緩凝結成一簾溫柔煙雨，倏忽裡便溼潤了他纏綿的心思，於是，弦伴著寂寞的漂泊，他輕輕擱下筆墨，迅速擁她入懷，攜手入帷，共香衾，只為覓得兩心歡暢。

「金爐麝裊青煙，鳳帳燭搖紅影，無限狂心乘酒興。」他把她的冶豔寫進了詞章裡，更趁著酒興，與她春風一度，將無限狂心肆意傾洩，卻恨不能與她化成一處秋水緩緩流。鳳帳外，殘燭搖紅影，金爐裊青煙，他與她歡娛不盡，更不知今夕是何年。秀香啊秀香，謝謝你，謝謝你在我最落寞的時候給了我一片明媚的天空，謝謝你在我最痛苦的時候許我一片紅塵煙雨，落盡一世浮華，以你清定端定的身姿，溫暖我輕淺頷首的笑顏。謝謝你！

「這歡娛、漸入嘉景，猶自怨鄰雞，道秋宵不永。」文字的力度遠遠超過想像，即使他不說，她也知道，雖是意境，情義不滅。只是，這歡娛，漸入佳境時，卻又被鄰家的雞鳴給攪擾了。抬頭，悵望窗外，東方漸漸發白，不意天色已經亮了，徬徨裡，卻不知到底該怪怨誰才好，只好瞪大眼睛與身下氣喘吁吁的她面面相覷。是該怨雞叫的不是時候，還是要怪秋夜不永長？他不知道，或許都該怪，或許該怪的只是自己，不過這又能如何？闔上窗簾，蒙上被子，他和她仍然可以雲雨無限、曲盡綢繆，還管什麼天亮天黑！

是的，這就是柳三變，一個真實而性情的男子。他將所有的悲傷，所有的喜樂都填進了那一闋闋生香吐豔的詞章裡，哪怕是與青樓女子的閨房之樂，亦無所避忌，更不曾想要刻意隱瞞什麼。悵然裡，一曲〈晝夜樂〉，終於在對他的懷想中悄然拉上了帷幕，時鐘的腳步依舊響亮而急促，我不知道如此冷寂的夜裡，是否還有人像我一樣默默唸著那個為情而生、為情而逝的男子，回眸裡，窗外的光線開始變得黯淡起來，我知道，黎明前的黑暗總是短暫的，光輝燦爛的嶄新一天終將疾步而來，然，那一天究是為了我，還是為著千年之前的他？

27. 暫回眸萬人斷腸・英英・柳腰輕

英英妙舞腰肢軟，章臺柳、昭陽燕。錦衣冠蓋，綺堂筵會，是處千金爭選。顧香砌、絲管初調，倚輕風、佩環微顫。

乍入霓裳促遍，逞盈盈、漸催檀板。慢垂霞袖，急趨蓮步，進退奇容千變。算何止、傾國傾城，暫回眸、萬人斷腸。

——柳永〈柳腰輕〉

西元一〇二〇年，宋真宗天禧四年二月，真宗患疾，難以支持日常政事，上呈到皇帝那裡的政務實際上都由皇后劉娥直接處置。真宗自知病體不支，不久便下詔公示朝臣：「此後由皇太子趙楨在資善堂聽政，皇后賢明，從旁輔助。」詔書一出，便等於明確認同劉娥裁決政事的權力，群臣雖然不安，卻也無可奈何。

這樣又蹉跎了兩年，纏綿到西元一〇二二年，即宋真宗乾興元年二月甲寅，五十四歲的宋真宗趙恆病逝於延慶殿，遺詔曰：「太子趙禎即位，皇后劉氏為皇太后，楊淑妃為皇太妃，軍國重事權取皇太后處分。」很快，十三歲的皇太子趙禎即位，是為仁宗，但實際上所有軍國大事皆由垂簾聽政的皇太后劉氏決策。仁宗即位後，劉太后便遵從真宗遺願，拜刑部郎中呂夷簡這集賢殿大學士，同中書門下平章事，一切都有了新的開始。

仁宗即位，新宰相任職，對柳三變來說，都是又一個得以「特招」名義進入仕途的大好機會。這一次，他把重寶押在了宰相呂夷簡身上，然而，智者千慮，終有一失，本來好好的一樁美事最終又被他搞砸，你道這又是為何？原來，呂夷簡被拜宰相後，正逢四十五歲壽辰，因苦於家妓無新歌上壽，頗不自得，這時他風聞柳三變才高八斗，卻因終日留連於花街柳巷而蹉跎於市井中，有心試試他的才名是否真如世間所傳，更想借其向世人傳達他不會以微小瑕疵而埋沒真正學問之士的為政理念，於是放下架子，特地派人去柳府請他賦詞一闋，以賀誕辰，並呈上蜀錦兩匹、吳綾四匹，聊作潤筆之敬。

呂夷簡找上門來，正給了投遞無門的柳三變一個絕佳的機會。其時，柳父工部侍郎柳宜已因老病去世多年，朝中官宦亦以他聲名狼藉為由，恥與其往來，因此，身為白衣的柳三變也就失去了與朝中之人聯繫的線索，所以說，呂夷簡的出現對急於擺脫現狀的他而言便是一場及時雨，不管他願不願意為其賦詞，他都必須把握住這最後的救命稻草，藉助呂夷簡的威望，以便達到被朝廷特招的目的。接下來的故事演變毫無懸念，當柳三變從呂夷簡門人手裡接過當朝宰相求詞的親筆書信後，自是喜出望外，激動得無以言表，當下便揮毫寫下一闋千秋歲，把呂夷簡好好誇讚了一番：

泰階平了，又見一合耀，烽火靜，杉槍掃。朝堂耆碩輔，樽俎英雄表，福無艾，山河帶礪人難老。

渭水當年釣，晚應飛熊兆，同一呂，今偏早，烏紗頭未白，笑把金樽倒，人爭羨，二十四遍中書考。

——柳永〈千秋歲〉

在這闋詞裡，柳三變歷數了呂夷簡的政治功績，並將他比作襄助周文王開創八百年江山基業的姜太公呂尚，極盡讚美之能事，恨不能把腹中所知道的所有忠義典故都用到這位新任宰相身上去。已經四十歲了，再也不可能像從前那樣會有大把時間供自己揮霍了，無論如何，便是拚卻了這張臉皮，他都要抓住這次機會，竭盡所能地對呂夷簡溜鬚拍馬。他知道，此時的呂夷簡正得到劉太后的重用，只要把他哄高興了，給他留下一個好印象，那麼還愁他日後不會在太后、皇帝面前替自己美言幾句嗎？一旦太后和小皇帝從自己重用的宰相嘴裡聽說他柳三變的才名，那麼離他出人頭地的日子不就近了嗎？

然而，俗話說得好：「天狂有雨，人狂有禍。」當他寫完〈千秋歲〉，正興奮得手舞足蹈之際，彷佛已經看到自己穿上紫袍掛上玉帶步入皇宮大內的景象，自得意滿下，頓覺心中尚有千言萬語要說，也是合該有事，低首間，便讓他瞥見案幾上還剩下一箋芙蓉紙，於是意猶未盡的他便再次揮毫，寫下一闋恃才傲物的〈西江月〉詞來：

腹內胎生異錦，筆端舌噴長江。縱教匹絹字難償，不屑與人秤量。
我不求人富貴，人需求我文章。風流才子占詞場，真是白衣卿相。

——柳永〈西江月〉

這闋詞中，柳三變以「風流才子」、「白衣卿相」自稱，字裡行間，無不顯出他對呂夷簡的不敬與不屑一顧。其實，他寫這闋詞的用意本就是發發牢騷，抒發下經年懷才不遇的憤懣，根本沒想著要把它和先前寫的〈千秋歲〉一起呈送給呂夷簡，沒想到，剛剛擱筆，陳師師就派了侍兒請他過去品酒賞樂，拉拉扯扯間，免不得忙中有錯，居然把兩闋詞都裝入封套，交到了呂夷簡門人手裡。呂夷簡派來的門人不通文墨，自然不知道柳三變詞中說了些什麼，當下便拿著封套興高采烈地趕回宰相府交差去了。

呂夷簡開啟封套，首先看到那闋將他誇得出神入化的〈千秋歲〉，心中自是暢快萬分，心想這柳三變倒也真是個人材，這些年讓他一直蹉跎科場，著實是委屈了他，如若有機會，自己定當立排眾議，在太后和小皇帝面前好好舉薦他一番。可是，當他看到〈西江月〉詞中「縱教匹絹字難償，不屑與人秤量」的字句時，心中不禁一凜，但仍然滿臉堆笑著自言自語地說：「當初裴度修福光寺，求皇甫湜寫文章，每字索絹三匹，看來柳三變這傢伙是嫌我給的酬儀大薄了啊！」

其實，呂夷簡給出的酬儀不可謂不高，柳三變之所以那麼寫倒不是真的嫌呂夷簡給的錢少，而是一種自嘲，只是想說明他雖然窮困潦倒，但仍然對富貴與金錢視若糞土，根本就不是有意蔑視當朝宰相。但在呂夷簡眼裡看來，便讀出了幾份放蕩不羈的味道，不過倒也沒有對其心生怨念，只是接著看了下去。

「我不求人富貴，人需求我文章。風流才子占詞場，真是白衣卿相。」呂夷簡反覆念著這最後四句，面色終於有些掛不住了。我不求人富貴，人需求我文章？這不明擺著是說他柳三變沒有任何事情需要求助呂夷簡，而身為宰相的呂夷簡卻要低著頭去求取他的文章嗎？這個柳三變，也太不識抬舉了，想我呂夷簡以一人之下、萬人之上之尊，向你一個沒有任何功名的布衣求取一闋祝壽詞，你竟然能說出如此輕薄的話來，也太不把我堂堂宰相放在眼裡了吧？你不需求我，我亦何需求你？呂夷簡氣得渾身發抖，當即把手中的〈西江月〉詞連同〈千秋歲〉詞撕了個稀巴爛，從此對其啣恨於心。

就這樣，柳三變因逞一時口舌之快，硬生生毀了唾手可得的大好前程。一闋祝壽詞，非但沒能讓呂夷簡對其另眼相看，反而促成了呂夷簡對他的怨恨，自此後，縱是他才高八斗，有著宋玉、曹植之才，又能如何？朝政由呂夷簡把持著，天下門生半出呂氏，還能有他柳三變的出頭之日嗎？惶惶復惶惶。這一次，柳三變是真的對仕途之念失去信心了，前朝，眼裡只有天書、封禪和劉皇后的宋真宗不在意他，而今眼看著換了新皇帝，卻不曾想又把太后跟前的大紅人給得罪了，這往後的日子哪還能有他好的呢？

回眸，陌上花開花謝，紅塵春逝秋臨，時光修倏忽埋葬瞭如煙情殤，記憶卻轉瞬清晰了花柳往事。轉身，悵然收集飄散了的久遠的零亂片段，把所有糾結的情緒都凝聚在筆端，想要重組遠古的美麗誓言，刻下短短幾行清詩，卻不想逝去的一切都宛若窗前的月影，被憂傷的風匆匆拂去了所有痕跡。落花歸矣，往事如塵，不曾記得，往昔在人群裡究竟邂逅了幾個相遇，亦不知那些嬌媚可愛的女子到底流落何處，心，一如既往的沉痛。

想起了楚楚，想起了舊時的餘杭。孤山南麓，平湖秋月，高閣淩波，綺窗俯水，月冷寒泉凝不流，玲瓏樓下水連天。望湖亭畔，那一襲白衣飄逸，那一袂羅衫春薄，清奏著琴簫相諧相偎的曲調，笑傲湖月之間，卻是紅塵相伴、比翼纏綿，痴了幾度錦瑟華年。

想起了謝玉英，想起了往昔的揚州。二十四橋明月夜，簫聲悠揚、琴音幽遠，月影婆娑間，對飲揚眉、鶯語燕喃，卻是誰許了誰的一世繁華？又是誰許了誰的地老天荒？曠世絕戀在瘦西湖畔鋪呈展現，凝眸處，那一痕硃砂痣傾城，更是虛幻了人間風情萬種，漣漪了古老的朝朝暮暮。

這一生，他為她們畫地為牢，幽禁了一襟的相思，頹廢了一身的襟抱，脈脈情痴，紅塵擱淺，化思念為繞指柔，婉約了閒詞愁賦，不思量，自難忘。回首，庭前花瓣落英，繽紛了流年的色彩，窗外月色清冷，冰霜了歲月的激情，花前月下的纏綿悱惻、湖上泛舟的兩情繾綣，都被時間收藏在了記憶的琉璃瓶中，只為等待一次紫色眼眸的融解。

一種閒愁，執筆花落，硯一泓雅墨，填半卷香詞，清吟那些漸行漸遠的倩影，押韻了幽傷。憶往昔，塵客裊裊天涯恨，長結平湖秋月，油紙傘下影相依，已是舊時景。兜兜轉轉後，笑語盈盈暗香去，殘醉繞孤亭，此去經年，錦瑟年華誰與度？卻是曉風殘月煙花冷！淚眼裡，嘆半世流連、一生痴迷，空惹起吟風弄月的淡雅相思，卻不知這一縷亙古不變的思戀已然穿越了光年，氤氳了千年的守候。

人生如夢，一枕琴簫，人去樓空後，蒼冥逝如煙。旖旎時光終究敵不過風刀霜劍、歲月摧殘，明媚纏綿幾時了，落花流水春去也，一縷相思無斷絕，化為情殤暗徘徊，只不過空濛山水間，又添了一段幽美淒楚的不老傳說。

極目遠眺，千里煙波、湖色瀲灩，一彎冷月孤懸在水中央，瀉下憂傷幾許，那紅塵俗世斷腸客，卻是一身孤寂、兩袖落寞，孑然隻影地徘徊在岸邊，對月長嘆、邀風做伴，將眷眷相思鐫刻成滄桑容顏，只一個回眸，便清瘦了些許流年。

再回首，紙上墨跡猶在。芭蕉上撒下幾彎淺淚，心事塵封，隔岸觀花落，暗聽秋蟲鳴，奈何人又去，獨留秋草傷。沐浴著晚風，一個人在窗下靜靜聆聽芳華如夢，此此時刻，他唯一能做的便是拿起手中的湖筆，把記憶中的心事凝結成一行行傷詞，刻在掌心的花瓣上，然後，任風輕輕吹來，拂去思緒裡的感傷，待花兒逝去蹤影時，祈盼那情愫亦若風煙般淡了痕跡。

然，他真的能將她們忘懷嗎？他知道，今生今世，他柳三變即便不是為功名而生，也定然是為她們而生。哀傷裡，他不明白，昨日之時，究是誰為誰痴迷、誰為誰流連？又是誰為誰賦詞、誰為誰歌舞？更不明白，今日之時，究是誰為誰神傷、誰為誰心碎？又是誰為誰守候、誰為誰銷魂？或許，他什麼都不明白，又或許，他什麼都明白，只是假裝不懂，因為唯有這樣，他的痛苦與煎熬才能變得淡些。

風無痕，月如素，牆角的樹枝纏纏繞繞著，美女的影子圍成了同心圓，歲月更不知在傷情的眼底流轉了幾遍，一任腮邊的淚凝結成苦澀的淚花，成了誰也轉不出的惆悵。顧影煙柳，誰解淒涼？三生三世的尋覓，終不過是紅塵一夢！風瀟瀟汴水寒，山迢迢殘月冷，閒看舊事前緣，水非水、月非月，都是鏡中繁華，只落得千年一聲嘆，在紙箋上塗落成一行行清瘦的詞。

該如何？該如何才能撇開心中糾結不去的愁緒？除了那些倚樓歡笑的花柳女子，此時此刻，還有誰能夠明媚溫暖他那顆受傷的心懷？幾經輾轉，他落魄的身影終於出現在那個叫做英英的女子閨中。那是他剛剛結識的歌舞伎，非但生得風流窈窕、俊美不凡，舞姿更是非比尋常，何不放下心中所有的愁與煩，暫看她輕歌曼舞一回？

英英妙舞腰肢軟，章臺柳、昭陽燕。錦衣冠蓋，綺堂筵會，是處千金爭選。顧香砌、絲管初調，倚輕風、佩環微顫。

乍入霓裳促遍，逞盈盈、漸催檀板。慢垂霞袖，急趨蓮步，進退奇容千變。算何止、傾國傾城，暫回眸、萬人斷腸。

——柳永〈柳腰輕〉

「英英妙舞腰肢軟，章臺柳、昭陽燕。錦衣冠蓋，綺堂筵會，是處千金爭選。」英英的舞之所以跳得那麼好，妙就妙在她柔若無骨的纖腰上。但見她輕舒長袖、翩翩起舞之際，每一個姿勢都美得彷彿飄拂於長安章臺道邊的弱柳，更恰似西漢昭陽宮中以跳掌上舞而聞名天下的成帝皇后趙飛燕，好像任何豔麗旖旎的字眼都不足描繪出她一二分的媚態。

因生得嫵媚嬌俏，又兼能把舞跳得出神入化，早就把一向以精湛舞藝稱世的心娘、酥娘、佳娘等一眾名伎比了下去，東京城裡，無論是官宦府第，還是豪門大家，每每宴客之際，都願意拿出千金之資爭相邀請她進府一舞助興，往往以請不到她為恥。便這樣，一時間，英英聲名鵲起，無人不知，無人不曉，然而，她卻為了給他解悶，推掉了一個又一個應酬，放棄了大把賺錢的機會，只為守在他身邊，替他唱一曲清歌、舞一曲霓裳。他知道，她是真的欣賞他理解他的，可是，身無功名又失去父親護佑的他早就變得一窮二白，她的這份深情，又要他拿什麼來回報？

「顧香砌、絲管初調，倚輕風、佩環微顫。」回眸，聽絲管初調，望香塵生煙，環珮叮噹微顫處，體態婀娜的英英倚著輕風緩緩而行，舉手投足間顧盼生輝，淺淺一個微笑，卻是驚豔無度、風流無限。然而，在這殘月掛柳梢、人約黃昏後的風情裡，偶爾望向樓下窗外如鏡的水面，骨子裡那股淡淡的憂傷還是隨著絲竹聲的傾洩，緩緩流淌了出來。

「乍入霓裳促遍，逞盈盈、漸催檀板。慢垂霞袖，急趨蓮步，進退奇容千變。」她最擅長的舞蹈便是唐玄宗為楊貴妃寫的那支〈霓裳羽衣曲〉，這是一曲非常考驗舞人技藝的舞曲，可英英跳來卻毫不費力，無論是急舞，還是慢舞，都始終保持著輕盈美好的儀態，毫不扭暱作態，不能不讓觀舞的人為之拍案叫絕。正當他看得出神時，卻聽得促拍乍起，檀板急催，凝眸處，又見她慢垂霞袖、急趨蓮步，隨著節奏的變化，舞姿不斷翻新出奇，就連神態亦跟著千變萬化，其爐火純青的舞技不得不令他激賞萬分。

在她曼妙的舞姿中，在淡淡疏疏的光影中，憂傷的風依舊在吹，吹著依舊憂傷的心，帶著一種悽悽的美，有晶瑩的淚從他眼角慢慢溢位。不知道，究竟是因著心底的憂傷，還是因著她嫻熟優美的舞技，才讓他淚落香閨，或許，這世間所有的美麗都緣於它的遺憾，既如此，又何必執著於世事滄桑，且就著一彎冷月，獨倚斜欄，看她輕拂俗世煙塵，舞盡人間嬌媚好了。

「算何止、傾國傾城，暫回眸、萬人斷腸。」在他眼裡，她美得出塵，美得清新，美得冶豔，美得端莊，又豈止是傾國傾城？他慶幸，此生能夠與她遇見，能夠於落寞裡靜靜欣賞她高超的舞藝，能夠在夜闌人靜時聽她肆無忌憚的大笑，能夠在燭影搖紅時聽她噘起嘴撒嬌，又何嘗不是一種幸福？再回首，看瀟瀟竹影、亭亭幽蘭，伴她起舞弄清煙，孤單的他倚著闌桿，繼續沉浸在那婀娜的舞姿裡，心卻在祈盼，盼能在蝶佇肩頭、夢香情柔的日子裡愛她一萬年，讓他的深情與她一路同行，讓他牽她的手，淺唱、低吟、私語、痴笑，共醉一簾幽夢。

淡漠寒煙裡，愁點眉端；嘆息聲聲裡，卻是心染淒寒。這樣的美好是否只是鏡花水月般的迷幻？他和她，真的能攜手紅塵，不再離分？雲衣已去，楚楚、玉英也都與他隔著千山萬山的迢迢，難不成，他倒能和英英廝守終身？他不知道，未來的日子究會如何演變，此時此刻，他能做的便是藉著她的裊裊風情和一顆包容的心，於紙箋上，任筆尖飛舞，寫下一闋與她有關的詞章，然後，陪她一起，看雨後窗前凝結的霜，撒一片熱情，任一縷憂傷隨風飄散。

轉身，絲絃聲依舊，她依然在他眼前酣暢淋漓地揮舞長袖，只為博他舒懷一笑。她知道，憂傷似乎是他與生俱來的東西，但仍想藉著自己一點微薄心力，努力拭去他心底的感傷與惆悵，於是，她不停地旋轉，不停地變換手勢，只想把這世間所有的美好與溫暖都毫無保留地送給他。然而，她並不知道，此時此刻，只是一個美得令人斷腸的短暫回眸，便又陶醉了他那顆深情的心，令他為之絕倒，為之痴狂。可，如此美豔絕倫的女子又怎會長長久久地伴在潦倒如是的他身邊呢？

他知道，他和她，總有一天會分道揚鑣，無法再共，只因他們不是一個世界裡的人。是啊，英英正是妙齡韶華時，而他已經是年屆不惑之人，他和她能結出什麼好果子？自己終不過只是個沒有功名的白衣庶士，又能拿什麼去愛她憐她惜她呢？父親死了，遠在家鄉的母親也在雲衣去世不久撒手人寰，大哥三復勉強進士及第，卻是浮沉下僚、自顧不暇，還有二哥三接，更是和自己一樣，長年蹉跎於科場，更是沒法依靠得了，至於幾個叔父，雖都身為朝廷命官，但整日流連於花街柳巷，在他們眼裡看來是不務正業的他，又有何面目去求他們賙濟？到如今，當日有著神童之美譽的柳三變已經淪落為窮困潦倒的落魄人，若不是青樓妓館裡的伎人樂工時常拿出酬儀請他譜詞作曲，若不是蟲娘時常揹著鴇母把自己累積下的銀子偷偷塞到他衣袖裡，想必他一日三餐都不得溫飽，又拿什麼去養活眼前風華正茂的美人？

輕嘆裡，惆悵轉身。流光溢彩的光年，不知不覺間劃過寂寞的指尖，與她一起走過的風風雨雨早已被塵埃淹沒，那麼，還有什麼能夠留給她以作紀念的呢？除了文字，還是文字，那麼，就讓他筆下的文字裡，永遠都留著她的足跡，永遠都婀娜著她輕歌曼舞的依依身影吧！如此，便可與她不離不棄；如此，便能安靜地相伴左右，無論時光如何變遷，無論將來身在何方，她總會一如既往地住在他心裡，哪怕白髮蒼蒼時，她依然會是他眼裡一抹最最溫潤、最最明媚的暖陽。

28. 斷腸最是金閨客・瓊娥・西施

柳街燈市好花多，儘讓美瓊娥，萬嬌千媚，的的在層波。取次梳妝，自有天然態，愛淺畫雙蛾。
斷腸最是金閨客，空憐愛、奈伊何。洞房咫尺，無計枉朝珂。有意憐才，每遇行雲處，幸時恁相過。

——柳永〈西施〉

窗外，淡雲微雨，聲聲淅瀝。寂靜的夜裡，於窗下輕撫思念的琴弦，宛如行雲流水，推動心海泛舟，蕩漾款款深情。空氣裡飄浮著悠揚的旋律，雨滴敲窗的清新似斷還續，落在心裡，似矯情的姿態撥響幽婉的心弦，一個轉身，那些流連於彼岸的梵唱，便輕巧地掩蓋了紅塵中所有的悽婉。

心安若水，輕盈回眸，歲月的流光裡流淌著千年的情愫。蓄半箋墨痕，生命的小舟在書海裡迤邐而行，繾一朵梨花素雪的容顏，綻一眉芳心暗許的思念，歌一闋、弦一曲，悠然盪滌纖塵的天籟，織一綿古韻幽香的夢境……

凝眸處，流雲過，蒹葭蒼蒼。攜半卷清詞，緩緩漫入紅塵，用一方古硯，輕輕碾磨著塵世的煙雲，但見墨花飛揚、紫陌生煙，所有的溫暖，所有的明媚，都在莊生的蝴蝶夢裡翩翩起舞，把擱淺的往事於宣紙下倏忽鋪展。回首，流水潺潺、心韻悠悠，落花滿徑、暗香盈袖。掬一捧湖水，拈一縷秋香，婉約的律動在旖旎中綰結成潔白無瑕的心蓮，只任一曲水調輕輕的流瀉、靜靜的蔓延，在薄如嬋翼的素箋上浸透，再浸透……

素弦墜滿心思，彈落片片幻夢。朦朧月下，依稀恍惚間，似見她，彷若水中伊人，駕一葉扁舟，在湖上飄搖，若隱若現，充滿著古典的含蓄，那淡白的湖光與身後的青翠相擁，瞬間便暈染出一幅嫵媚清雅的水墨畫卷。她是美麗的，亦是嫻靜的，注目裡，但見她紫衣飄飄、雙眉淡淡，不抹胭脂、不施粉黛、不點硃砂，只唇齒間留一抹旖旎芬芳的馨香，娉婷波動處，卻是笑靨亦起塵，頃刻間便傾了他的城，他的國。

悄然裡，我知道，她就是那，杳踏唐風宋雨，穿起魏晉風骨而來的女子，在瀲灩輕波裡低徊、漫溯，卻在跫音梵唱花落幽徑時，向著那縷縷清芳氤氳的方向凝望，心心念念，都化作一腔不變的思緒，於指尖緩緩滑落。而那回眸裡一抹酡紅的笑靨恰似一彎婉約的惆悵，那便是為他，為那叫做柳三變的男子灑落的點點憂傷。

枕著她的容顏，想著他的多情，靜夜裡，我手捧《樂章集》，在婉約宋雨的古韻裡，默默尋她，那一枝出淤泥而不染的清蓮。一盞孤燈，伴一杯裊裊香茗，翻動滯留墨香的書頁，素心微瀾時，筆跡飛快地撩亂了雪白的紙箋，卻是什麼撩亂了我此時的心？恍惚裡，我彷彿又看到她，濯濯迎風而魅，蓮步輕移，緩緩向我靠近，那一襲紫色的裙袂在風中輕舞飛揚，而那抹絢爛的紫色，則薰染了層層幻夢，抖落了一地穿越古今的相思。

惆悵中，唯有文字，彷若我心中一泓清泉，清澈見底、幽雅寧靜，可以寄情於明月，隨風抵至她的彼岸，表達我滿懷的相思愁緒，可是，千年之前的她又能否聽到我為她輕嘆的聲息？注目，筆端下輕點心中縷縷思緒，在一泓清泉中若點若圈，使我心雨飄飛，瞬間裝滿他的詩情畫意。回首，凝望這片夜的清寂，心，莫名的徬徨，究是誰，深鎖了他的清眉，漂染了一世的宋風？又是誰，款款入他的夢境，惹他彼生的念想？

是她，是她，還是她？那年那月，攜一縷清風，過她的夢簷，靈慧如她，是否還讓他在落寞裡無望地等待？那年那月，掬一汪明月，入她的心田，溫柔如她，是否還讓他手捂著相思的清寒？擱筆落字，閉上眼睛，遠處如水的琴聲，直蔓延至安寧的夜的心臟，我知道，那年那月，他是真的愛了她，那個叫做瓊娥的風塵女子。

然而，那終究還是一段無疾而終的痴絕的愛。經年過後，流雲輕舟，滌蕩眸上清愁，芳草萋萋的清風蝶舞，卻風乾不了他塵緣遺落的心上淚痕。站在千年後的微雨輕風裡，凝眸處，卻是落花時節，唯有杜鵑聲聲淒，此時此刻，我不知道該用怎樣的詞眼去描驀他們短暫的情緣，更不知道用怎樣的心境去悼念他們彼此錯過的遺憾。我只能暗自輕問，在那指尖流逝的時光罅隙裡，如若他們能夠相遇一個無風的月夜，那麼會不會有人在蒹葭蒼蒼的柔波裡，將一片絕美的夜色，烘溶成一枝帶露的玫瑰，只淺吟低唱，不問世間滄桑？

會的。要不，他又怎會用明媚的心境為她寫下一闋〈西施〉詞呢？認識她時，他已走過四十歲不惑之年，已然不再年輕，不再青春，這所剩不多的時日裡，到底是繼續沉浸在他久試不第的傷感裡，還是繼續流連於秦樓楚館過他今朝有酒今朝醉的快樂生活？自然，他選擇了後者，選擇了絲絃管竹，選擇了燈紅酒綠，選擇了美女如雲，而就在那個時候，她，十五歲的瓊娥，悄然走進了他的生活，給他憂傷的眉宇帶來了絲絲明媚的陽光，儘管短暫，儘管即逝，亦在他心底留下一份暖暖的色彩。

柳街燈市好花多，儘讓美瓊娥。萬嬌千媚，的的在層波。取次梳妝，自有天然態，愛淺畫雙蛾。

斷腸最是金閨客，空憐愛、奈伊何。洞房咫尺，無計枉朝珂。有意憐才，每遇行雲處，幸時恁相過。

——柳永〈西施〉

「柳街燈市好花多，儘讓美瓊娥。」那些個燈市絢爛的日子裡，走遍花街柳巷，看遍秦樓楚館，卻是美女如雲、才女如織，算風情，竟沒一個不遜色於青春嫵媚的美瓊娥。無論他是歡欣喜悅，還是落落寡歡，溫婉可人的她始終停留在離他不遠的地方，伴他夜色闌珊，伴他一簾星光。

轉身，她嬌媚的清影，從他的夢幻中一路款款走來，浸著曼妙的唐風宋雨。默然裡，折一枝垂柳插在蓄滿清水的琉璃瓶中，尖尖的嫩芽，彷彿剛剛萌發的幽夢，明亮的鏡子裡是她一片如花笑靨。攜手間，輕輕闔上眼，任一脈素心若雪的記憶，在心間縈繞，漸漸瀰漫，迷離間，彷彿聞到了牡丹的芬芳，國色天香，沁人肺腑，她留給他的每一個微笑都是他心間最重的痴念。

「萬嬌千媚，的的在層波。取次梳妝，自有天然態，愛淺畫雙蛾。」談笑戲謔間，她用一根玉簪鬆鬆地綰起淩亂的長髮，有意散在睡意惺忪的面龐上，任那柔柔的青絲一縷垂到腮邊，一顰一笑，卻是千嬌百媚、風情萬種。在他眼裡，她有著江南女子特有的婉約氣質，無論是濃施粉黛，抑或是淡掃蛾眉，總是美得無法用言語描述，彷若這世間唯有她這樣的女子才能與純潔無暇的皚雪朦朦若合一契。最惹人心動的，是她那雙明靜清澈得猶如層層微瀾的眸子，彷若被剪開的秋水，嫵媚、清悠，總是讓他百看不厭。

靜坐窗前，她痴痴望他一眼，莞爾一笑，忽地又取下玉簪，抓起妝臺上的桃木梳，胡亂梳理起蓬鬆的髮，接著，又拿起粉黛淺淺淡淡地描畫著那一雙蛾眉，舉手投足間，無不透著慵懶模樣，卻又不失嬌俏玲瓏之美。她不知道，他就喜歡那這副自然簡單的妝容，不造作，不扭怩，一言一笑間，又不失風流情態，真把人看得神魂兒顛倒。為此，他願意為她，畫屏幽，織夢繞重樓，用一支輕柔的筆，將心遇的美麗寫成今生無悔的完美。

「斷腸最是金閨客，空憐愛、奈伊何。洞房咫尺，無計枉朝珂。」披一蓑煙雨，立於紅塵當中，與她相逢只因宿命的緣，曾經的凝眸，亦只為她驚鴻一瞥。只是，兜兜轉轉，繁華散盡後，卻留下一聲不盡的哀嘆伴他左右。往昔的紫衣素手、短笛輕舟已然遠去，以後的以後，誰會在四季的岸邊，置月為樽，酌一江思念，飲三世情愁，以款款深情的詞行，觸控人間的冷暖、世事的變遷？再回首，傷心裡，又是誰的容顏蒼老了千年的等候，在尋尋覓覓中沉淪，縱使寂寞成殤，依然無法泅渡寂寞的靈魂，和那慢慢憔悴了的心？

風月落盡後，最悲傷最斷腸的莫過於被過去的她稱為金閨客的他。而今，他就像那春秋時期為了家仇國恨失去大美女西施的范蠡，縱是心中依然眷戀著曾經的美嬋娟，可卻沒有辦法再將她擁入懷中溫香軟玉。與她相偎僅及半年，絢美綻放後，她便像一陣來無影去無蹤的清風，迅速消逝在他眼前。瓊娥，你究竟去了哪裡？站在她曾經輕歌曼舞飄香屑的深閨前，望秀閣近在咫尺，而今卻是天涯海角人渺茫，無計可施，即便借他一匹千里馬，也不能讓他追上她的倩影啊！

「有意憐才，每遇行雲處，幸時恁相過。」失去她，心痛難禁。躲不開期待，寂寂裡，只能裹著濃濃的夜色，向著無際的黑暗潛行，儘管知道，她就是他夢裡相隨的魅影，卻無法將她拋諸腦後。憶往昔，她，輕舟羅裳，花間徜徉，蕙質蘭心一點，盈盈笑語半纖，卻不料，幾度溫柔纏綿後，真情愛意終遺失在白雲古道邊，換來的卻是他飄飛的身心，於不羈裡融入那千年的唐風宋雨，悵看花開花落、雲捲雲舒，在夕陽斜暉裡，吹一管鳳簫，綿綿輕嘆。

抬頭，靜靜凝望淡藍色的銀河化作千載縈繞的幽夢，孤寂的河床盛滿他千古未絕的魂魄。望著亙古不變的天穹，想起她日顯嬌媚的臉龐，他的淚水在憔悴了的面龐恣意蔓延。想她，也曾是那一低頭的溫柔，暈染了不勝涼風的嬌羞；想她，也曾是娉婷清妍，孤芳自賞在碧水灣，為什麼，輾轉過後，卻只留得一片殘荷在秋風中寫滿他的悲傷？

點點月明汴水寒，心，仍浸在多情的憂傷裡，無法自拔。想著她，念著她，每次路過與她歡會之處，總在期盼能夠重現當日相親相愛的美好時光，未曾想，回首間，他已站在寂寞的左岸，她亦已佇立在海角天涯，不得重逢。然，悵看指尖滑過流年，縱使天涯路遠，卻是依舊割斷不了紅塵眷戀，和那漫長而纏綿的脈脈思念，那麼就請容許他在這淚雨濳然的季節裡斟酌片刻，再為她寫一闋清詞唱一曲緬懷的歌，將那份珍藏已久的深情，於她轉身後的寂寞裡醞釀成瑪瑙般的誓言，再還他一個天上人間獨一無二的永恆吧！

再回首，轉瞬，夢已成碎片，化為漫天細雨，點點拍打著他寂寞的窗簷。淡淡的苦澀，伴著一點兒馨香的甜，拽著唐風宋雨的浪漫情懷，倏忽裡便將他潤溼得淋漓盡致。回望歷史於白雲裡裊升的纖塵，我守在千年後的時光裡，看她煙霧籠香肩、脂粉淡施、朱唇微啟，看他愁鎖眉端、聲聲絲竹闌珊、殘夢伴無眠，卻不知相思古琴淚裡，卻是誰解絃音！恍惚裡，那一曲來自遠古的悠揚琴曲在窗外的波上翻轉，彷若斷線的珍珠，跌宕起伏、回音繚繞，那若有若無的音符，彈跳在心間，帶來的是一種莫名的悸動，洗滌著心扉，叫人心怡。

秋水潺潺呢喃，像是和白雲與藍天道聲珍重的依依低語；琴聲悠遠清曠，宛如寒山冷月、深谷迷霧。回眸，風過枝頭，落葉飄零，孤影弦月依西樓，曲盡猶憐；轉身，幽懷縫綣，揉篆煙殘，寒風淒露綰新愁，花夢難留。輕輕的，她走了，驀然間，他也走了，一夢繁華盡，一曲花間醉，終在我模糊了雙眼的淚水中碾盡墨香畫成離愁，而他彌留在歲月的心結，千年之後，仍是獨自寄於雲端，飄拂不去。

嘆，良晨美景虛設，世路難行，可是，又有誰肯把浮名換作淺斟低唱？又有誰坦蕩得一蓑煙雨任平生？除了他柳三變，還會有誰？太多的是非恩怨，徬徨不知所終，哪裡還能用無與倫比的文字，寫出千迴百轉卻明澈依舊的心境？感傷裡，我伸出手，掬起寂夜中一抹清涼，只覺微風輕輕吹動髮絲，乍然驚覺時，窗外月已消瘦，那淡淡的憂傷、濃濃的相思，卻浸著一份幽幽的簫聲咽，執著漫溢在窗前，悠然翩翩，聲聲含情。

繼續，翻動手裡的《樂章集》，不知，那字裡行間，究是誰晶瑩的淚水被一闋情詞滲透，又是誰期待的目光長長久久地徘徊在他的鴛鴦樓前？夜未央，幽怨的裊裊餘音裡，悲涼的綿綿音韻，依然在朦朧輕煙般的秋夜裡，於耳畔，牽牽絆絆、聲聲繚繞，只一個淺淡回眸，便於悵然裡落滿她的婀娜、瀉盡他的多情，而我的心，亦在此時，在一瞬間宛若落花般碎了一地。

29. 多情自古傷離別·蟲娘·雨霖鈴

寒蟬淒切，對長亭晚，驟雨初歇。都門帳飲無緒，留戀處、蘭舟催發。執手相看淚眼，竟無語凝噎。念去去、千里煙波，暮靄沉沉楚天闊。

多情自古傷離別，更那堪、冷落清秋節。今宵酒醒何處？楊柳岸、曉風殘月。此去經年，應是良辰好景虛設，便縱有千種風情，更與何人說？

——柳永〈雨霖鈴〉

寒煙遮楊柳，悵風襲孤城，時光消清夢，韶華轉飛蓬。歲月在走，年輪不休，再回首，故事裡的許多烽煙飛舞也早已落下了帷幕。

冬宵夜寒，我獨守燈火闌珊，倚窗輕誦著他那那闋千古名篇〈雨霖鈴〉，仍是不能自拔地浸於千年前離仇別恨的幽怨裡，深深淺淺地感悟著兩心相依的情濃。回眸，冷月，伴著詩意，淺淺掠過孤單的心扉，伸手攬一片月影縈懷，輕輕撩撥萬千思緒，過往便如浮光掠影般在眼前一一閃現，彷彿昨日的一切已相隔甚遠，卻又時不時地縈繞於眼前，有些茫然，有些無奈，又有些憂傷。

塵緣如煙，淡去無痕。佛說，聚散離合皆為緣，只是這緣向來都是那般迷幻，似是而非。憑欄對月，拋卻紅塵之外的閒思，緩緩追溯昔日的舊時光，苦澀的味道悵然間瀰漫著胸口，那年的杯樽談笑，那年的撫琴焚香，又在低吟淺唱、繁華成殤。

弦上輕歌，思唸成詞淚千行，難言的往事，卻在他寂寥的文字裡鋪就成一篇篇悲情的斷章。彼岸是堪不破的風花雪月，卻是誰的影子，翩躚起舞、悄然入夢？又是誰，夜夜憑欄瘦燈花，空守冷月，悽風滿袖？

雲沉霜冷，孤懷愁幾許。掠過陣陣寒涼，抬頭，看一彎瘦月慘淡無力的碎影散開，突地生出一種悵然若失的感覺，不知緣何，心，亦在這寂寥落寞的深夜冷得發顫。輕嘆，浮雲逐夢，歲月中冗長的等待，又是誰在紅塵煙雨中撐帆獨舞？

一曲清音，弦冷了相思晶瑩。如煙的記憶裡，被時光漂白的深處，心扉翻捲起一縷縷惆悵的嘆息。轉身，聽她彈一曲清歌，將細碎的憂愁敲打、灑落於心底，循著古韻幽咽的宮商，再看他一路上筆歌墨舞，搖曳紫陌紛繁，拂亂一身愁腸憂悒，更不知今夕是何年，唯餘淡淡傷感在心間。

歷經千年，他依然是我未曾看破的紅塵因果。那一年，她指尖流逝的繾綣，殘留著一些愛、一些痴、一些不捨，於他心底淺淺停駐卻深深依戀，轉身而過後，那一份被絞得支離破碎的感情，終究在他心裡烙下一道無法釋懷的痕，那些久遠的過往雖隨著塵煙，淡淡地飄逝於素箋水墨間，然，那份疼痛而又甜蜜的交集仍是他永遠揮之不不的回憶，在我眼前明明滅滅。

江河煙沙，帆影漸遠。看千帆過盡、人去樓空，千年光陰的積澱，倏忽裡只剩下我懷著對他一片仰慕，空對離愁。夜風蕭，獨撫琴，淡淡的哀傷裡，掬一捧沾溼了思念的月色，撒進歲月的長河，瞬即旋出幾圈淺淺的漣漪，看潺潺流水依舊，聽舊了的心事在他愁緒頓生的眸子裡汩汩流淌，恍惚中，卻看不明白，此時此刻他正停留在哪一渡口的航程，欣賞著這個寒冬的風景。

「多情自古傷離別。更那堪、冷落清秋節。今宵酒醒何處？楊柳岸、曉風殘月。」一遍遍，念著這闋名篇裡最為膾炙人口的詞句，彷若看到那白衣勝雪的男子，染著一身的離愁別緒，從我身邊擦肩而過。凝眸，彷彿看見他手心握著亙古的月光，袖中深藏的詞卷更是隱藏了千古的味道，然而，我手上的狼毫，卻畫不下那亙古不變的容貌，只能在錚錚的琴音裡，用心再去聆聽那一曲意蘊悠悠的〈雨霖鈴〉。

琴聲四起，依舊習慣了把心事寄託在文字裡，硯墨一幅，依舊習慣了一個人游離於夜晚的星辰下。回眸凝望，那段純真的情懷，此去經年，就只在月光中剩下一個單薄的剪影，縱是滿目留戀，卻是心生疼痛。再回首，古老的長亭遺留著古老的味道，閃電無聲地劃過，像一部音箱出了故障的無聲電影，很久以前發生的一切都得以在老地方重演，儘管踰越千年的等待，他終還是躲不過愛情離別相思的塵埃，而那段本以為不可分割的情感，亦終究在錯落的時光中漸行漸遠。

轉身，記憶於歲月長河中泛起蒼白的浪花，一圈一圈地漾開，一種別樣的心情，在窗外昏暗的街燈下悄然綻放，而我，卻於心底給了自己一份思念，亦給了他一份緬懷。我不知道，我是否在期盼他的剎那出現，抑或只是想聽他在我面前和著大宋的節拍將那遺落了千年的情音唱起，但我明白，我一直在等待，在等待一份憂傷過後的驚喜，哪怕這份執著會是一個人一生最初的蒼老。然而，枯守了這麼久，這個冬天，我依然沒有候到他的溫暖，也不曾遭遇他給予的驚喜，回眸，輕語風兒，那窗外飄忽不定的落花可是他柳三變的遊魂？如果是，他可否也聽見了寂寞的啜泣？悵然裡，看不到他，等不到他，我只能在雲捲雲舒的時光裡，輕唱一曲浸染憂傷的〈雨霖鈴〉，把心間深情輕輕地擱淺為一幕幽魂的水墨丹青，祭奠他曾經擁有又丟失了的那抹笑靨，那份悠然。

寫這闋〈雨霖鈴〉的時候，柳三變已經四十一歲了。那一年，是西元一〇二四年，宋仁宗天聖二年，春天，他再次信心滿滿地參加了三年一度的科舉考試，然而卻又毫無懸念地被黜落了。為什麼？就因為那一闋牢騷滿腹的〈西江月〉把當朝宰相呂夷簡給得罪了，就算他才高八斗、文采斐然，到這時，也不得不在權勢面前低頭了。據說，這次科舉試，柳三變憑著出色的文筆，在省試中贏得了主考官的欣賞與青睞，考卷也被呈送到十五歲的小皇帝面前批閱，就等著皇帝首肯，便可以繼續參加殿試，獲得一官半職了。

小小年紀的宋仁宗雖然貴為九五之尊，但在看了柳三變的考卷後，倒也仰慕其才，有心提拔於他，後又在侍從的慫恿下翻閱了宮人送來他往日寫就的詞章，更是心生歡喜，當即便決定啟用他，但那個時候，朝廷諸事都由垂簾聽政的劉太后與宰相呂夷簡做主，仁宗不敢專擅，便捧著柳三變的考卷面呈太后，同時將呂夷簡召入宮中，詢問他有關柳三變的家世背景，沒想到，這一問便問出了問題。呂夷簡本就對恃才傲物的柳三變啣恨於心，又怎會同意小皇帝的建議，重用於他呢？非但不能重用，連給他進士及第的機會都不能給，於是便在仁宗面前裝作一副語重心長的模樣說：「此人雖有詞華，然恃才高傲，全不以功名為念，日夜留連妓館，大失官箴。若重用之，恐士習由此而變。」

為讓宋仁宗加深對柳三變的厭惡，呂夷簡更拿出其於多年前寫就的那闋〈鶴沖天〉對小皇帝說：「陛下，您看，這都寫的什麼？『才子詞人，自是白衣卿相』？他柳三變是誰？一個沒有任何功名的布衣，怎麼能把自己比作三公卿相呢？還有這句，『忍把浮名，換了淺斟低唱』，字字句句，無不心懷怨望，更是對先帝的大不敬，這種人陛下非但不能重用，就是賜他進士及第亦是萬萬不可的啊！」

「『才子詞人，自是白衣卿相』。」宋仁宗輕輕念著柳三變的詞句，等唸到『忍把浮名，換了淺斟低唱』時，臉色已然大變，看來呂夷簡說得沒錯，柳三變就是對自己屢試不第心懷怨望，這可是犯了對先帝的大不敬，又怎能提拔這樣的人入朝為官呢？仁宗是個孝子，心下已然對柳三變產生了不滿情緒，但此時的他尚未親政，一切都得看劉太后的面色行色，於是他掉轉過頭，畢恭畢敬地請教劉太后說：「母后，兒臣聽說您也很喜歡柳三變的詞作，不知母后對啟用柳三變意下如何？」

劉太后雖是女流之輩，但卻是極有主見的人。她不僅崇尚儒門，且禮賢下士，尤其褒揚孝道，這從是年宋庠、宋祁兄弟同榜登進士第的名位排序便可窺破端倪。原來，那一年科試，禮部本奏請列弟弟宋祁為第一，但劉太后卻以「弟不可先兄」之由，乃推宋庠為第一名，而才名遠遠優於兄長的宋祁卻只得位列第十。由此可見，在當時那種特定政治環境下，對先帝宋真宗「犯下」大不敬的柳三變被黜落便是理所當然的事了。

「依母后看，這一科不妨依了呂相國之見，先殺殺柳三變的威風，等下一科再說吧。」劉太后盯一眼呂夷簡，又回過頭望著宋仁宗輕描淡寫地說。很明顯，她把這個皮球再次踢回到小皇帝手裡，也是想看看小皇帝到底能不能妥善處置此事。

宋仁宗二話沒說，果斷地在柳三變的考卷後提筆寫下了如下批語：「柳三變不求富貴，誰將富貴求之？任作白衣卿相，風前月下填詞。」皇帝的批語就是聖旨，於是乎，再次被黜落的柳三變只能和著滿心惆悵，強忍住委屈的淚水，繼續留連於花街柳巷，終日偎紅倚翠、無復檢約，且自稱云：「奉聖旨填詞柳三變」，過著比以往有過之而無不及的放蕩不羈的生活。

這一次，他是真的傷了心，真的徹底失瞭望。皇帝不啟用他，太后不給他機會，權臣不原諒他，叔父們不理解他，大哥二哥也不懂得他，那時那刻，唯有那些整日裡輕歌舞的伎人在他身前鶯歌燕語、把盞共歡，然而，他心裡真正想要的就是這些嗎？不，當然不是，他熱愛填詞，熱愛風月，更熱愛那些淪落風塵的女子，可他內心深處仍然盼望著有朝一日金榜題名，為柳氏家族爭光，為九泉下的父母和雲衣爭光，為什麼他這點微薄的心願就是總也無法實現呢？

走吧，走！東京城他是一天也待不下去了！無論如何，他都要離開這裡，回到江南去，唯有在江南，他受傷的心才能得到撫慰，可是，他又該拿蟲娘怎麼辦？雖然一直未能給她相應的名分，但她實際上已是自己生命中那一位最最重要的女子，莫非，是要帶了她一起回歸江南嗎？他把心中的想法跟她說了又說，然而，她卻始終沒有答應他的請求，不是她不願跟他一起走，而是她深知自己已經老了，一個韶華已失、人老珠黃的女子，又怎能希冀有一個男人會用下半輩子剩下的時光只愛她一人？她知道，他從不曾只屬於過自己，而是屬於所有女人的，與其跟著他成為他的累贅，惹他煩惹他恨，還不如就此退出他的世界，至少，從此後還能在他明明滅滅的記憶裡留下最最美好的印跡。

「妳當真不跟我走？」

「妾身近來體弱多病，恐怕受不了那份跋山涉水的累。若是官人還惦念著妾身，在外面久了，記得給妾身來一封書信便是。」

「怎麼會少得了給妳的書信？」他緊緊攥著她的雙手，仍不死心地問，「真要一個人留下？我這一走，山高水長，也不知道什麼時候才能回來，只怕……」

「放心吧，有姐妹們相幫著，妾身這邊官人倒犯不著發愁，只是官人你，這一去，身邊沒個人照應著，這日子倒該如何打發？」說到動情處，蟲娘早已淚眼潸然：「在東京城，有這一幫姐姐妹妹們輪流服侍著你，把你侍候得舒舒服服的，可出了東京城，人生地不熟的，萬一出個什麼好歹，又叫妾身如何放心得下？依妾之見，還是僱個小廝陪同著一塊上路的好。」

「欸，我一個大男人，人高馬壯的，妳就不用替我發愁了。只是，妳的病……」

「妾身都是些小病，不值得官人掛念，多吃幾劑湯藥便好得俐落了。只是享福享慣了，受不了那份勞累，要不是這樣，倒也情願跟了你浪跡江湖，逍遙快活。」

「蟲蟲，我……」他低下頭，緊緊偎在她溫暖的懷裡：「妳知道，我是多麼多麼地捨不得離開妳，可是這裡，我是一刻也待不下去了！再留在這裡，我一定會發瘋，一定會窒息而死的！我……」

「妾身明白，妾身什麼都明白。」蟲娘哽咽著望向他：「妾身沒別的好說，還是那句話，官人一人在外，比不得在東京城裡，切記千萬珍重，珍重。」

他點點頭，默然無語。涕淚漣漣時，忽地抬起頭，重重吻著她略顯蒼白的額頭，欲罷不能。終於，他還是在她不捨的目光中，輕輕推開她，緩步走出她的香閨，而她，亦緊跟著他的步伐，匆匆而行，無語相送。就這樣，他走在前頭，她跟在後面，他的每一次駐足回眸，都成為她腦海中縈繞的情愫，倏忽裡，便又開始了一場沒有結果的回望，而那些風聲裡發出的寂寞音符卻都以另一種形式在彼此的心歌旋律中保持著永久的悸動。

我知道，那一夜，他和她分別在東京城外的長亭畔，也就在那個時候，他為她寫下那一闋染著相思與愁緒的〈雨霖鈴〉。雖然，那時那刻，他早已習慣了一個人安靜地走完一條街，只是，在她無言的失落裡，那首在斑駁的城牆下迴旋了一半的戀曲，仍在他心裡鼓瑟了一弦惆悵的嘆息。到底，愛為哪般？情歸何處？那段如流水般的過往，經年之後是否仍會在心裡翻起苦澀的漣漪？

嘆，陌上紅塵，隻影向誰依？曾經，兩對執著的腳印，一直向前，記述他們愛的姿勢不曾停歇、未遇棲息。而今，路邊的景色斑駁了一季又一季，只是被風霜浸染的那串街角風鈴，塗抹了一圈又一圈的銅綠，剎那間穿插刻骨憔悴了一顆漂泊的心。雲重千里，月明何處？唯有揣一腔希望，在煙波浩渺的紅塵渡口，靜守一輪淡隱、悽美的斜陽，盼與他再共，訴說往日情懷。

寒蟬悽切，對長亭晚，驟雨初歇。都門帳飲無緒，留戀處、蘭舟催發。執手相看淚眼，竟無語凝噎。念去去、千里煙波，暮靄沉沉楚天闊。

多情自古傷離別，更那堪、冷落清秋節。今宵酒醒何處？楊柳岸、曉風殘月。此去經年，應是良辰好景虛設。便縱有千種風情，更與何人說？

——柳永〈雨霖鈴〉

「寒蟬悽切，對長亭晚，驟雨初歇。都門帳飲無緒，留戀處、蘭舟催發。」如果分別是一種無言的痛，那麼，當初，為什麼還要相遇？沒有相遇，便沒有離別；沒有離別，便不會有今日的悽楚與決絕。只是相聚的時間為何總這樣短暫，分手之後，何時是歸期？何時才能夠與佳人再聚？

雨後落日的餘暉灑在他蒼白的臉上，他卻無心去看那將要分別了的汴京的夕陽。一雙黯然的眼睛，悽悽然望向遠方，那是他將要去流浪的地方，可卻無法讓自己高興起來，眼裡盡是不捨，還有迷茫。他不是捨不下這裡的鬧市浮華、燈火輝煌，而是放不下自己深愛的蟲娘，在他眼裡，整個汴京城的燈火，甚至比不上她的一隻眼睛明亮，又叫他如何硬得下心腸匆匆離去？

樹上，悽切的蟬鳴，和著長亭內依依惜別的無歡情緒，在他和她模糊的眼前輾轉留連，彷彿是在替他們餞行，又彷彿是在替他們感傷。放眼望去，長亭外，初歇的雨將一切都沖洗得沒了痕跡，包括他們受傷的內心，唯一留下的便是他們抽泣的聲音。

如果秋天注定是一個傷心的季節，那麼，那一樹紛紛揚揚落下的葉子，是否每一葉，都是他們碎成一片片的心？那蕭瑟悽清的秋雨，是否每一顆，都是他們分別的淚滴？坐在京門郊野的帳篷裡，面對著滿桌美味佳餚，他和她，為何卻都沒了食慾，更沒了飲酒的心緒？他不知道，或許，離別之際，根本不需要把盞，那抹烙在心底的傷感，亦能讓他們沾染醉酒的情緒吧？然而，她仍然在為他斟酒，一杯杯倒掉涼了的，再換上重新溫過的，每一次的動作都很慢很慢，慢到眼淚都要滴入酒觴。他明白，她更捨不得與他分別，從此天各一方，可是，他不敢開口，只怕一開口，感情的平衡就會被刺破，讓她更加心傷。

留戀，是一種悄悄瀰漫的情緒，淚眼相望裡，儘管心中有一千句話要說，卻又不知道從何說起，只是彼此沉默，彼此心傷。回眸，下江南的船早早就划來了，正停靠在岸邊，他終於忍不住抬頭看一眼她遞過來的酒杯，含著滿腔酸澀，端到嘴邊，一飲而盡。這時候，再烈的酒在他看來也都只是一杯清水，於是，又不顧她的勸阻，接連喝了十餘杯，直喝到兩腿發軟，再也支撐不住那顆疲憊的心。

她顫抖著輕輕起身，將醉得東倒西歪的他緊緊扶住，心中落滿憂傷與不捨，然，想要說的話還是無法說出口，唯有兩行溼熱纏綿的淚水於悄然裡緩緩表述著她的心語。然而，就在此時，卻聽到了舟人催促的聲音，一聲一聲，打在人的心底。離去，終究是他們無法逃避的話題。

「執手相看淚眼，竟無語凝噎。念去去、千里煙波，暮靄沉沉楚天闊。」即將分別的戀人在舟人的催促下，仍然雙手合握、依依難捨，淚眼相對、悽然無語。相見時難別亦難，了不盡的愁苦萬千，淚水，於此時成了他們表達感情的唯一工具。

他痴痴盯著她的臉看，那一刻，他是真的怕了，怕今後再也看不見這張讓他痛心難捨、牽掛萬分的面孔。舟人不停地催著，他們深情凝視著對方的眼睛，雖然明瞭彼此的內心，卻哽咽得一句話也說不上來。他知道，她眼裡藏著對他數不盡的深情，漣漣淚水彷彿一把鋒利的匕首劃在他的心尖，痛不可擋，然而這時候，縱有千萬句體己的話要對她說，也已然來不及，更無法改變即將悵別的命運，於是，他只能和著兩行熱淚，緩緩踏上了小舟的甲板。

走了，一切，盡在無言中。然而，這一別，他還能否再回到她花紅柳綠的明媚世界，還能否再看到她的嫵媚婀娜，還能否等來與她花前月下共攜手的未來？淚眼潸然裡，卻念起這一去，千里相隔，冷寂的行程裡恐怕亦唯有那煙波浩渺的江水和暮色蒼茫的長天，可以與之相伴相行了，然，它們又有誰可以載動他深深的惦念、沉沉的離愁呢？

小舟漸漸遠去，時間的浪花洗去了他們留在地上的印記，滴穿了岸邊深刻著執手相望誓言的石頭。於是，一切都在時間的背景裡變得不再重要，就像是一個深色的陶瓶在深色的背景裡被逐漸模糊、慢慢虛化，兜兜轉轉後，最終只成全了一段空白心事。

「多情自古傷離別，更那堪、冷落清秋節。今宵酒醒何處？楊柳岸、曉風殘月。」多情人自古傷離別，更何況是在這淒冷的清秋時節！這片廣袤蒼茫的大地，究竟掩埋了多少顆破碎的心，卻是誰能數得清，誰又忍心去數？！轉身，不斷回想她最後無奈的轉身，那抹孤單的背影讓他心傷難禁。許多的話，無從說起，許多的感動，亦無處尋覓，抬頭低頭間，唯有一抹濃雲籠罩著他周身的寂寞，而頭頂那片深遠遼闊的天，卻像極了她每每望向他的玄色瞳孔。

水上霧靄朦朧，周圍全是冷寂的空氣。回想傷別痛飲長亭內有她相伴的光景，卻不知酒醒之後又會身在何處，心，莫名的惆悵！再回首，只望見岸邊依依楊柳，蕩漾著許許別情，飄拂著幾多春風未解的心事；而那一鉤冷月，卻是殘照白堤，更令蘭舟上的旅人，沉浸於深深的離苦之中。

「此去經年，應是良辰好景虛設。便縱有千種風情，更與何人說？」相知相愛的昨日，相聚相擁的過往，悄然間，已成眼底浮煙。這一去，又將闊別經年，就算是遇到了美好的日子，看到了如畫的景緻，沒有了她，也是形同虛設，再也無法找回往昔依著她的種種溫暖與明媚了。自此後，秋心做愁，寄於殘月，縱有千萬種柔情蜜意，但與她相隔天涯兩地的他，又能對誰傾訴這無限深情？

月下，靜聽一曲幽幽簫聲，那一闋古老的〈雨霖鈴〉，在我手心裡，自始至終浸染著憂傷的氛圍，煙籠寒潭般牢牢牽引著我那顆易感的心，卻是寫盡日復一日的傷感、年復一年的離情。我知道，他和她，自那後，再也沒了相聚的日期，然而，千年之後讀到這闋詞章之際，我仍相信，如果他在天有靈，一定還會懷著濃濃的情韻，再為她唱響這闋天籟之音，只為紀念他們擁有過的曾經。

或許，分別，就是為了再次的相遇，但願在這良辰美景下，歷經滄桑的他，能夠逾過千山萬水的阻隔，能夠穿過光陰變遷的隧道，與她，在下一個簫音繚繞不絕的夜裡，再攜手，溫暖一次彼此的淚眼濟然，把所有的傷、所有的痛，都徹徹底底地甩在無人路過的平平仄仄裡，不再憶起。

30. 風煙蕭索在何處．蟲娘．引駕行

虹收殘雨，蟬嘶敗柳長堤暮。背都門、動消黯，西風片帆輕舉。愁睹，泛畫鷁翩翩，靈鼉隱隱下前浦。忍回首、佳人漸遠，想高城、隔煙樹。

幾許，秦樓永晝，謝閣連宵奇遇。算贈笑千金，酬歌百琲，盡成輕負。南顧，念吳邦越國，風煙蕭索在何處。獨自個、千山萬水，指天涯去。

——柳永〈引駕行〉

品著香茗的清淡，抬頭仰望，一輪清輝瑩瑩的明月，在深藍的天幕上獨自閃耀著，有一種浪漫的朦朧與詩意在心頭徜徉。雲淡風輕的夜，溫婉的月色，隨著雲影的附和，漫過秋韻婆娑的枝頭，朦朧、清雅，點綴了這世界的單調，卻又安於平淡，倏忽間便讓花襲了衣裳，讓情沐浴在紫色光影的曖昧裡，與眼底的

一簾幽夢纏綿成一闋永恆的溫柔詩畫。

輕推西窗，自由的風，似蓮步輕移，正如「雲淡無痕風過處，去留自在皆隨緣」。回首，愛恨凋零，幽幽的旋律，淺吟低唱，盈盈淚光中，落落芳華，守著一份邂逅的美麗，且行且珍惜，卻是昨日歡顏。轉身，夜未央，夢如舊，拾一縷煙花歲月，守在古韻悠悠的曲調中懷遠，從薄涼月色裡珍藏他的背影，絲絲縷縷，讓它纏上心頭，漫過心尖，在胸懷裡蕩氣迴腸，卻是滿眼相思，欲說還休。

凝眸處，千里煙波、花語樓閣。似飄若渺的水雲深處，虛幻之間，古人演繹的萬種風情，都隨了他憂傷的眉眼入了我舊時畫軸，在腦海裡，幽然流轉出那份已然遠去了的婉約細緻的風雅，還有那份婀娜輕盈的飄逸。頷首間，傷感的文字於指尖緩緩流出，心事一如秋之悲涼，在這轉瞬成空的沉痛裡，我只能望月凝語，任思緒順著風的流向，搡一枝多情的楓紅、硯一盞香墨、展一紙素箋，把魂牽夢縈的相思愁詞，卸舍下塵世中所有的悲與喜，為他舞動一世繾綣、一抹嫣梅，為他含著綻顏今生的依偎，延伸那一抹浪漫、那一抹馨香……

歲月悠悠，清清淡淡、平平凡凡，樂又何妨？傷又何妨？嘆人生如夢、浮華似水，轉瞬間，一切皆成過眼雲煙，卻是雲中錦書誰寄？聽徹窗外，橫笛聲碎，一枝縷縷凝香的花影、一脈千嬌百媚的風情、一場隔世離空的浮戀，似水纏綿、若蘭繾綣，漣漪著流年歲月的錦瑟無邊，又催人惆悵無度。

輕輕，把孤單的思念在雲捲雲舒的夜裡點點塗抹，顫顫然，開啟飄零的《樂章集》冊頁，採擷橫亙在歷史裡真摯的感動，直至有一滴紫色的淚在眼角滑落，滴在清瘦的琉璃瓶中，滋潤了搖曳的紫色花瓣，映著春風秋月的纏綿，留住記憶裡關於他的所有如花似夢的幻影。當時，內心深處的千年沃土中，一朵蓮花正悄然綻放，永不凋零。

注目，凝望，他以一襲素雅的白袍站在我面前，輕輕地，在書頁中閃過，滑過指尖，似隱者撥動心靈之琴，將離別愁緒化作裊裊仙音，訴說著一場又一場落盡風月之後的深愛。那行雲流水的韻律、跌宕起伏的韻腳，誦之吟之、如痴如醉，詩一般的節奏感和韻律美，風行著水的清新飄逸，內心流淌的情思也隨著他字跡舒徐漸進的節律，緩緩地卻又是執著地扣擊著心弦，讀來令人蕩氣迴腸、心雨飄飛。

傾耳，聆聽，遠古的琴聲入涓涓細流般緩緩而至，飄瀠著隔世的靈氣，是那麼的超凡脫俗、空靈深邃。恍惚間，高山流水似乎化成了兩個人，流水便是那撫琴的他，靈巧的十指在古琴上輕輕一劃便成就了一段千古絕響，而高山則是流水的知音，亦是他的蟲娘，每一個琴音都鐫刻在了彼此心間，一晃便成了那永世不滅的印記。

回眸，不堪望，他和她，轉身之後，終是相見無期、已成陌路。簾卷西風，娓娓如訴，曾經低語繾綣的誓言、心之微語，卻在今夜淡了幾世繁華，滴落下一杯愁緒，任我翻轉幾許柔情，吟誦著幕幕過往，更無法明媚他們憂傷的眼眸。念念如斯、禪意幽幽，一地碎月因他而倦怠，一詞相思因他而百轉柔腸，倏忽裡，唐風宋雨侵襲的繡樓，在時光的流轉中，氤氳成紅塵三千青絲，卻不知為誰而留、為誰而挽，更不知又為誰，在歲月的流逝中青絲染霜她拈花一笑的嬌媚！

想著他，夢著她，我的心愈來愈恍惚，愈來愈惆悵，竟不知是他攜著她的手來到了我的世界，還是我化作了一隻翩翩起舞的彩蝶又回到了他和她的窗下。憂傷裡，窗外瀟瀟秋雨，淋溼了我的雙眸，淡淡而來、淡淡而去，一如夢幻裡邂逅的美麗，極富朦朧。恍惚裡，又看到他守在雲水氤氳的詞畔，洗去塵間的鉛華，為素妝淡顏的她，淺點眉尖上一朵墨香，獨享那分無與倫比的青春韶華，與她深情痴望。當時，溫婉的笑靨在她眼尾處輕輕綻放，那汪秋波裡的嫵媚，瞬間便在他的指尖繾綣著清幽婉約的絕塵奇葩，更令他曼妙情思油然而生。

輕掬君心，一切皆隨清風去，所有的溫暖，卻原來只是夢的朵、情的殤，經年之後，只任我窗下追憶那一場似水年華、如花美眷。此時，我輕輕闔上《樂章集》，擦乾眼淚，守著一份悠長不盡的遐思，營造出獨有的寧靜溫馨，在他不捨的目光下，採書香一縷，攜一片金桂清香的夢想，走在雲淡風輕的路上，寵辱不驚、去留無意，只恣意地傾聽，那闋天籟之音，那曲千古絕唱，那段人世間的真情。那便是，四十一歲的他離開東京、離開蟲娘之後，於舟上寫下的那闋染著不盡哀思的〈引駕行〉。

> 虹收殘雨，蟬嘶敗柳長堤暮。背都門、動消黯，西風片帆輕舉。愁睹，泛畫鷁翩翩，靈龜隱隱下前浦。忍回首、佳人漸遠，想高城、隔煙樹。
>
> 幾許，秦樓永晝，謝閣連宵奇遇。算贈笑千金，酬歌百琲，盡成輕負。南顧，念吳邦越國，風煙蕭索在何處。獨自個、千山萬水，指天涯去。
>
> ——柳永〈引駕行〉

「虹收殘雨，蟬嘶敗柳長堤暮。背都門、動消黯，西風片帆輕舉。」走了，走了，還是走了。又是一個蕭瑟之夜，悵立舟頭，望秋雨初歇、彩虹貫江，心裡卻生出一份「深院靜、小庭空」般的淒涼感。回眸，簾外清風起，黃花滿地濺淚痕，忍離殤，心欲碎，獨自憑闌，卻是滿目秋色、觸緒添愁，遣情傷。她不在，煙水茫茫，東籬把酒、暗香盈袖，最憶西窗同剪燭，紅塵寂寞憑誰訴？

遠離了京都城門，倚簾望歸路，還是能看到城牆內外遍地染著愁緒的煙柳，不經意間，便又惹動他黯然銷魂的傷心情懷。凜凜秋風中，長長堤岸的枯柳上，依舊傳來陣陣悽切的蟬鳴聲，而身下這一葉孤舟亦在水面上輕輕搖晃著飄動，一切的一切都顯得慘淡悲涼，孤單的心，更浸染了一份無法排遣的落寞與哀愁。

夜無眠，揮筆成思念，欲訴卻無言。平平仄仄裡，起筆為她舞，豈料，花瓣已成空，只於他眼底輪迴著人世間的滄桑，此時此刻，他亦唯有和著寂寞的淚水，於艙中點燃一支紅燭，顛簸一程邂逅美麗的諾言，守候她唯美的輪廓，寄君一曲，不問曲終人聚散。

「愁睹，泛畫鷁翩翩，靈鼉隱隱下前浦。忍回首、佳人漸遠，想高城、隔煙樹。」掩卷長思，唯願，摒棄今生痴怨，醉吟紅塵三千，握一縷暗香盈盈，換回她的柔情款款，從此後，只為她拈花微笑，只與她心心相印，然，拭去淚水之際，卻又見小橋流水，聽得千古一嘆，難再思量。

韶華易逝，俯首問素弦，流曲心間，何為思念？一世情長，也曾點燃淚光，不知離散山海茫茫，喚回心底情，然，宿命盡，又怎能用隻字片語去挽回恍惚迷離的夢境？抬頭，憂傷的眸光裡，卻看到那飾著鷁鳥和靈鼉的孤舟，如翩翩輕疾的飛鳥，在輕風中飄飄蕩蕩，隱隱駛入前方的大河，只要再拐一個彎，繁華的東京城便會被徹底甩在身後了。蟲蟲，我的蟲蟲！悵然，念起她的名字，不敢回頭再看她守在岸上相送的影，可終究還是抵擋不住對她的刻骨相思，咬咬牙，忍著萬般失落的苦，再一次回頭朝她望去。

她還在，是的，她還守在薄霧籠罩的汴水邊，可卻和自己離得越來越遠，於是，不斷地惦起腳尖，不斷地回眸，將她看了又看、望了又望，更在心裡珍重了一千遍一萬遍，然，小舟還是拐了進了前方的大河，徬徨裡，想再看一眼高城深池上的佳人已是不能，只因她倩麗的身姿已被煙霧繚繞的村落隔阻了。「幾許，秦樓永晝，謝閣連宵奇遇。算贈笑千金，酬歌百琲，盡成輕負。」夜來月色如銀，和衣獨擁坐，花影疏窗渡，脈脈此情此識得，又道故人別去，只惆悵。紅塵千載依稀作離別，細數落花，更闌未睡，點點相思愁，別是閒情緒。霞窗外，月伴清風，亭幽苑雅，風傳聲牖送花香，似是舊人夢，卻是兩地相思債。

想當日，多少次，秦樓榭閣間意外奇特的相逢，才換回這一段纏綿悱惻、兩心寄明月的情，不意輾轉過後，卻只能相見於夢中，一任淚灑殘紅。那些個日子裡，他永晝連宵地守在她身邊，不忍離去、寵辱皆忘，只為陪她看庭前花開花落，看天上雲捲雲舒，誰曾想，昔日裡，佳人以千金笑容相贈的嫵媚、以百琲歌聲相酬的風情，到如今，卻又都被這如水光陰輕易辜負？

始終記得她的模樣，時光流逝，卻依然清晰，回憶的痕跡，淡去但永遠不會消失。始終記得她說過的話、唱過的歌，時時刻刻在他耳畔響起，還有，一起嬉笑的那片桃林，一起仰望的那片雲霞，一起奔跑的影子，都在他眼裡明明滅滅、徘徊不去。金桂飄香，小舟之中，沐浴焚香，撫琴一曲，聽〈高山流水〉韻繞指尖，只想與她共賞共醉，再回首，淚眼潸然裡，卻又看到那日的阡陌間，花草簇擁、蝶飛蜂舞，紙鳶翩躚、對影成雙，他和她，一路歡歌笑語，天之涯、海之角，搖曳著幸福的身影，那般的良辰美景，一如詩人眼裡的曼妙卷軸。

然，她終究還是遠去了。托腮凝望窗外，卻是誰，悄然無息，淡隱離去？轉身，憑幾嘆息，凝眉展卷，輕磨墨香，欲撫芳草幽香盈袖，與她化蝶比翼、御風而去，卻奈何，百花謝敗、散盡餘香，崢嶸秋度裡，悽悽疏影更向誰訴？不思量，意難忘，多少秋水若人意，徒留一簾幽夢，只是，此後何處寫別離，今宵琴斷她又知否？

「南顧，念吳邦越國，風煙蕭索在何處。獨自個、千山萬水，指天涯去。」捧茗細品，枕著她一抹清秀容顏，惆悵著眺望南方大地，不曾想亦是一派蕭條冷落的景象。流年似水，花無千日紅，人無百日好，只念那春秋時繁華綺麗幾多時的吳越故地便可明白這番道理。可不是嘛，歷經千載之後，往日的吳邦越國如今又在何處？曾經的富麗強盛亦只不過落得而今的風煙蕭索罷了！

江山如是，情愛亦如是。繁華落盡，一身憔悴在風裡，回頭時，無情也無語，明月小樓，孤獨無人訴情衷，人間有他殘夢未醒，任多少深情獨自寂寞，人隨風過，自在花開又花落，不管世間滄桑如何，一城風絮，滿腹相思都沉默。輕嘆裡，燈火闌珊，淚眼凝眸，池中波光瀲灩，卻是驀然回首難與君同，想必，他和她這一段情終究會敗在這一程冷落裡，轉身而過後，便無法再於三生石上續寫永恆的傳奇。那麼，就讓他用眼前未落的一滴淚，祭前世的一點醉，月下花間，獨自一人歷經千山萬水，向著天涯而去吧！

月獨照，空寂寥，盡得輪迴難破曉。恍惚間，我彷彿又看到東京城裡那座流香飄屑的院落，那個嫣然回眸、神態自若的她，當然，還有那個英俊瀟灑、風流倜儻的他。幻境中的他，正手掬黃卷，與她攜手翩然遊曳於婉約宋詞裡，吟誦著淡雅如蘭的相思和剪不斷、理還亂的離愁；而她，卻抿著一嘴相思，淡然坐在角聲寒夜裡，於水之湄，與他相依相偎，陪他醉笑三千場，一起靜看潮起潮落，一起聆聽宋時的雨聲，不訴離殤。

穿越千年的光陰，再吟一闋〈引駕行〉，我不知道，那時那刻，他和她心中浸染的究竟是悲還是憂，只知道，幽思裡，執著地想牽起他溫柔的手心，化作他眼底一泓清流，去撫平他額角蹙起的眉，去溫暖她眼角滴下的淚。再回首，燈影殘、雲煙散，他和她，在水一方，永難相伴，而我就是那水上輕行的舟，卻不知能否承載得起那千載之前的風花雪月。

或許，之於他們的愛，我是愛莫能助的。朦朧月色下，有關他們的一切過往，都在我眼裡朦朧回放。寂寞荒年，微觸傾心，究是誰的相思，染了他的一片空城？轉身，他憂鬱的眉目之間，鎖著我的重重愛憐，而她纏綿的心扉之間，卻留著我的重重想念。那一夜，半生落拓的他終於踏上了遠去江南的路程，只是，在那草長鶯飛、紅粉嬌豔的世界裡，他的出現，究竟會讓江南的煙雨變得更加悽美迷離，還是更加浪漫風情呢？

30. 風煙蕭索在何處・蟲娘・引駕行

浮名淺唱，柳永的風月與情愁：

在仕途浮沉中醉歌淺唱，以詞為引，講述一代才子柳永與紅顏知己的纏綿愛恨

作　　者：吳偰陽
發 行 人：黃振庭
出 版 者：崧燁文化事業有限公司
發 行 者：崧燁文化事業有限公司
E-mail：sonbookservice@gmail.com
粉 絲 頁：https://www.facebook.com/sonbookss/
網　　址：https://sonbook.net/
地　　址：台北市中正區重慶南路一段 61 號 8 樓
8F., No.61, Sec. 1, Chongqing S. Rd., Zhongzheng Dist., Taipei City 100, Taiwan
電　　話：(02)2370-3310
傳　　真：(02)2388-1990
印　　刷：京峯數位服務有限公司
律師顧問：廣華律師事務所 張珮琦律師

定　　價：375 元
發行日期：2024 年 11 月第一版
◎本書以 POD 印製
Design Assets from Freepik.com

國家圖書館出版品預行編目資料

浮名淺唱，柳永的風月與情愁：在仕途浮沉中醉歌淺唱，以詞為引，講述一代才子柳永與紅顏知己的纏綿愛恨 / 吳偰陽 著 . -- 第一版 . -- 臺北市：崧燁文化事業有限公司，2024.11
面；　公分
POD 版
ISBN 978-626-416-097-1(平裝)
1.CST: (宋) 柳永 2.CST: 傳記
782.8514　　　113016986

電子書購買

爽讀 APP

臉書